社会学理论与中国研究

理论阐释书系

# 文化的意义

## 彻底关系主义的纲要

郑震 著

商务印书馆
The Commercial Press
创于1897

本书的出版得到
南京大学中央高校建设
世界一流大学（学科）和特色发展引导
专项经费的资助

# 目　录

# 绪论　为什么是文化

## 第一节　方法论问题

　　研究文化为什么要从方法论谈起？这确实有些匪夷所思。更重要的是，这并不是关于本研究的方法论介绍，而是为了指出文化之进入本研究的视域，虽然不能排除作者本人的兴趣，但也许更为重要的，是包括作者之兴趣在内的更为广阔的思想之运动过程——个人兴趣仅仅是这一过程之中一个建构起来的节点，一次也许并不重要的遭遇。而围绕文化问题所可能展开的方法论争论，却为我们透视这一过程提供了一个重要的切入点，当然这并不意味着它就是问题的全部，因为所有的理论问题也许从来就不仅仅是理论问题。

　　所以我们即将进行的讨论不应当被视为一种纯粹意义上的方法论研究，而是为了反思我们自身兴趣之形成所必要的一种迂回，更是为了理解文化这一议题之作为一种现象的生成所承载的历史意义。不厘清20世纪西方社会理论中所存在的最为核心的方法论争论，我们就很难理解当下文化何以成为一个重要议题。尽管这一厘清也只是为这一理解提供了一种抽象的准备，它只是以一种极为抽象的方式暗示或回应了更为复杂的社会历史过程，或者说为进入这一过程提供了一种逻辑线索。我们可以称之为一种研究的自觉，即以一种反思的态度来探讨自己说话的方式，而不是盲目地被某种过程所裹挟。在我们看来，这种反思性恰恰是文化研究的独特之处。

当然，对方法论争论的研究也为我们提出自身的见解提供了一个契机。也就是说，我们并非作为冷眼的旁观者，而是作为第三方参与到这场争论之中。这场更多只是通过事后反思而被建构起来的争论，并不能消除应有的疑虑，争论并没有能够正视其本身的局限性。这也许是任何争论都难以避免的，但这样的局限性恰恰为后来的参与者提供了转变方向的契机，毕竟我们对文化的思考并非意在一种历史的梳理，而是为了回应历史的挑战。

这似乎又引出了另一个问题，即方法论问题在理论研究与建构过程中的独特地位。方法论的抽象性无疑会使人们产生某种疑惑：这样的研究是否有下水之前先学会游泳的荒唐意味？脱离具体研究来空谈方法难道不显得过于迂腐吗？我们当然不是为了抽象而抽象，正如我们已经指出的，我们从方法论入手只是为进一步的探讨提供一个抽象的逻辑线索，因为这个线索能够更加直接地提供具体理论得以展开的内在逻辑，毕竟所谓的"方法论"正是从具体研究中得来的一种理论抽象。这就如同要想真正理解一种思想，与其试图穷尽其在各种具体问题上的观点，还不如去把握其如何思想的逻辑特征。这个特征就如同这些观点的灵魂与预设，任凭你如何辗转腾挪都脱离不了某些最基本的倾向。因为重要的也许并不是说出了什么，而是如何说。正因为有这样一种对已说之未说的把握，所以当我们遭遇这场事关文化研究之命运的方法论争论的时候，我们不仅得以从中窥探文化作为一个议题的建构背后的理论逻辑，更可以在各种逻辑的界桩之外寻找自己的打桩之处。

不过我们的确也没有打算以抽象的方式来谈论抽象，毕竟抽象从来就是从具体中人为创制出来的。所以，完全脱离具体的做法反倒有可能在抽象中误入歧途，很容易让人误以为抽象就是事情本身，而忘了它仅仅存在于认识论的关系之中。因此,我们的讨论将围绕某些具体的案例展开,一些具有代表性的案例既可以简化我们的讨论,也便于我们澄清那些抽象的来龙去脉,而不至于陷入抽象的陷阱。只不过人们已经习惯于一种反事实的说法——采用某种方法去做事情——于是忘记了如果真的有什么方法,那也只能是做事情本身,只是理论的抽象才事后从事情中抽离出了所谓的"方法",但这已经是理论的方法,而不是事情本身的方法了。也正是因此,我们才常常发现教科书中的方法在实际应用中常常遭遇例外或困难,这只是因为它们不过是一些抽象的建构,一种或多或少脱离了事情本身的构造。试想日常的言语如何一次又一次违反了语法的规则,而语法正是对日常言语的抽象。有鉴于此,结合具体案例来谈论方法论,不失为一种明智之举。但这里的"具体"也还是难免要被研究的意图所局限,毕竟我们的目的不是去展现那纷繁多样的现实本身,这既不可能也无必要。作为一种理论研究,不可避免地具有某种抽象性,也就是有所取舍。所以,我们所讨论的案例自然是为了开展我们的研究而打造的,它们在把方法论的争论加以揭示的同时,也已经从属于某种分析的策略。理论就是理论,它永远不可能像生活那样鲜活生动。

所以当你把方法论的争论当作议题来讨论的时候,你已经与之保持了某种距离。这就是一种认识论上的关系状态,区别仅仅在于,结合某些案例的研究较之纯粹的方法论分析要更加接近于那个事情本身。不过这显然已经过早地进入了我们的主题,它表明所谓的"议题"本身就是一个抽象,就如同我们这些面对议题的研究者其实也并不比议题或对象更加真实。那个曾经发生过或正在发生的争论本身其实只是一个推论、一个认识论上的极限。只是因为存在着关于同一个"本身"的不同的对象建构,我们才意识到,在议题的背后也许存在着一个"本身"，而所谓的"对某个议题的讨论"只不过是一种反事实说法罢了。当然，这并不意味着这个"本身"就是在本体论上超越了关系的绝对的极点（单子），它也只是认识论上的极点、一个相对的设定。这不仅涉及认识对象以及认识活动本体论身份的问题，而且涉及生活本身不同层次的问题，这主要不是指认识与对象"本身"之间的层次划分（这个问题可以归入前一个问题中），而是指认识的层次和前认识的层次之间的关系，以及它们各自的本体论身份的问题（因为这里所提到的那个方法论争论"本身"绝不仅仅是认识层面的活动）。不过这里还不是谈论这些问题的场合，它们的出现还需要更多的准备，但我们并不反对在这个开头的部分就已经引入这样的提问，毕竟这正是本项研究的主要意图所在。只不过我们最终将表明，所谓的"意图"就和对象一样仅仅是一种理论的抽象，而绝对和孤立的"本身"也只能是一种想象。

## 1. 主客观二元论

若要从方法论层面领会文化何以成为当代理论所关注的主要议题，恐怕不能不提及实证主义和解释学之间旷日持久的方法论争论，毕竟这两股力量在很大程度上代表了 20 世纪西方社会理论的发展方向和基本分歧。我们将选择它们最具代表性的立场加以分析，而忽视各种妥协的变样。

不过，方法论争论终究还是要到认识论的基本分歧中寻找根源，这就是认识论上的客观主义和主观主义的争论。认识论的客观主义在哲学上可以追溯至作为西方近代思想开端之标志的笛卡尔哲学。笛卡尔主张具有自由意志的个人的心灵以其先天的纯粹理性，可以认识包括人的身体在内的客观物质世界的机械法则。这一认识论的判断可以说为近现代西方思想奠定了基本框架，为日后旷日持久的方法论争论埋下了伏笔。与古希腊思想强调城邦的优先性、中世纪的封建制度突出家族与等级的优先性不同的是,在资本主义世俗个人主义价值观的鼓舞下,笛卡尔参照基督教的"上帝"概念创造了"人"的概念,这个人拥有本质上并不逊色于上帝的自由意志(Descartes,1986:40),他的理性也只是因为死亡的局限才无法做到全知全能。不过,这对于即将到来的启蒙神话而言已经足够了。但笛卡尔并没有仅仅设定具有先天自由意志与纯粹理性的个人,在这个人的主观性之外还存在一个异质的客观世界。在与近代西方的科学家共同分享基督教有关创世的理性主义假设的前提下,笛卡尔将物质世界视为遵循机械法则的绝对客观的世界,仿佛在认识主体和认识客体之间存在着一种无法还原的二元性,它们各自的特征无法以对方的存在来加以解释,因此存在着严格意义上的不可通约性。不过这种主客观二元论的设定并不妨碍认识主体能够以其先天的绝对理性来把握客观世界的机械法则,这便假定了人的理性不会受到来自自由意志的主观性困扰,相反客体在理智中有其客观的存在(Descartes,1986:85-86),自由意志的主体性并没有构成一种扭曲的中介,主观性在认识论上仅仅是客观性的镜像,即便其中存在某种不完美(笛卡尔并不否认这一点),但这也足以支撑起一种绝对的真理性,这就是现代实证主义的底气所在。然而正如我们所看到的,这种底气只是源自一种唯心主义的想象,具有讽刺意味的是,认识的客观性是以一种主观性的想象为中介的,这种想象越是将主观性自身压制成一种空洞的形式,就越是暴露出其内在的张力和悖论。越是在一种平行论的意义上捍卫主观性的独特逻辑,就越是要否定主观性能够有任何独特的主张,仿佛它越是主观反倒越是丧失了主观的意义,从而沦为客观性的傀儡。因此,笛卡尔虽然肯定了主体的存在作为不可还原的一极,但他并不是一个主观主义者,他在认识论上试图消除主观与客观之间的对立,但在本体论上却是一个平行论意义上的二元论者。

　　笛卡尔身心二元论的内在张力成为之后西方哲学争论的核心议题，虽然他本人因为捍卫了客观物质世界的独立性而不能被视为一个完全意义上的唯心主义者，但他对主体的理解及对认识活动的判断——心灵主体作为认识的本原（笛卡尔，2000：67）——使之不可避免地成为之后西方哲学主观主义的滥觞。这种主观主义在认识论上完全偏离了笛卡尔的设想，为了消除笛卡尔思想的内在张力，主观主义的认识论重新肯定了主观性的主张不仅是一种纯粹的反映，它理当获得一个独立实存的自主尊严（至少笛卡尔认为心灵是一个实体，尽管他的后继者们并不总是这么看），以此来表明它并不比另一个实存更少实存性。但也正是因此，才引发了一场思想的危机。以英国经验主义为代表的怀疑主义倾向成为这场危机的始作俑者，休谟对因果关系的解释让继承了笛卡尔理智主义衣钵的哲学家大跌眼镜，似乎一时间那个由科学精神所描绘的理性世界的坚固性变得岌岌可危了。虽然表面上看来，休谟只是对科学归纳法的逻辑性质提出了质疑，似乎归纳法对于几何学精神（帕斯卡尔对笛卡尔理性精神的几何学原型的揭示）所主张的全称判断是无能为力的，它并不能够捍卫一种决定论的想象。但实质上这是对笛卡尔纯粹理性及其唯心主义假设提出了质疑，因为这个纯粹理性所主导的认识论的主观主义立场无法经受住经验的检验和冲击，对主观性这个本原的依赖总还是要面对主观经验自身的局限性这个常识问题。事实上，休谟并没有提出什么高深的批评，他只是用经验的常识质疑了笛卡尔的唯心论想象（想象人具有先天的纯粹理性，想象纯粹理性可以无视主观性自身的独特性而跃向客观的世界），这就足以让理智主义者方寸大乱了。

　　正是在这样的背景下，康德的纯粹理性批判似乎既考虑了休谟的怀疑，又为理智主义的认识论挽回了些许颜面。但也正是因此，才在真正意义上开启了近代西方思想史中的主观主义哲学人类学,其结果只能是更加远离了笛卡尔的初衷。一方面,康德主张自在之物是理智所无法触及的不可知的实在(康德,2004:第二版序17),这就否定了笛卡尔赋予纯粹理性的认识论价值,从而呼应了怀疑论对认识论的批判;但另一方面,他没有放弃理智主义的先天想象,从而试图在所谓"主观先天的感性"和"知性的框架"中为认识论提供坚实和普遍的基础,但这种通过对经验直观的现象加以先天规范所获得的客观性也仅仅是一种主观的客观性,因为用以规范现象的质料的形式完全是主观先天所具有的要素,它们丝毫不能规定自在之物。康德试图表明的是,诸如休谟所质疑的因果关系问题完全不是一个自在之物本身的问题,也不是什么基于经验观察的习惯或想象原则的产物(Hume, 1999:82, 97, 147),而是一种主观上先天具有的普遍前提:"原因与结果的关系,就是我们的经验性判断在知觉序列方面的客观有效性条件,因而是知觉的经验性真理的所以也就是经验的客观有效性条件。这样,在现象的相继中的因果关系原理甚至是先于经验的一切对象(它们服从承继性这个条件)而起作用的,因为它本身就是这样一个经验的可能性根据。"(康德,2004:184—185)所以,因果律并不像休谟所质疑的那样不可靠,它的可靠性和一般性植根于主观性所自带的先天预设,这就摆脱了经验归纳的困扰,以一种先天演绎的方式捍卫了理智的优越性。但这个理智已经不再是笛卡尔的纯粹理性了,它只能是纯粹的知性,这就是康德对怀疑论所做出的让步。因为在康德这里,纯粹理性认识自在之物的勃勃雄心只能是一种幻想,实际的自在之物是永远无法触及的彼岸。这样我们就不难看出,康德为认识论所提供的有效性保证完全是一个主观主义的构想,在笛卡尔的主体哲学传统中最终却生产出了一种主观主义认识论,它的确在逻辑上更加自洽,但也正是因此在主观性方面就走得更远。这种主观主义的认识论，对后世的解释学取向产生了深远影响。

说来十分讽刺，依据我们的梳理，彼此水火不容的实证主义和解释学虽然在认识论基础上存在二元对立的鲜明特征，但是它们之间的斗争却又难免流露出同室操戈的意味，毕竟康德的主观主义哲学人类学只能在笛卡尔的身心二元论问题框架中才可能衍生出来。康德与休谟其实都分享着笛卡尔的世俗个人主义哲学世界观，都是从个人主观性的角度出发来思考问题，只不过休谟看出了这个主观性的经验局限性，并试图用一种个人主义的方式来说明这种局限性（习惯或想象）；而康德则试图在一种先天的想象中为这个主观性修修补补。尽管实证主义主张一种绝对客观的认识，但它所预设的认识者只能以笛卡尔的理性主体为原型，一种客观主义的认识论立场却要求助于一种未经证明也无法证明的唯心主义假设，这和把这种唯心主义发展成一种更加彻底的主观主义的哲学至少在认识论的出发点上分享了重要的立场。正是因此，实证主义的所有客观性论断其实都隐含着一种主观性独断，这和它所反对的解释学在不经意之间暗合在一起。其实，实证主义有关客观世界的笛卡尔式图式又何尝不是一种独断的想象？它同样是未经证实也无法证实的预设，其来源不过是基督教神学世界观（米德，2003：1、2、9、328）。这也就是笛卡尔的身心论是一种二元论的原因，因为对立的双方都仅仅是理论的虚构，却被当成两种组建起宇宙论框架的不可还原的实在。

不过还是让我们搁置它们之间在血统上的渊源与相似之处，转而讨论它们之间的争论，这一争论的理论意义的确不是用一句"同室操戈"就可以一笔带过的，它们代表了社会研究领域中两种截然对立的力量，从而为我们的研究提供了重要的切入点。实证主义似乎更好地贯彻了笛卡尔在认识论上的主张,即人类的理性能够认识自在之物,主观性并不是客观性的主人,相反它对于客观性的中介仅仅意味着一种自我否定,这就以一种认识论上的客观主义排除了一切主观相对性的可能,而康德的主观主义只是将这种主观相对性先天化和人性化,一旦他的先天哲学信仰被废弃,剩下的就只能是主观相对主义的肆意驰骋了。后者显然是康德所不愿意看到的。继承了主观主义哲学人类学假设的解释学立场似乎更加清楚地意识到了人类认识的局限性:一方面,他们将自身的研究领域局限于由所谓的"主观意义"所主导的历史文化领域,从而表明具有特殊意义的社会历史现象似乎天然地就是解释学方法的对象,从而区别于追求普遍法则的自然科学,这里的历史主义和新康德主义的印记是显而易见的;另一方面,具有解释学倾向的作者似乎又主张一切认识都有其不可排除的先入之见,其代表就是海德格尔对于解释学循环的强调。海德格尔写道:"任何解释工作中都存在着这样一种先入之见,它是作为随着解释就已经'理所当然的'东西被先行给出的,也就是说,是作为在我们的先行具有、先行视见和先行掌握中被先行给出的东西。"(海德格尔,2006:176;Heidegger,1999:192)因此,一切解释都仿佛自相矛盾地以某种理解为前提,即必须已经有所了解才能够进行解释,这仿佛一种循环论证。不过海德格尔主张理解(understanding)和解释(interpretation)在生存论上(existentially)处于不同的层次,理解并非产生自解释,而解释却要在生存论上奠基于理解(Heidegger,1999:188)。这里的"理解"正与胡塞尔所谓的"奠基性的存在信仰(doxa)"相对应,只不过海德格尔并没有走上胡塞尔先验现象学还原的老路,他抛弃了胡塞尔对绝对客观性的执着,同时也拒绝了现象学唯心主义的意识哲学立场。就此而言,解释学的立场毫无疑问地构成了实证主义认识论的对立面,它彻底否定了无前提的认识可能性,从而也就在方法论上站在了一种主观主义的方向上。

至此我们可以总结出如下的观念类型：一方面是对客观性和普遍性的机械法则的客观反映；另一方面则是对主观性和特殊性的意义现象的主观理解。这两者尽管在思想史上有着某种共同的渊源，却在某些重要的方面分道扬镳，以至于形成了认识论乃至方法论上的主客观二元对立的形态。

## 2. 事实与价值

认识论上的二元论最直接的方法论表现，就是对于作为研究对象的社会事实在研究框架中的性质的判断。也就是说，通过某种中介而进入研究框架的社会事实的形象是否保持了它的本来面貌，或者说通过所获取的经验资料而建构出来的对象的形象是否被中介所扭曲了。不可否认的是，任何研究都不可能直接面对事物本身，它们只能以某种经验的方式呈现出来，从而在认识活动的总体框架中获得一个基础地位。在一种二元论的思维模式中，这就不可避免地要直面主体与客体遭遇的问题，也就是客体如何成为主体的对象。

实证主义的客观主义立场相信纯粹理性能够把握自在之物本身，即纯粹理性所获得的经验现象并非如同康德所认为的那样仅仅是一种主观性的建构；相反，康德留给感性和知性的先天能力其实不过是一种僭越，概念性思维并非只是基于一种打上主观烙印的表象，概念本身也不是一种先入之见。虽然纯粹理性依然要凭借经验的中介和概念性思维，但基于经验的概念化活动并没有将它自己的意志强加给世界本身，反倒是世界在这种经验和概念的活动中原真地到场，而理性的主观性似乎仅仅是一个无足轻重的表象，它除了表示这个理性是人的理性之外似乎就再也没有什么意义了，或者说主观性本来就只能是一个空洞的载体，它不能为自己要求任何特殊的东西。所以，这个被康德称为知性的理性在实证主义的思维中依然还是一种前批判的形态,它让事实以事实本身的样式到场,并拒绝任何主观相对性的介入,这个相对性被理解为研究者的价值立场。

这种将事实与价值严格区分的立场被称为"价值中立",即研究者不在其研究中采取自身的价值立场作为认知的要素,它表明研究者的理性能够有效地排除这种价值介入的可能性,他的经验中介完全是一种镜像式的反映,而概念也只是从这种反映中归纳出事物的本质。然而这样的方法论立场与其说是对绝对理性的自信,还不如说是对丧失理智的恐惧所导致的一种近乎狂热的补偿,这大概也是西方近现代思想中的另一种二元论(理性和非理性的二元论)所带来的恶果,不是理性的就是非理性的,不是绝对的就是怀疑的,等等。当这种二元论与主客观二元论(不是主观的就是客观的)结合在一起的时候,理性似乎就只能与客观性相依为命,以反对主观性的非理性的威胁,从而忘记了它自身对主观性的盲目依赖。二元论是近现代西方思维方式的核心逻辑特征,它在这个被韦伯称为"除魅的时代"中扮演着近乎悖论性的复杂角色,一方面它是高举科学和理性旗号的精神支柱,另一方面它又重新编织着世界的魅影,因为它所难以摆脱的绝对化倾向正是一切魅影得以生成的机制所在,这又是韦伯以理性化加以排斥的传统与情感的重要来源之一。这一切只能说明一点,那就是任何理性都依然不可或缺地拥有它自身的传统和情感,当它被无条件地执行的时候,它也就是它自身的价值合理性。① 当然,二元论并不仅仅意味着科学和理性的口号,还意味着对这种口号的怀疑,这就是二元论的两面性。当客观主义

---

① 我们套用韦伯的类型学说法,恰恰是为了表明这一划分本身的价值立场还是在西方近现代的二元论思维中打转,它充分体现了这一思维方式的强制与独断。

的理性主义的自我认同将它的对立面贴上主观主义的非理性主义标签的时候，这种斗争始终是双向的，且恰恰是二元论的逻辑使然。因此，人们似乎有足够的理由从同样的逻辑框架出发来批评实证主义者的狂热立场，批评它对其自身传统的盲从和对其自身情感的放纵，只不过这次不是要去捍卫一个绝对客观的理性，而是要在二元论的框架中为主观性争得其应有的地位，这就是二元论的二律悖反！

当然，这并不意味着解释学者要以非理性的主观相对主义者甚至是怀疑论者自居，毕竟那只是实证主义者所罗列的罪名。但解释学者的确将具有主观性的价值判断视为一个有效且不可或缺的中介，从而表明他们从属于认识论的主观主义谱系。正如齐美尔所指出的："一旦我们的心灵不只是一个消极的镜子或实体——这也许从来就没有发生过，因为甚至客观的知觉也只能来源于估价——我们生活在一个价值的世界之中，这一价值的世界在一种自主的秩序中安排了实在的内容。"(Simmel，1990：60)事实不可能独立于价值判断的中介性，它只能在这一判断的视域中到场，而这个视域正是主体所固有的范畴。齐美尔思想中的康德基因为他提供了主观形式的合法性，而尼采激进的相对主义则强化了他对于客观主义的瓦解的逻辑，毕竟他生活在一个康德的先验哲学思维正在走向衰落的时代，他对于形式的固守总显得有些三心二意。这从他对真理的态度中就不难看出："我们赋予那些作为实际的力量或运动活跃于我们之中并激起我们的有用行为的表象以'真理'的美名。因此有多少不同的生命的组织和条件就有多少根本不同的真理。"(Simmel，1990：107)因此，真理究其根本也还是一个意义赋予的问题，只不过它不再具有一种康德意义上的普遍有效性，而是在历史的先天形式中获得相对性的确认(郑震，2014：168)。

因此对于解释学取向而言，作为研究对象的经验事实与其说是事物本身在思维中的烙印,还不如说是打上了思维烙印的事物构造,"客观性不能与其主观的基础相分离,主观性的这些要素也不能从历史认识的结果中被消除。相反,它们只能根据由方法论的和真实存在的范畴所提供的标准来评价和构成"(齐美尔,2006:108)。因此,这个构造的前提就是不可消除的先入之见,它在认识论上的意义就是前概念性的理解。即便不再像康德那样执着于自在之物的绝对超越性,事实也只能是一种价值的建构,它的客观性只能是为主观的客观性,但这并不必然意味着一种怀疑主义的不可知论,齐美尔正是通过对实在论的某种妥协而迈向了这个似乎更具建设性的方向,但这也使他的理论陷入一种自相矛盾的尴尬境地(郑震,2014:170、171—172)。

主观意义赋予的理论强调了价值的主观相对性,并以此与客观反映论分庭抗礼。但齐美尔以他自身理论的内在矛盾揭示了一种极端的主观主义是难以令人接受的,这种主观主义的病狂将一切客观性消解在主观性的黑箱之中,反而以意义的名义证明了毫无意义。反之,实证主义者对客观性的偏执同样引发了内在的反思,当亨普尔这样的实证主义者主张经验资料的收集必须依据由问题所引发的假设的时候(亨普尔,2006:19—20),也已经在一种实证主义的框架中引入了先入之见。然而这样的反思也还只能是一种内部的批判或矛盾,并不能够在根本上突破由二元论所编织起来的宇宙论范式,因此也就只能是或者表现出矛盾和张力,或者仅仅是面对困境时的修修补补。

### 3. 理解与规律

如果价值判断是认识活动中无法消除的因素,那么这还只是一个认识论问题。但更为重要的是,一切认识论判断本身就已经预设了本体论前提。对于解释学者而言,之所以认识活动不能提供事实本身作为经验基础,这不仅是一个认识论问题,而且因为包括认识活动在内的一切社会历史现象本身就是一种估价的存在，认识活动不过是这种存在中的一种特殊类型而已。换句话说，认识之所以具有不可消除的先入之见，正是因为人的存在具有不可消除的意义特征，意义之不可消除的社会历史性导致了基于此种存在的一切生活都具有估价的特征。也正是因此，伽达默尔才会主张："无论包含多么普遍的经验，目标也不是去证实和扩展这些普遍的经验以获取有关一个规律的知识，例如人类、民族和国家是如何演进的规律，而是去理解这个人、这个民族或这个国家如何是其所已经成为的样子的——更概括地说，其成为这样是如何发生的。"（Gadamer，1975：6）正是意义的特殊性，才使得实证主义对普遍性的诉求显得不合时宜，毕竟人的生活与自然物理现象之间的最大区别就在于前者具有一种生命的灵动，它总是包含着一种变化不定的有意或无意的立场性，这使得任何对机械法则的诉求成为不可能。

事实上，即便自然科学的机械法则也只是一种人为简化的产物（Bachelard，1984：104，108），通过清除掉那些我们无法对之进行有效思考的因素而建立起来的理想模型。更不要说生命科学的对象作为在自然物理现象和人类之间的类型所具有的特殊意义，我们很难否认非人类生命体的存在中具有意义的因素，这带来了一种空前的复杂性，即生命科学家也许同样需要理解他的对象（至于这种理解与对人类实践的理解究竟有什么不同，这不是我们要考虑的问题）。然而，对规律性的寻求体现了人类对于确定性的渴望，毕竟知识的产生与此种渴望具有一种内在联系，而实证主义的立场正是试图将确定性强加于不确定性的系统的意图。然而这一意图的想象色彩在解释学的冲击下彻底暴露了出来，但这并不意味着解释学本身就取得了无可置疑的合法性，毕竟向主观意义世界的妥协只能为我们带来一个个历史的个案，似乎所有进行推论的道路都被堵住了。知识陷入破碎零散的状态中，它的启发性意义并不能够掩盖其解释力的尴尬境地,从某种意义上说,这种对不确定性的妥协倒是很可能带来一种知识的自我否定。

面对此种两难的处境,韦伯似乎给出了一种兼顾性的方案,这就是在理解和因果解释之间寻找契合点,他有关意义充分性(subjectively adequate / adequate on the level of meaning)和因果充分性(causally adequate)的讨论正是出于这样一种构思(Weber, 1978:11‐12),但这种对基于理解的或然性(probability)的追求并没有能够消解问题的张力,他对于统计的一致性(statistical uniformities)和社会学的一般性概括的热情也表明他似乎没有能够从实证主义的想象中完全摆脱出来。换句话说,韦伯不过是要对富有意义的现象进行一种社会学的统计分析(Weber, 1978:12),虽然韦伯始终宣称是在研究主观意义的问题,但他已经是在具有某种客观性的层面展开其工作(Schutz, 1967:29, 31),这至少在方法论上解释了韦伯为什么关注对理性行动(尤其是工具理性行动)的研究。在韦伯看来,正是这种理性化为意义的社会客观性提供了某种保证。所以,绝大多数社会学规律都是建立在理性假设基础之上的(Weber, 1978:19),这依然是一种有关确定性的构想,因为作为前提的意义必须满足某种理性化的要求,即所谓的"充分性",它假定经验的一致性是一种在科学上具有意义的客观事实。所以,韦伯的折中方案依然是以确定性为导向的高度简化的方案,理性行动的意义的充分性最大限度地保证了概念的精确性(Weber, 1978:20),它通过人为选择和修剪意义的方式来迎合一种实证主义的精神,这种选择和修剪又被韦伯有关工具理性化之不可逆转的历史进程的假设掩盖了,仿佛这种客观意义的确定性既是一种可靠的现实,更是一种可信的未来。然而,正如我们已经指出的,韦伯所谓的"现代性的除魅"并不能够消除魅影,它甚至还在制造它自身的魅影,不确定性从来就不仅仅是一个确定性的他者，而是与确定性共属一体的另一面。所以，韦伯那富有启发性的调和工作虽然以一种或然性的姿态否定了机械法则的决定论特征，但是这种或然性还是在实证主义精神的主导下获得其身份，从而大大低估了意义的不确定性在方法论上的重要性。这也许就是为什么在阿多尔诺的眼中，尽管韦伯试图超越实证主义和唯心论的二者择一，但他依然还是一个具有实证主义倾向的学者（Adorno，1973：164，166；阿多尔诺，2019：186、189）。

虽然韦伯在二元论意义上的主观与客观之间寻找折中的做法只是表明了他对决定论的实证主义在社会科学领域中的某种改良，其实质还是倒向了对客观性的寻求，但这样的做法丝毫也不能够为社会科学带来其所期待的确定性。正如麦金泰尔（1995：115—116）所指出的："我们称社会科学的普遍概括是或然性的，丝毫没有说明它们的地位，因为它们不同于统计力学的普遍概括①，正如它们不同于牛顿力学和气体定律方程式那类普遍概括一样。"韦伯所期待的社会学的统计的一致性与它的自然科学的同胞兄弟似乎不可同日而语，这本身也表明在社会科学领域中试图贯彻一种自然科学的简化模式往往收效甚微，这从一个侧面表明了韦伯的折中方案所遭遇的本体论困境，即意义的特殊性和多样性具有一种不可化约性，这正是经济学将人化约成理性行动者所遭遇的同样困境。

不过这并不意味着我们要抛弃社会科学的因果追求，韦伯有关或然性的思路也并不因此就丧失了其启发性价值，重要的是如何重新思考这种因果的或然性，而不是向怀疑论彻底妥协。毕竟在简单枚举式

---

① 麦金泰尔（1995：115）认为"它们象所有非或然性的普遍概括一样，也是法则式的概括"。

的研究和不可知论之间仅有一步之遥,放弃因果解释也就在很大程度上否定了知识的责任,把对特殊性的理解和对普遍性的追求视为非此即彼的两个选项的做法不过是主客观二元论的一种想象罢了。韦伯思想的积极意义就在于它试图挑战这种二元对立的认识论状态,然而它却在无意之中又重演了这种认识论的悲剧。

## 4. 社会科学与自然科学

我们此前所讨论的一切最终又可以落实在社会科学与自然科学的性质与关系这个棘手的问题上。围绕这些问题的争论的复杂性,就在于它们可能源自各种误解与偏见。实证主义者与解释学者几乎一致地认为自然科学是探究所谓"普遍一致性法则"的科学,他们的分歧则主要在于社会科学的性质及其与自然科学的关系问题上。实证主义者主张社会科学应当像自然科学那样追求普遍的法则,以一种经验主义的方式去把握可观察到的经验现象,也就是所谓的"客观事实",进而在一种科学的客观性中归纳出普遍的规律。这一主张遭到了解释学者的激烈反对,理由是前者完全忽视了意义问题的重要性和复杂性,科学式的观察只能停留在一些经验的表象甚至是空洞的数据之中,从而无法理解表象之中的意义的特殊性,所以社会科学应当采用理解的方法来把握意义生成的特殊因果关系,而不是错误地寻求所谓的"普遍规律性"。

我们此前的讨论已经充分地揭示了实证主义的客观主义偏见和对价值中立的盲目信仰,但解释学的理解至上原则也过度陷入了主观相对性的困扰之中,从而对社会科学的解释力缺乏信心。在此值得指出的是,实证主义者所描绘的自然科学的典范也并不像其所想象的那样客观与绝对,正如埃利亚斯(Elias,1998:219)所指出的,即便在自然科学中也不可能排除估价的因素,这就是以巴什拉和库恩等人为代表的科学哲学研究所揭示的科学革命理论的内在逻辑。巴什拉(Bachelard,

1984：108)写道："自然的真正秩序是我们凭借由我们自行支配的技术手段而放入自然之中的。"因此，自然科学并不是在绝对地反映所谓的"自然规律"，无论它在应对估价问题上具有怎样的相对于社会科学的优越性，它也无法彻底消除由社会历史性的估价所导入的视角差异性问题；相反，规律本身从来就已经包含着一种人为的建构，决定论更多是一种未经证实的信仰，是人为简化的产物。事实上，如果我们放下那种牛顿-笛卡尔时代的科学偏见来直面 20 世纪科学革命的现实的话，我们也许就会同意社会科学与自然科学的区别不在于自然科学适用于机械法则而社会科学不能，也不在于社会科学适合于主观主义式的理解而自然科学适合于客观主义式的说明。这样的区别显然是基于二元论的误解和偏见，因为即便理解的方法并不适用于自然科学——自然科学(尤其是物理科学)的研究对象没有类似于社会科学所要关注的那种意义，即自然物理现象作为对象不具有类似于人的权能性因素以及与之相关的意义特征(这极大地降低了自然科学在价值问题上的困扰)——但这并不意味着自然科学的研究可以排除估价的因素，毕竟对意义的理解并不只是主观的，而对事物的说明也并不只是客观的。

因此问题的关键是意义究竟为社会科学的研究带来了什么，以至于使之区别于自然科学。当然，关于对我们来说"究竟什么是意义"这个问题，我们将留给绪论第三节及其后章节讨论，在此我们只是围绕实证主义和解释学的方法论争论进行一些相关的思考，以期为引出我们研究的主题进行铺垫。物理科学之所以能够通过简化与还原的方式来获取宏观物理世界的某种近似于机械的规则性，主要原因是物理对象不会对其运动采取有意或无意的立场，也就是不具有人格性特征。这种分析上的人格性在社会科学中却具有重要的意义，它引入了对象的认知性和能动性问题，即所研究的对象并非对于研究者保持冷漠的物，而是具有某种策略性的存在,他们甚至会因为研究本身而改变自身的存在状态,如对研究意图的揣测或对研究结果的反应等;与此同时,研究者自身同样也是研究对象的问题使得研究很难完全独立于研究之外的社会历史因素的干扰,而自然科学家即便受到某种外部因素的干扰也能够相对有效地将这些因素与研究本身的内在逻辑区别开来,但社会科学家却更可能混淆此种内外逻辑,甚至在许多情况下根本无法明确地区分这两者;然而更加令社会科学研究感到困扰的是意义本身的多样性和多变性的问题,换句话说,社会科学家所面对的是一个充满了更多不确定性的世界,其对象的时空复杂性在很大程度上压倒了任何机械论的近似可能,它们缺乏自然科学尤其是物理科学对象意义上的相对稳定的特征,对于社会科学研究来说,对象的差异性似乎是一个更具永恒性的话题。

因此,对于社会科学而言,像实证主义那样无视或压制意义问题,或者将意义问题转化成某种经验的表象(如数据),显然都是成问题的。采用一种自然主义的立场来对待人类的社会生活,设想人类的社会历史关系仅仅是自然关系的一个特例,依然还是停留在牛顿-笛卡尔模型的简化思维之中,其结果只能是收效甚微。然而这并不意味着理解就只能是一种针对"历史个体"的孤独想象,在"特殊"与"一般"这两个抽象的概念之间并非别无选择。摆脱这种二元对立的极端主义倾向似乎是社会科学走出西方思想困境的重要方向,毕竟无论是主体与客体、事实与价值,还是理解与规律、社会科学与自然科学,乃至实证主义和解释学的对立,都呈现出一种二元对立模式,这并不是一种巧合,而是充分体现了近现代西方思想的方法论特征,是众多理论范式背后的范式。

## 5. 定量与定性

谈到方法论问题,定量与定性这一二元对立的对子无疑是最为敏感的问题之一，因为从方法的角度来说，无论坚持怎样的认识论立场，都要落实到具体的研究方法上去，是仿照自然物理科学那样采用量化的方式来说明社会现象，还是坚持一种质性的理解思路，也就成为争论的焦点。

虽然实证主义取向的研究并不排斥定性研究的方法（对机械因果关系的性质上的确定，这和解释学的定性取向大相径庭），但出于对精确性和可预测性的追求，量化模型无疑具有更大的吸引力，这直接导致了定量方法在实证主义取向中的压倒性优势。由于社会科学无法像自然科学那样采用实验法来有效地模拟社会现象①，以问卷的方式来收集数据信息也就成为定量研究的首选。问卷法既可以满足大规模样本的需求，同时又可以避免社会实验的成本与风险，这似乎是一个两全的选择。然而由于问卷法仅能提供被调查者的行为表象（这是行动最易于量化的方面）②，且被调查者只是以常识的方式来填答问卷（这不仅是因为被调查者不是社会科学家，而且是因为常识性的答案与调查内容本身也是高度契合的，毕竟第一手的经验资料正是指向日常生活的事情本身），这就导致基于问卷法的社会科学研究更多地仅仅是对常识

---

① 实验法在诸如社会学和社会心理学中的运用完全无法生产出具有自然科学解释力的理论模型，反而使得理论建构停留在极其肤浅和表面的层次。究其根本则是因为意义的复杂和多样无法在实验环境中加以再现，以至于实验的控制不过是将社会现象简化到丧失科学价值的地步。而为了提高效度所不得不扩大的样本规模不仅在操作上不可行，且在伦理和政治上也是无法想象的。更何况，即便我们将政策的实施视为这种社会实验的一种方式，其所获得的结果也依然不能保证解释的效力，毕竟意义的复杂性是时空性的，任何政策本身也还有其时空局限性。

② 试图在问卷研究中深入到行为的意义层面往往对于量化分析而言是不可行的，毕竟人类实践意义的复杂和多样将直接导致量化操作上的困难。而那种试图将各种意义作为选项来进行问卷调查的做法不过是调查者的一厢情愿，这不仅是因为研究者无法穷尽各种意义的可能性，也是因为人类实践的意义在本体论上并不支持量化的意图（我们将在后文说明这一点），其结果不过是将研究者自身的常识和预设强加给研究对象罢了。

现象的大规模统计分析,由此所建构起来的模型不过是再生产了一些集体性的常识而已。如果说问卷法的优势在于能够以大样本的方式来呈现社会行为表象与社会群体身份(人口学变量①)之间的相关性,那么这种相关性的表象化和常识化则是其重要的缺陷。更不要说,这里还根本没有可能从问卷的统计资料中推论出任何因果关系的结论,原因和结果本身就是一种性质上的判定,这是无法通过任何形式化的量化手段来获取的。所以定量研究的因果关系其实质不过是一种相关关系,原因和结果仅仅是一种人为的设定,在这一方面一向自称实证取向的研究恰恰是反实证的。

那么定量研究是否就不能突破这个表象化常识的限制而深入社会现象的意义之中呢? 然而正如我们已经指出的,直接以意义作为选项本身就是一种自相矛盾的做法,它不过是要求被访者按照调查者事先拟定好的框架进行确认,从而使得研究变成对调查者自身的常识或理论假设的循环论证(这同时也就表明真正的意义并没有作为选项而到场,在问卷中到场的不过是由研究者的常识或理论假设所中介的意义)。而那些试图将被调查者的态度加以量化的做法也只是一种更加隐蔽的方式罢了。毕竟当调查者拟定好评价等级的量表时,他已经将自身对于评价标准的理解强加给了被访者,以至于被访者不过是在按照调查者的期待将自己的"态度"对号入座。这里完全没有考虑评价标准的多样性和复杂性,没有考虑用词语所表达的态度特征完全可能在不同的被访者那里具有不同的意义,更没有考虑意义的估价本身并不

---

① 人口学变量已经成为问卷法研究的必备条件,仿佛这样就使得社会科学进入大规模群体分析的领域之中。但也正是因此,恰恰暴露了其人为建构的表象化特征,即完全无视个人乃至群体的差异性,将一些高度形式化的表象特征强加给复杂多样的人群,仿佛这些特征享有天然的区分性和解释力(人口学变量通常被作为社会行为的原因)。

能够转换成等距排列的数值（因为无论是"无所谓"还是"很不满意"都有其意义），而后者正是统计分析所依赖的必要条件。所以，即便定量研究具有大样本的群体分析优势，但它所建构起来的或然性的相关模型也只能是为社会科学提供了一种高度形式化和表象性的视角，这些意义的常识表象丝毫也不能满足解释社会现象的理论诉求。

因此，社会科学显然不能排除解释学的质性诉求，后者往往以参与观察和访谈法作为其研究的主要方法，且尤其以访谈法更加常用与可行。访谈法以日常语言为媒介①，以对意义的不断追问为手段，试图描绘相关现象的意义地图，或者说一个关于特定现象的意义传记。毕竟访谈法无须纠结于量化统计的方法要求，可以比较自由地对问题加以深化和拓展，从而有助于就相关问题建构起一个相对丰富的意义框架，进而为探究社会活动的因果机制提供一种更加切实可行的路径。因为，如果社会活动是富有意义的活动，而不只是一些空洞机械的表象，那么活动何以产生的问题就不能仅仅停留在对于一些表象的探讨，而是要考虑表象何以成其为表象的生成机制，这就是瞻前顾后的生命现象所特有的一套估价机制（我们以后将指出，这种带有主观性色彩的提法还是一种兼顾传统表达习惯的分析，它具有反事实的特征）。意义不是事后的评价，而是使得活动得以成其为活动的际遇本身，与其说它是一个先入为主的评价机制，还不如说它是实际展开的过程，正因为这个过程，活动才具有了意义。所以，为活动写一个意义的传记其实就是为活动的来龙去脉做一个尽可能翔实的描绘，这就为因果的抽象提供了基础。

然而，语言不是意义，语言本身还有其意义的基础，话语只是为意

---

① 尽管问卷也是采用日常语言所编制的，但其量化的实质则表明问卷法无意于从日常语言入手来理解意义的深度。

义的探究提供了一个中介,被访者的解释也还有其自身的理解作为前提,实际的意义并没有在访谈的过程中直接到场,谈话也还是对意义的阐释、一种日常的阐释。就此而言,解释学试图通过谈话来理解研究对象的做法也还是具有无法清除的局限性,毕竟我们无法天真地认为被访者对自身行为的解释就是意义本身[1],即便被访者没有误解他自身的活动,他最多也只是将其行为所现实化的那种意义的可能性转化成了行动的理由[2],而意义本身的不确定性或模糊性是无法自相矛盾地以一种日常话语的方式到场的,更不要说那种试图将其命题化的理论诉求了。这同时也就表明,那种将研究者变成其所研究的特定对象的意图(成为完全的局内人),也同样无法完成对意义的彻底语言化,更不要说命题化了。这也许就是为什么常人方法学不主张以一种高度对象化的形式分析的方式来把握日常生活,试图走向理论建构的对立面,"常人方法学的成果与根本的秩序现象是同一的"(Garfinkel,2002:170)。这种试图与现象相同一的研究策略正是考虑到对象化的理论思维无法把握充满不确定性的意义世界,但也正是因此它最多也只能是一种与现象相同一,因为研究者此时此刻已经放弃了研究者的立场(且不论这种同一性是否能够真正达成),转而继承了其研究对象的日常生活的局限性,也就是说研究者也只能像日常生活中的人们那样给出理由,他并不比后者更具有理论的优越性。然而这种对形式化理论的激进抗拒,也同样陷入一种极端之中,其在方法论上无异于否定了任何意义上的因果知识生产的可能性,胡塞尔"面向事情本身"的口号最多也

---

[1] 正如吉登斯(1998a:486)所言:"做一件事是有理由的,并不等于出于某些理由做某件事,而且,正是二者之间的差异向我们揭示了行动理性化的因果影响。"

[2] 这也就是为什么布迪厄(Bourdieu,1990:77)在谈到其所谓"习性的运作方式"的时候会说:"这意味着习性所生产的行为模式并不具有从一种法律原则中推论出的行为模式所具有的那种严格的规律性:习性与模糊性和不确定性是如影随形的。"

就只剩下了事情本身。

由此可见，解释学并不因为其对意义和理解的强调而能够把握到意义本身，这种强调在将其从实证主义的空洞抽象中带离的同时，并没有能够赋予它把握意义的万能钥匙，它最多也只是使之能够较之实证主义立场更可能逼近意义的存在，从而为社会科学的因果解释提供某种可能性。但这种可能性又受到来自另一个方面的强大约束，这就是访谈对象的代表性问题。众所周知，访谈法无法像问卷法那样进行大样本调查，而参与观察在这方面则更加受限。也正是因此，这些研究方法并不宣称能够对广泛的社会生活进行推论性的思考，这就陷入理解的深度和解释力的广度之间的内在张力之中。即便访谈法在挑选访谈对象时尽可能地精心设计样本的代表性，这依然是于事无补的。意义的复杂和多样几乎是一个无法穷尽的问题，所谓的"大样本"也无法实现这种穷尽性（且大样本对于访谈法本来就不可行），更不要说社会科学的研究对象是向未来敞开的过程性存在。有鉴于此，人们不得不指出，解释学取向的研究更多地仅仅是提供具有启发性的因果图式，而不能形成对大群体现象的因果解释。

以上的讨论使得我们不难看出，一种方法论的综合似乎势在必行①，这不仅仅是定量与定性之争的出路所在，同样也是此前所讨论的所有对立的出路所在。换句话说，我们在此基于实证主义和解释学所展开的方法论争论归根究底还是认识论上的主客观二元论所制造的理论想象，超越二元论的人为对立才是消除这种对立想象的可能路径。但这绝不是以对立双方相互作用的简单方式就能够一劳永逸地加以解决的，相反这种相互作用的做法不仅没有能够将二元论加以清除，反而

---

① 有关定量与定性的方法论综合问题，可参阅郑震（2016）。

使之变得更加隐蔽了。不过我们在此仅仅满足于指出这一点,毕竟作为一篇引入主题的绪论,它不应该喧宾夺主。

## 6. 批判的方法

仅仅围绕实证主义和解释学的争论来讨论社会学乃至社会科学的方法论显然是不够的,毕竟这两种方法论立场在尖锐对立的同时也还存在着某些共同的方法论局限性,这使得我们必须引入更为复杂的问题意识。这就需要超越那种以"是什么"和"为什么是"为指导的方法论立场,尽管解释学较之实证主义更加积极地面对了估价的问题,但解释学的实质还是要在承认估价之不可排除的前提下来推进对事物的解释,它并没有能够超越那种静观式的认识论立场,就此而言它与实证主义分享了某种形而上学。

实证主义者承认社会世界有其客观的规律性,并主张一种价值中立的立场,这就在根本上放弃了社会科学与其对象之间的辩证关系,从而满足于一种反映式的想象。这直接导致了一种保守主义立场,它拒绝了超越的可能性,把变革交给了自主运行的法则,改变是可能的,但这只是一种自然现象,其结果无异于听天由命。而反对将社会生活自然主义化的解释学取向,似乎应当采取一种更加积极的政治立场,以此来为估价选择方向。但事实恰恰相反,解释学者的主观主义立场不仅没有促进一种对主体性的反思,反而在对主体的自然态度中肯定了世界的意义构造,这也就是胡塞尔所谓的"生活世界的自明性"。由于社会生活是基于一个真理性的意义系统,并且是主体自发建构的产物,因此对这种生活的质疑就被理解所取代了。重要的似乎仅仅是理解那些历史个体的存在意义,因为在意义的建构中似乎并没有什么对主观性的强制或压迫在发挥作用,至少就纯粹的解释学取向而言,主观意义世界就是世界的合法性所在。这样的倾向与实证主义一样放弃了超越的可能性，有意或无意地肯定了现实的合法性。

然而当我们指出社会现象具有自然现象所不具备的复杂性和多样性的时候，当我们强调社会现象是富有此种复杂和多样的意义的现象的时候，就已经表明社会科学不能停留于单纯的解释或说明，它们不过是认识论框架内部的同室操戈。只有跳出这一框架才可能为社会科学赢得更广阔的想象空间。因为社会世界的复杂性不可能独立于生命的瞻前顾后，纷繁多样的人类族群的历史并不是按照同一个剧本来上演的众多剧目，也不是同一个剧目的不同阶段，他们围绕各种利益所展开的斗争为道路的选择提供了理论的合法性，尽管历史从来就不是什么有意选择的直接结果。对于人类社会而言，尽管与趋势相对立的任性举措往往昙花一现或自取灭亡，但所谓的"趋势"也并非不可改变的绝对必然性，更不要说趋势貌似必然性的发展只是特定时空中的特殊现象，而不具有一种普遍主义的价值。所以我们有足够的理由相信，在面对现实处境的时候，社会科学的反思性不仅要面对认识论上的估价特征，同时也责无旁贷地应该承担起某种伦理和政治上的规范性，这无疑要从批判入手。

在此至关重要的是，如果说在认识论上我们总是期望尽可能地降低规范性的干扰，至少使之更多地进入反思的框架之中，从而接受理智的评判（这种评判已经表明彻底取消认识的规范性只能是一种理想的极限）；那么在批判论上则恰恰相反，规范性本身就是批判必须加以肯定的前提，而采用怎样的规范性则完全是一种理智努力的合法方向。这使得我们不得不思考以怎样的方式来明确规范的合理性。可以肯定的是，如果我们不想陷入一种自相矛盾之中，我们就不应当宣称某种估价的绝对合理性，规范性的选择不应当成为某种先入之见的附庸。因此，对规范性的选择必须基于某种高度反思性的策略，在一种时空的相对性中把握历史的合理方向。① 这里显然不是讨论这一问题的合适场合,我们对方法论的研究只是为了引入文化的议题所进行的铺垫。不过这并不妨碍我们就这一问题做如下的勾勒,以此来揭示问题的关键所在。社会科学的批判势必以对无所批判的批判为先导,因为如果不将无所批判加以颠覆,批判的合法性将始终受到威胁。我们可以将这一工作理解为社会科学的启蒙,即把人们从对现实的盲目信仰中唤醒,使之不再沉迷于某些消极信仰的任性。所以,社会科学的批判首先要针对的就是那种对批判的实践拒斥,这种拒斥不仅来自日常生活的沉默,也可能来自那些高度对象化的理智活动(如实证主义和解释学),理智的偏见也构筑起它自身的日常生活(科学的生活世界)。当然,启蒙不仅是为新的规范化提供机遇,更是这种规范化本身的内在诉求。与此同时,批判不能仅仅是否定,它必须以一种肯定的方式来深化启蒙的意义,从而推动一种日常生活的重建。只不过这里并不存在绝对的肯定或否定,没有肯定就无法否定,而没有否定,肯定就将成为枷锁,这就是历史的辩证法。我们当然不能将这一辩证法理解成一种理智的设计,所有理智的判断都是社会历史性的判断,它们既是与特定趋势的对话,同时也是趋势本身,历史就是这些不同力量之间斗争的结果。理智所要对话的是日常生活那非反思的盲目的趋势性,后者体现了一种由惯性所主导的保守力量,代表了某种利益的集体神化;而理智本身的选择能否成为或融入一种更具建设性的趋势性,则取决于这一对话中的力量博弈,这一博弈的实质是不同利益所动员起来的社会力量的关系(这同时也就意味着理智的选择也可能误入歧途)。当我们不再从某种一致性的假设入手来理解人类的历史,不再将历史视为某种因果机制

—————————

① 有关这一问题的讨论,可参阅郑震(2019a)。

的线性发展，所谓的"趋势"也只是诸多的可能性，无论这样的可能性在特定的时空节点表现出多么强大乃至压倒性的力量，它都并不意味着某种事先确定的超越的力量在主导着历史的进程，这不可避免地为人类的历史导入了某种不确定性。

## 7. 反思与超越

对以实证主义和解释学为代表的西方主流社会科学的方法论思考，向我们传达了一个重要信息，即二元论的思维方式是其无所不在的内在逻辑支撑。事实上，即便是那些批判性的理论也难逃二元论的束缚，毕竟批判理论也有其认识论的基础，而批判的规范性本身也难逃在二元论中自我确认的命运，只不过规范鲜明的估价特征使得问题更为复杂而已。① 如何摆脱二元论的虚构陷阱就成为方法论思考的重要方向，它要求我们不再停留于主观与客观的非此即彼，但我们显然也不可能把它们简单地加以拒绝，毕竟我们的研究已经表明，它们各自也还说出了一些片面的真理。

如果我们按照传统的思路去寻找解决问题的方案，那么问题的关键无非是在承认主观性之不可消除的前提下，尽可能地追求客观性，从而实现一种主客观之间的综合。而此种对客观性的追求则需要一种反思性力量的持续介入，即通过反思自身立场中的主观偏见，来最大限度地减少盲从和干扰，从而为一种向客观性一极的移动创造条件。诸如埃利亚斯的知识社会学和布迪厄的反思社会学在相关问题上都无一例

---

① 例如，当人们将自然、人性之类的东西作为评价标准的时候（这是异化理论的一贯诉求），当人们以历史发展的更高的自然阶段的名义来进行评判的时候，无疑是期待以一种自然主义的方式来合法化其批判的立场，对客观性的追求并没有在一种明确的价值诉求中被放弃，相反对此种诉求的相对主义色彩的压制则为一种客观主义打开了方便之门。

外地是沿着这样的道路行进的,这无疑是传统西方社会理论在面对相关问题时所可能展现出来的最具建设性的思路。但也正是这一思路,暴露了西方社会理论在应对主客观二元论时陷入了思维路径的惰性之中,它总是难以避免地要从主观与客观、主体与客体之类的二元假设出发,以至于对二元论的克服也还是要从二元论的假设开始。这就以一种更加隐蔽的方式再生产了二元论的逻辑,事实上无论是埃利亚斯还是布迪厄都依然困扰于结构主义的阴影,这不可避免地导致了他们在反二元论问题上的不彻底性(郑震,2014:30、213)。

　　由此可见,从二元论出发来克服二元论只能陷入更加隐蔽的二元论之中,而要真正地超越二元论的桎梏只有采取一种视角的转换,这正是我们将阐发的彻底关系主义的立场所意指的,它主张从关系出发来重新思考传统的理论问题,但这同时也就意味着要面对一系列新的问题和新的概念,因此这绝不是将旧的概念重新包装或重新组合,如果它们没有被抛弃的话,那也只能是意味着在一种截然不同的语境中来重建它们的意义,并使得它们能够在一个新的概念框架中发挥不同的作用。而这一切又不得不从文化这个看似古老却又历久弥新的问题入手,这并非只是一种偶然的偏好或独断的决定,事实上我们在这里所讨论的方法论争论正是为转向文化议题所进行的铺垫,因为它从来就不只是什么抽象的理论或逻辑问题,方法论的争论始终内在于那些针对各种现实问题所展开的社会科学研究之中,我们只是将其从那些活生生的研究实践中抽象出来,以期能够在一种更加清晰的理论图示中来展现其中的逻辑。因此,这一争论的此消彼长(我们将在下一节说明这一点)从来就不是什么方法论逻辑内部的问题,而恰恰是与社会生活之转型息息相关的社会科学研究的变革相一致的,正是这一切向我们传递了文化之无可替代的重要意义,并呈现了以文化问题为主导的方法论思路的重要转型，而在这一转型陷入困境的地方，正是我们研究的起点。

## 第二节　转向：文化研究的兴起

从方法论争论的角度来说，20世纪中后期的西方主流社会思想呈现出以实证主义为代表的传统主导范式的衰落和以文化阐释与批判为代表的相对主义思潮的兴起。这一转向所蕴含的方法论各方的立场及其意义已在上一节的讨论中加以揭示，然而要想真正理解这种方法论上的转型，则不能不从具体的社会历史变革以及相关的社会思想转型入手，对方法论争论的抽象仅仅是一种写作策略，它并不意味着在描述某种实在。

众所周知，20世纪西方主流社会学乃至社会科学的思想长期被实证主义和实在论所统治，二者之间虽有分歧，却一致坚持一种自然主义的立场和反映论的真理观。正如我们上一节的讨论所暗示的那样，实证主义和实在论的思想无疑有其近代西方的理智主义（intellectualism）源起，然而它们所构建起的主导精神却在20世纪遭受到了空前的挑战，这一挑战的精神气质无疑是一种相对主义的思潮。但这从来就不仅仅是一个分析上的精神问题，也不是智识领域中所产生的独特现象，而是囊括整个西方世界的社会变革所推动的一场思想上的革命。

近代西方思想在反对宗教权威和种姓束缚的同时，却继承了基督教有关上帝及其所创世界的理性主义假设。尽管我们可以在柏拉图（2002:507）的回忆说中找到天赋理智的古老源起，也可以在近代数学和物理科学的成就中找到对于笛卡尔的理性主义鼓舞（他自己就是数学家和科学家），但我们也许无须如此大费周章，毕竟这位耶稣会学校

的毕业生在背叛上帝的同时却也难免与之有所瓜葛,毕竟近代西方之
自然科学也还沉醉于基督教有关上帝创世的理性主义想象之中,这虽
然听起来很有些讽刺,但就如同奥古斯丁这位神学家为笛卡尔提供了
有关主体问题的最初想象一样(罗素,1963:436),人类智识的发展从来
就不像它的外表所看起来的那样冠冕堂皇。当近代的理智主义者们在
资产阶级的世俗个人主义的鼓舞下在个人的主体性中寻找认识基础的
时候,他们却无意之中在那里又发现了一个上帝,这就如同当他们试图
在个体的意志之外寻找一个确定的世界的时候,却无意之中在那里编
织起一个新的神话("启蒙的辩证法"①)。不过世间的事情正如道家所
言,凡事总有其对立的一面,对绝对的信仰总是与怀疑相伴而生,对确
定的笃信又何尝不是出于对变化的厌恶与恐惧? 只不过在启蒙如日中
天的时代,怀疑的姿态和正视变化的意义只能蜷缩在思想的边缘。19
世纪弥漫于西方世界的乐观主义情绪更是助长了理智主义的热情,进
化论思想的流行不过是这一热情的科学注脚,仿佛由启蒙运动和法国
大革命所开启的精神道路正在引领着西方世界乃至全人类走向那个确
定的胜利,孔德所倡导的实证主义不过是为这种"胜利"提供一个貌似
科学的说明。

尽管早已有像马克思和尼采这样的智者在揭露那繁荣背后的阴暗
与野蛮,但也许由现实所鼓动起来的幻觉也只能由现实来加以打破,20
世纪并没有像西方世界所期待的那样一帆风顺,自由和民主的理想在
极权主义的暴政中风雨飘摇,科学和技术的力量却幻化出人类自我毁
灭的可怕力量,至于西方世界所期待的以西方为中心的人类进步倒是
颇具讽刺意味地被法西斯主义和种族主义的野蛮与仇恨所践踏。两次

① 这一提法来自霍克海默、阿多尔诺(2003)。

世界大战所带来的冲击足以浇灭任何过火的激情和狂妄自大，促使人们去反思主流现代性的膨胀与自负。然而，战后资本主义的复兴不仅没有修复那种对绝对主义的自信，反而因为消费文化乃至消费社会的兴起而进一步加深了人们对于主流现代性的怀疑。19 世纪的资本主义是一种带有短缺经济色彩的野蛮资本主义，在供给与需求的关系中并没有为大众消费者留有太多的选择余地。这一方面是因为生产能力还受到来自技术的诸多限制，这也许就是为什么资本家总是热衷于通过延长劳动时间来增加对剩余价值的榨取；但另一方面工人阶级的极度贫困和缺乏保障的地位也使得他们无法作为一个消费者群体来主导商品的生产实践。这也许就是为什么在马克思的笔下，资本主义的经济是由生产所支配的过程，消费似乎仅仅扮演了一个从属和附带的角色。"用来交换劳动力的资本转化为生活资料，这种生活资料的消费是为了再生产现有工人的肌肉、神经、骨骼、脑髓和生出新的工人。因此，工人阶级的个人消费，在绝对必要的限度内，只是把资本用来交换劳动力的生活资料再转化为可供资本重新剥削的劳动力。这种消费是资本家最不可少的生产资料即工人本身的生产和再生产。可见，工人的个人消费，不论在工场、工厂等以内或以外，在劳动过程以内或以外进行，总是资本生产和再生产的一个要素。"（马克思，2004：660）工人的个人消费不过是从属于生产过程的要素，是再生产劳动者的中介。这也就是为什么资本家"所操心的只是把工人的个人消费尽量限制在必要的范围之内"（马克思，2004：660），因为超出这一范围对资本家而言近乎一种非生产的浪费。所以，马克思的生产决定论并不是将消费从属于生产的状态肯定为无可置疑的法则，而恰恰是对资本主义野蛮状态的一种批判，他不可能像列斐伏尔那样谈论一种消费的决定论，只是因为19 世纪的资本主义并没有为他提供进行这样想象的空间。

然而,第二次世界大战之后的新资本主义却为列斐伏尔和布西亚这样的理论家提供了一个截然不同的场景,伴随着新技术的运用所带来的生产能力的巨大提升,以及资本全球化的突飞猛进所带来的新兴市场的巨大利益,当然还少不了福利国家等一系列的资本主义改良措施所推动的无产阶级处境的改善和中产阶级的扩张,面对一时间变得极大丰富的商品供给,大众消费发挥出了前所未有的影响力量。其最核心的表现就是消费者的文化偏好成为资本运作的重要动力,超出需求水平的供给能力直接导致了激烈的市场竞争,而消费者的偏好则成为产品能否成功的关键因素。从满足工人的生理需要到关注消费者的精神趣味,其中的跨度不过是资本从明目张胆的统治向隐蔽的暴力的转化。换句话说,由于消费者的需要和消费越来越具有生产力的特征(Baudrillard, 1998:76, 82)①,发达资本主义的生存越来越依赖于对消费的控制。资本还是那个资本,只不过批判从生产决定论的批判转向了消费决定论的批判,因为大众消费者并没有在这一转向中改变其在政治和经济上的从属地位。很显然,在发达资本主义社会中,统治地位的获取并不取决于在消费领域中的主导性,消费的民主化仅仅是一个欺骗性的幻觉(Baudrillard, 1981:50, 60, 62),消费者除了在资本的绥靖中获得了某种生存条件的改善之外,得到的仅仅是一个平等的表象,他们并不能够作为一个群体而在社会的权力关系中获得支配地位,相反他们作为消费者的散漫与无组织的状态只能进一步强化他们的从属地位。中产阶级的政治保守性和无产阶级的斗争性的丧失正是为此种消费的安逸所付出的代价。因此,实际发生改变的仅仅是与绥靖和富裕相伴随的文化问题在经济生活乃至整个社会生活中的主观地位,

---

① 虽然在《消费社会》一书中布西亚还没有完成他的消费转向。

考虑到经济活动在资本主义社会制度的生产与再生产中扮演着主导性的角色，消费文化也就理所当然地成了资本主义社会及其研究的主导议题之一。与其说是文化突然变得重要了，倒不如说是因为某种社会历史性的因缘际会，文化在那些思考社会问题的人们的观念中变得重要了（我们的研究将表明文化的意义并不取决于这种认知上的变化，因为即便是生产的问题也同样是文化问题，只不过它没有被如此理解）。

社会世界自身的变化最终颠覆了人们有关确定性的想象，并以一种文化的相对性来确证那个从来就没有缺场的不确定性。换句话说，相对主义的兴起并不是因为生活变得相对化了，而是生活的新现象似乎看起来更易于落入一种相对化的范式，以至于不再误导人们展开一种绝对主义的想象罢了。从认识论的角度来说，生活从来就是晦涩的，认识活动本身就是这种晦涩性的一个派生性表现，它同时也投入这种晦涩性之中，以至于它无法摆脱那种不透明或半透明的困扰。但这并不是说认识仅仅是一种表象化的游戏，也不是说表象就只能带来完全的错觉，即便是想象也并非仅仅等同于幻想。而是意在表明，当人们以一种相对主义的视角来取代那种绝对主义的判断的时候，想象的确为我们打开了某个新的窗口，生活以一种较少绝对主义错觉的方式呈现在我们的面前，但现在问题又何尝不是一种更多的相对主义的错觉呢？如果说绝对主义作为一种现代西方理智主义的错觉是误入歧途的，那么相对主义在一种无节制的信仰中也只能是收效甚微。当然这里还不是讨论这一问题的地方，因为至少这种与文化视角共属一体的相对主义的兴起对于人们摆脱那种绝对主义和确定性的想象发挥了积极的作用，而且无独有偶，在自然科学之中也爆发了一场具有相对性和不确定性色彩的革命，它甚至来得比资本主义社会经济生活的变革还要早。

早在20世纪初期，自然科学就在相对论、量子力学等思想的推动下掀起了一场颠覆牛顿-笛卡尔世界观的革命性运动。那个永恒绝对的时空观在相对论的进攻下土崩瓦解了,诸如长度、质量之类的物理变量的测量完全取决于所采用的参照系,并不存在一个恒定的值,因为"时间与空间,不是绝对的,而只是与观察者相对的"(丹皮尔,1975:526),整个自然物理世界必须经历一种智识上的重建,那个在牛顿-笛卡尔世界观中理所当然的世界不过是一种信仰的建构,它延续了西方形而上学的传统。不仅如此,量子力学还告诉我们,在微观物理世界中,经典物理学基于简化和还原所获得的近似确定性的法则是不适用的,这就是所谓的"测不准原理"(丹皮尔,1975:519),例如在测量像电子这样的质点的位置和速度时,"要同时确定两者的想法,似乎在自然界中找不到对应的东西"(丹皮尔,1975:519)。诸如此类的科学的突破完全颠覆了近代科学对于绝对和确定性的想象,物理世界似乎比人们曾经所想象的要复杂和不确定得多,正如巴什拉(Bachelard,1984:163)所言:"简言之,我相信科学正开始将它的论证建立在尝试性的、复杂的模型之上,简明的观念被保留给特定的并且总是暂时的目的。"

然而这场自然科学的革命并没有直接在社会科学的领域产生巨大的反响,虽然主张实证主义的社会科学家往往以自然科学作为其研究的典范,但这场革命本身就是一个复杂的过程,更不要说自然科学本身也还有一个消化和吸收这场革命成果的过程,而且对新科学敏感的科学领域之外的研究者往往是一些科学哲学家,这也就难怪社会科学的研究者对这一现象反应迟钝,毕竟研究对象的差异和专业话语之间的隔阂都极大地阻碍了思想的沟通与传播。更何况对于社会科学而言,自然科学的革命仅仅是一个外部的且专门性的因素,其外部性使之不可能取代内部因素的直接有效性,其专门性使之局限于有限的影响方面,诸如社会科学所关注的日常社会生活就与之瓜葛较少。事实上社会科学家更需要在他们自身的领域中遭遇某种直接颠覆性的事件，只有当这种内在的直接因素产生的时候，诸如科学革命这样的外在专门性因素才更有可能发挥其影响作用（当然其中还需要话语的中介和方法论的诠释）。正如我们已经指出的，两次世界大战足以给那种启蒙的乐观主义精神泼上一盆冷水，但战争的影响是全面且外在的，它不像科学革命那样仅仅局限于对物质世界的认知方面，也不像某种内部批判那样具有直接的针对性，它对于社会生活这个与社会科学息息相关的对象的影响几乎是全面性的，但也正是因此，战争的影响力缺乏直接的针对性和专门性。而随之而来的消费社会则构成了一个更加具有针对性的外部因素，它直接重构了社会科学的研究对象，使之对于一种相对主义的认知范式更具亲和性，从而对社会科学的话语建构产生了不可替代的冲击。与此同时，20世纪60年代西方世界风起云涌的社会运动对于社会科学的知识有效性提出了尖锐的挑战，而诸如社会学、社会心理学这样被寄予厚望的学科却无法以其自诩为科学的实证研究来有效地加以应对。这一事件无疑构成了压倒以实证主义和实在论为代表的西方主流社会科学的最后一根稻草。于是一场内部的批判作为直接颠覆性的内在因素以社会理论这个跨学科的名义在西方人文社会科学领域广泛展开，它借鉴了哲学和人类学中有关相对主义的思考①，吸收

---

① 当现代资本主义出于自身的政治经济利益而推动那种对一般规律性的探索的同时，也在无意之中推进了一种相对主义的气质。正如马克思和恩格斯（1995：275）所言："一切固定的僵化的关系以及与之相适应的素被尊崇的观念和见解都被消除了，一切新形成的关系等不到固定下来就陈旧了。一切等级的和固定的东西都烟消云散了，一切神圣的东西都被亵渎了。"事实上，从启蒙时代起，相对主义就构成了现代西方思想不可或缺的一面（郑震，2014：9），其最初的思考无疑是由社会科学试图以一种实证科学的姿态加以摆脱的哲学母体来承担的，只不过这种哲学相对主义至少在20世纪以前始终处于边缘状态，直到19世纪才迎来了其最富影响力的作者（如尼采）。此外，伴随着西方资本主义的殖民扩张，人类学对于不同文明和文化的比较研究也为思想提供了重要的相对主义启发。

了来自自然科学革命的方法论影响（相对性、不确定性、认识论的断裂或范式转换等等），将消费社会的文化多样性作为自身研究的重要课题，并以此来重建对于社会世界的理论认知，更重要的是它主张对启蒙以来的主流现代性思想加以反思和批判，一种怀疑的精神压倒了那种乐观主义的情绪，这种怀疑和批判正是以文化研究作为其重要抓手。

人们曾经将文化的多样性和多变性视为一种表象或伪装，掩盖了社会世界永恒的规律性和一致性。这也就是为什么实证主义者坚持要在纷繁复杂的现象世界中寻找不变的法则，而实在论者则热衷于对普遍结构的探寻。然而这一切的支撑与其说是客观事实的确证，还不如说是一种自然主义的信仰和盲从。尽管它的确可以在世界的现象中找到一些似是而非的安慰，但当社会世界以它自身的某些形态来告诉人们，此前的面相不过是更加引人误解也更加晦涩的表象的时候，这些信念也就显得不堪一击了。然而是否相反的一面就是绝对真理？对相对性和不确定的强调是否也是一种错觉？经验科学无法给出肯定的答复，就如同它也不能断然地否定一样。事实上，当思想从绝对主义的想象中醒来的时候，它至少已经清醒地意识到，肯定和否定也还是一种绝对，用绝对来反对绝对只能陷入自相矛盾的悖谬之中。因此，将相对性和不确定性以一种本体论的方式还给文化，或以文化的方式来谈论相对性和不确定性，对于社会世界的根本意义，至少具有一种视角的价值——它至少展现了世界的另一面。更何况这一面的方法论意义就在于，如果你将它视为一个新的绝对，你就反对了它自身。因此，那些试图将此种相对性和不确定性推向极致的思想，正在以它自身的方式否定它存在的合理性，这恰恰是绝对主义世界观所不具备的自反性特征。就此而言，我们似乎有理由认为社会理论的文化转向对于社会科学的研究而言包含着某种建设性的特征，它至少有可能意识到自身的局限性，毕竟对文化的研究还是一种文化，这是旧的传统所不具备的积极因素。

正是在这样一种视角的转向中，自然主义的偏好开始屈从于一种文化主义的统治，对绝对主义的激情在相对主义的冲击下逐渐褪色，对人性的探究在后结构主义对主体的消解中丧失了存在的意义，而一种符号主义日益成为西方社会理论的主导方向。我们显然无意在此欢呼某种胜利，我们的措辞已经暗示了可能存在的风险，一种非此即彼的二元论并没有在文化的转向中销声匿迹；相反，正如我们在方法论部分的探讨所揭示的那样，它既是导演也是剧本。自然与文化、绝对与相对、人性主体与结构客体的对立成就了一种符号主义的浪潮。事实上，我们很难确切地指出现代西方文化相对主义的开端究竟源自何处，正如我们已经指出的那样，这一事件无疑和资本主义的产生与发展有着直接的关联，世俗化的资产阶级的兴起对于封建时代的种姓制度和绝对主义的上帝权威无疑起到了颠覆性的作用，其所解放出的怀疑和超越的精神成为现代西方思想的重要面相之一，对此我们完全可以梳理出一个冗长且庞大的名单，并提及诸如斯宾诺莎和帕斯卡尔这样的启蒙哲学家，而当黑格尔在其《精神现象学》中谈论意识形态并将真理问题置入时间的生成之中的时候，我们的确看到了在那个绝对精神的形而上学中已经蕴含了相对主义的种子，甚至康德的主观主义哲学人类学也无意之中在一种普遍主义的先天诉求中为主观相对性奠定了基础，只不过与尼采激进的透视主义和生命哲学比起来，它们大多还有些半遮半掩、三心二意，这也就难怪尼采当之无愧地成了 20 世纪中后期思想反叛的相对主义精神领袖，虽然他有关权力意志和永恒轮回的思想又何尝没有一种绝对的隐喻？在此，我们并不打算在这个思想谱系中填充并完善各种作者的名目，我们只想仅就"符号"这个敏感的概念来指出 20 世纪西方社会理论的几个重要节点，并以此来勾勒一种符号主义思潮的逻辑进程,我们将看到这已经足以帮助我们理解文化研究在西方社会理论中兴起的某些重要特征和理论逻辑。

在当代西方社会理论中,几乎没有任何一个重要的作者不曾讨论过符号问题。这里所谓的"符号"与其说是一种表达的工具,还不如说是一个意义的系统。而索绪尔建立符号学的设想则为符号主义的产生提供了一个思想契机,我们将看到索绪尔有关语言符号的思考正是遵循了一种文化相对主义的路径,这使其思想成为继尼采之后的又一个重要节点。索绪尔认为,语言符号的价值并非来自对其所指对象的参照,实际上词语符号表达观念的特性仅仅构成语言价值的一个方面,索绪尔将这种价值称为"意义"(索绪尔,1980:159),但即便如此词语也还是在与概念打交道,毕竟"所指"是概念而非事物本身。语言价值的关键则是不同符号之间形式上的差异,"语言是形式而不是实质"(索绪尔,1980:169),正是在一个符号系统中与其他所有符号的区别才使得一个符号具有了自身的价值,"语言像任何符号系统一样,使一个符号区别于其他符号的一切,就构成该符号。差别造成特征,正如造成价值和单位一样"(索绪尔,1980:168)。这就清楚地将符号的价值与符号系统内部的关系状态联系了起来,因此它并不构成与对象本身的内在联系,价值的这一方面最多也只是涉及概念层面。换句话说,语言符号的价值并不在于它是否向我们传达了对象本身的某种真实,它的意义仅仅是一种观念的建构,然而更为重要的是它与其他符号之间的差异,也就是使得原本模糊不清的世界对于人类变得清晰起来。"预先确定的观念是没有的。在语言出现之前,一切都是模糊不清的……语言对思想所起的独特作用不是为表达观念而创造一种物质的声音手段,而是作为思想和声音的媒介,使它们的结合必然导致各单位间彼此划清界限。"(索绪尔,1980:157—158)因此,如果说索绪尔有关符号任意性的思想为文化相对主义提供了一种解释的空间（在所指和能指之间没有一点自然的联系），那么符号的价值来自符号之间的区别的论断则只不过是对符号任意性的进一步拓展，因为符号并不涉及事物本身，它仅仅涉及特定文化中的观念建构（作为心理实体的概念或意义），这恐怕才是语言作为形式的深刻意义所在。索绪尔指出："不但语言事实所联系的两个领域是模糊而不定形的，而且选择什么音段表达什么观念也是完全任意的。不然的话，价值的概念就会失去它的某种特征，因为它将包含一个从外面强加的要素。但事实上，价值仍然完全是相对而言的，因此，观念和声音的联系根本是任意的。符号的任意性又可以使我们更好地了解为什么社会事实能够独自创造一个语言系统。价值只依习惯和普遍同意而存在，所以要确立价值就一定要有集体，个人是不能确定任何价值的。"（索绪尔，1980：158—159）因为正是特定能指与所指的结合体现了在一个符号系统内部的习惯和普遍同意，所以将一个词与其他所有词区别开来的正是基于特定习惯与普遍同意的能指与所指的关联。对于索绪尔而言，这只能是一个集体的事实、一种结构主义语言学。

然而索绪尔只是将语言学视为符号学的一部分，这一点遭到了罗兰·巴（尔）特（1999：引言3）的反对："语言学不是普遍的符号科学的一部分，哪怕是有特殊地位的一部分；相反，符号学乃是语言学的一部分，是具体负责话语中大的意义单位的那部分。"这就是所谓的"语言转向"，自海德格尔和伽达默尔等人的语言本体论转向之后，对语言和话语的迷恋在后结构主义者的手中可谓登峰造极，以至于巴特在其对流行服饰的符号学研究中索性置消费者及其消费行为于不顾，转而去讨论流行杂志中的服饰话语，以此来实践其所谓的"符号学乃是语言学的一部分"的论断，从而将索绪尔的结构主义语言学转变为语言学的结构主义。"没有话语，就没有完整的流行，没有根本意义的流行，因而，把真实服装置于流行话语之前似乎不太合理：实际上，真正的原因是促使我们从创建的话语走向它构建的实体。"(巴特，2000：3)所以，"感知某物所要表达的意义，不可避免地要借助语言的分解：意义只在于指称，而所指的世界不过是语言的世界"(巴特，1999：3)。这绝不只是将衣服视为一种话语建构那么简单，而是在根本上取消了那个真实且客观的参照物在其理论框架中的本体论地位，因为所指的世界除了语言之外就再也没有什么了，语言就是一切，这就是福柯意义上的话语统治，因此也就是文化的统治。后结构主义者只是将文化视为一个不再具有自然普遍性的非实在结构，从而与结构主义的普遍主义和实在论划清了界线。不仅如此，这个非实在的时空性结构在根本上与语言勾连在一起，即便像福柯那样主张一种权力本体论，但这个权力也脱离不了和语言的关系。就像海德格尔的存在总是脱离不了和语言之间的神秘的本体论关联，福柯笔下的权力关系也无法独立于话语来发挥作用，"在话语中权力和知识被联结在一起"(Foucault，1978：100)。我们完全可以将福柯有关人文科学的研究视为对现代西方文化的思考，在福柯看来，人文科学并没有像它自诩的那样研究人的本质或一般性法则，相反它所思考的不过是文化事件(Foucault，1970：371)，是在时间中变化的人(Foucault，1970：352 - 355，363，364)。就此而言，人文科学的话语也摆脱不了作为一种历史性的文化现象。

然而，福柯在批判人文科学的同时，却将数学和物理科学、经验科学(语言学、生物学、经济学)和哲学的反思置入其文化批判的法外之地。[①]

---

① 福柯将它们称为"现代认识论领域的三个维度"(Foucault，1970：347)，虽然它们的知识也不能外在于权力的建构，但福柯主张语言学、生物学和经济学是研究人的一般本质的经验科学，而包括一切可以数学化的知识在内的数学科学和哲学的反思共同界定了一个思想之形式化的平面(Foucault，1970：347)，它们对于文化之相对性的超越似乎是不言而喻的。

这不能不让人对其文化视角的彻底性产生怀疑，也正是因此，其思想无法成为符号主义最激进和彻底的典型。这个位置理所当然地属于布西亚。布西亚宣称当代资本主义社会是一个参照价值彻底毁灭的编码统治的时代，其现实是超级现实主义的(hyperrealism)，即符号的模拟和能指的自我指涉，意义仅仅是符号之间的关系，这里不存在任何意义上对现实的再现，因为所指及其对象已经完全消解在能指的结构之中，消解在符号建构的模型之中，这个符号就是文化。正是在这样一种激进的文化相对主义视野中，布西亚将后结构主义瓦解的逻辑推向了虚无主义的极致，他以一种福柯所没有的彻底性宣称："真相是，科学就像任何其他的话语一样，是在一种约定俗成的逻辑基础之上被组织起来的，但是就像任何其他的意识形态话语一样，需要一个处于物质过程之中的现实的、'客观的'参照，以便证明它自己。"(Baudrillard，1993：61)可以毫不夸张地指出，布西亚将符号主义的相对主义逻辑在一种自我否定的悖论中完成了，因为如果一切都仅仅是一种文化的符码建构的话，那么对这种建构的讲述也只能是一种建构、一个模型、一个能指的霸权、一个超级的真实，它看起来比真实更真实，因为再也没有什么可以质疑"真实"的真实了，因为这个"真实"是绝对的，即绝对的幻觉。

布西亚极端激进的文化主义思想不应该被视为一个意外的特例，仿佛这不过是一种个人的激情或错乱，相反将其视为现代西方相对主义思潮内在逻辑的一种完成倒不失为一种建设性的思路，毕竟这个曾经由尼采、索绪尔等人所标记的思想脉络终究要通过耗尽它的所有潜能来实现它的理想，但同时也就宣告了自我的终结。不过，对文化与符号的探究并没有因此戛然而止，反倒是这种极端在呼吁着某种超越的可能性，我们看到诸如埃利亚斯和布迪厄这样的作者试图扭转由后结构主义所制造的极端陷阱，尽管这种努力并不一定是专门针对布西亚所做出的。布西亚的理论只不过是一种思潮的极端症候,其极端性在于认识论上无所顾忌的相对主义使得思想落入虚无主义的陷阱之中,这实质上并没有摆脱那种主观与客观相对立的二元论思维;它同时也是一种本体论上的二元论的极端主义呈现,后结构主义将结构主义的客体主义逻辑推向了极致,而它的对立面也只能是一种主体主义的病魔。

虽然对文化与符号的研究依然是埃利亚斯和布迪厄这样的学者的主题,但他们拒绝像后结构主义者那样在一种二元论的框架中思考文化的问题。这倒不是说他们试图把文化客观主义化以寻找一种文化的一致性,或在一种主体的视角中来理解文化的生产。这样的思路不过是二元论的另一面,他们试图超出这种二元对立的思维方式,从而结束西方主流思想长达几百年的二元论纷争。然而正如我们曾经指出的那样(郑震,2014;郑震,2019b),这样的研究还是没有超出个体与社会何者优先的二元论话题,没有超出从二元论出发来摆脱二元论的陷阱,从而难免以失败而告终。尽管如此,我们却看到了在当代西方社会理论家笔下,一种以文化为主要对象的、充分考虑到文化之相对性问题的视角转换已经昭然若揭。这一转向不再像传统主流话语那样将文化视为一个边缘的或派生的角色:它既不像帕森斯那样把文化视为一个仅仅发挥着某种普遍功能的必备项,从而在实质上以一种普遍主义取消了文化相对性的理论意义;也不像许多学者那样仅仅将文化视为政治经济结构的衍生物,从而否定文化对于分析社会生活的基础作用;更不像那些主张实证主义的测量学家那样试图在文化现象中寻找不变的规律,以此将文化的变化与多样贬低成一种无足轻重的表象(事实上,这样的实证主义者和帕森斯那样的实在论者可谓异曲同工地阉割了"文化"的概念,从而共同描绘了一幅传统主流社会学理论的文化景观)。

## 第三节　文化与自然

### 1. 基础和不可还原性

我们从方法论的争论谈到文化视角在西方社会理论中的兴起，其中的理论与现实的逻辑为我们澄清了文化议题在当代思想视野中的凸显并非无的放矢。但这并不是问题的终结，相反西方社会理论存在的种种问题表明，究竟什么是文化、应当如何思考文化及其意义本身也还是疑难重重。

这里最基本的问题之一还是有关文化与自然的关系问题，我们已经看到西方社会科学的方法论争论在某种程度上可以被视为自然主义和文化主义的争论，也就是究竟是把文化视为一种自然现象还是一种非自然现象的问题。例如涂尔干(迪尔凯姆)这位实证主义社会学的代表人物就接受了孔德有关将社会现象视为自然现象的立场(涂尔干，1995：39)，进而有条件地接受了自然主义的提法(涂尔干，1995：152)。其意在表明社会事实是具有其自身规律性的不可还原的自然现象，是既不可以用个人的本性也不可以用其他宇宙力量来解释的自然的集体存在(涂尔干，1995：136—137、152)。如果我们抛开涂尔干思想的独特性，也就是不去考虑自然主义阵营内部的分歧(如他和自然法理论家、经济学家以及斯宾塞等人的自然主义人性论之间的分歧)，涂尔干的思想的确颇具代表性地将那种试图与自然主义划清界限的文化主义立场排除在外了。事实上，西方思想中自然主义和文化主义的二元争论，其实质在理论上也还是还原论的简化思维方式在发挥作用。对自然主义者而言，如果承认了文化只不过是一种自然现象，无论它是人性的产物还是集体的法则，都将意味着可以在一种确定的客观事实中找到不变的法则,这种法则或者是人的本质,或者是社会的本质,总之有一个确定的东西摆在那里等待你去发现,而自然科学貌似机械论的法则已经为这种发现提供了典范。这样就最大限度地排除了主观不确定性的干扰,从而将理论建立在高度确定的基础之上。反之,文化主义者通过瓦解自然的确定性,从而将符号与文化的相对性和不确定性解放成文化之所以为文化,于是在纷繁复杂的现象背后并没有什么隐藏着的不变本质和规律在发挥隐秘的作用。当然,这并不是说不再有表象的问题,但所谓的"真相"也并非绝对的事实,所以问题就不再是透过那现象的迷雾去寻找隐蔽的绝对,而是简化成了一种对相对性和多样性的肯定。因为自然其实不过也是文化,或者说是文化的一种建构,这就取消了客观存在在本体论和认识论上的现实意义,用建构的逻辑取代了发现和说明的逻辑,所以"今天任何事件实际上都没有结果,它对所有可能的阐释敞开,没有一个可以确定含义:每一个原因和每一个结果的同样的可能性———一种多样的和随意的归因"(Baudrillard, 1988:193)。

不可否认的是,自然主义者受牛顿-笛卡尔认识论模型的机械论和决定论判断的鼓舞,试图将社会历史现象还原成一种高度确定的自然历史事实,但他们却无视自然现象本身也有其不可消除的不确定性(所谓"因果决定论"也仅仅是一种简化的抽象产物),更不要说文化现象具有物理世界所不具有的生命和智性的流动性,后者暗示了一种与物质实在之间兼具连续与不连续的复杂性,其所呈现的不确定性在对象化的形态上无法被物理世界所还原。文化主义者固然抓住了不确定性和相对性作为世界之基本构成的意义所在,但却以相反的方式忽视了自然与文化之间并非割裂的差异性,从而难以认清在包含文化在内的复杂的总体状态中自然物理世界既不是文化的绝对他者,也不是文化的一种想象,而文化的相对性和不确定性也并不意味着一种虚无主义的特征。因此，重新审视自然与文化的问题对于思考何为文化无疑具有基础的重要性。这不是将文化与自然简单对立从而重蹈二元论覆辙，也不是在所谓的"相互作用"中让二元论获得一种隐蔽的生命力，毕竟相互作用总已经预设了二元论的前提。

如果说之所以无法走出自然主义和文化主义的二元争论，是因为它们似乎都具有某种片面的合理性，以至于总是能够为对方设置某种逻辑上的困难，但这种困难恰恰是以自身的逻辑困难为前提的，尽管后者往往并没有被如此理解。因此，也许只有在一种复杂的总体性中才能够真正理解何为自然与文化，这种复杂性就在于我们必须承认在我们所谓的"自然"与"文化"之间的确存在着差异性，但这种差异却是一个总体内部的抽象的差异，而不是两个水火不容的实在的他者之间的差异。换句话说，我们是在一个总体中发现了两个不同的维度，而不是在两个彼此独立的不同事物间发现了某个抽象的总体。这种复杂总体性的思路最大限度地避免了二元论所造成的割裂，对于后者而言，文化与自然最多也只能是经历一种外部的遭遇，其彼此的影响只能是表象性的，并不构成对各自之自我同一性的挑战，这是支持一种二元论判断的基本假设，甚至那种一元论也只是这一假设的延伸，虽然它常常自称消除了这一假设。因此，要想不再陷入那种无法消除其逻辑矛盾性的非此即彼的对立状态，就必须摒弃那种抽象简化的思路，也就是摈弃那种寻找终极来源的形而上学的思路，这种思路迷恋于某个最终的没有原因的原因，它必须简单到无法再简单的地步，但也正是因此助长了各种抽象化的自我欺骗，因为还有什么能够比这种人为的抽象更简单的呢？对这种简单的超越需要一种复杂性，也就是在文化与自然不可简化的总体中来思考它们之间的差异与相似，这在某些方面类似于在一个系统内部的子系统之间的差异和相似。但我们并不是在严格的系统论的意义上来谈论这种关系,也不预设某种要素之间的均衡和对等状态,我们所谓的"总体"也并不是一个超越的实在——它将文化与自然作为两个功能性要素包含在自身之中,而它们之间的差异似乎仅仅是为了一个更高的实在所需要的合作与交换,因此在文化与自然之上还有一个将它们吸收为自身功能项的超越的第三方。相反,并没有这样的第三方在左右着自然与文化的从属性,而是一个可以由我们阐释出自然与文化的关系体,后者具有不能简单地由抽象的自然或文化单方面解释的特征,它超越了自然与文化的界限,但也正是这种超越使得我们有可能抽象出自然与文化这个关系的对子。所以,也可以说是自然与文化之间不能还原于任何一方的关系状态构成了这个关系体,但这只能是当这种分析性阐释生效之后的反事实的推理。

就此而言,自然与文化其实都只不过是一种关系的建构,也就是说在文化被建构出来的同时,自然也生成了;反之亦然。这要求我们不再固执地坚持将自然与文化的任何一方视为不可消除的前提,也不再设想它们是两个不可还原的逻辑出发点。当然,这并不排除我们可以进行如下的推论:总有一个自然已经在文化发生之前存在着,就如同生命有机体总是先于某种智识而生成,以及的确存在着一个不以人的意志为转移的自然物理世界,等等。不过这样的推论其实并没有否定那个关系的总体作为前提,正是这个前提使得我们有可能如此建构自然的存在,因此在这样的推论中文化这个孪生子从来都没有缺场,相反自然总已经是针对文化而被构想的。在此种构想中,自然是先于文化且不依赖于文化而存在的,但看似悖论的是这一切都只是因为文化的在场,是在与文化的关系中所做出的判断。更重要的是这并不妨碍在有关"自然是什么"的问题上,一个绝对独立的自然是毫无意义甚至荒谬的,因为这种绝对的独立性只能是对关系性的彻底否定,而我们将看到没有什么是可以独立于关系而存在的。就此我们可以说，没有文化也就没有我们所谓的"自然"，虽然我们非常乐于在科学的提示下相信在人类文化出现之前宇宙已经拥有了漫长的历史，但这丝毫也不妨碍我们在我们所说的意义上将这个历史称为"自然的历史"，这绝不只是一种认识论上的文字游戏，而是一个本体论的判断，我们将在对于物的讨论中揭示这种本体论的意义所在。与此同时，对于我们此刻的讨论尤为重要的是，自然为文化提供了最为初步的物质支撑，从而构成了一个不可或缺的基础维度。但是我们在此仅仅满足于指出这个基础的物质意义，就如同神经系统为思维所提供的那种物质意义，以及如果没有对食物和性的生理需求，饮食和性的文化也就无从谈起，等等。至于究竟什么是物，我们将留待第一章第三节加以阐发。

所以，如果我们采用一种分析性的口吻，即从自然与文化这一对关系建构出发来反事实地讨论它们之间的关系，我们不难发现：如果没有自然的奠基，文化将无从谈起；反之，自然也只能是在与文化的关系中才成其为自然。不过在此尤其应当指出的是，尽管自然构成了文化的物质前提，但这并不意味着将文化还原成一种自然的效应。文化具有不可还原性，这就是关系性总体的意义所在。而我们所说的自然基础和文化的不可还原性则构成了这个总体的复杂性，即要素的差异性建构，而不是某种完全对等的均衡。所以，这是一种真正意义上的关系，关系各方以反事实的方式与对方联系在一起，各自提供了某种不可或缺性。

## 2. 价值作为关系

所以，对于我们理解文化而言，重要的是指出文化之不能被自然还原的性质所在，但这个提问一开始就可能是错误的。因为它还停留在那种将自然与文化视为两个天然对立的事物或现象的层面，于是理所当然地在此种相互外在的二元对立性中思考文化何以不是自然,从而无法理解文化与自然的差异纯然只是一种关系的建构,是在关系中的差异,而不是在差异中的关系。

有关文化之独特性的思考早已在那种二元论的视野中得到了广泛的讨论,我们无须另辟蹊径,反倒是可以缘着此种在我们看来反事实的路径去逆推那个"事实"本身。齐美尔(Simmel,1990:60)指出:"一旦我们的心灵不只是一个消极的镜子或实体——这也许从来就没有发生过,因为甚至客观的知觉也只能来源于估价——我们生活在一个价值的世界之中,这一价值的世界在一种自主的秩序中安排了实在的内容。"顺着这样的思路,价值问题无疑是文化区别于自然的关键,毕竟如果我们不将这里所谓的"价值"推广至一般意义上的生命体的存在,而仅仅是就人的存在而言,我们的确不可能在自然世界中发现价值。自然的物质实在本身是没有价值的,你不可能在那个物质的物理构成中发现价值元素,因为价值就其根本而言是从外部(对齐美尔来说也就是从心灵及其形式化的互动——不应忽视康德的影响)进入这个客观物质世界之中的,它安排了实在的内容,也就是在主观性的视野中估价了实在本身,这就是齐美尔的判断。但这恰恰也是一个成问题的判断,因为肯定价值是为人而存在的事实,不等于价值仅仅是人的价值。物本身不需要价值,也不等于价值不需要物。其实价值既不是物质实体所固有的内在属性,也不是人类存在者特立独行的创造或意义赋予,因为不论是内在性还是赋予都还只是一些二元论措辞,只有在你将二元论视为客观事实的前提下它们才具有实际意义。然而我们的研究已经充分揭示了这种主客体二元对立的虚构性和抽象性,它甚至在常识的意义上都难以成立,毕竟人类并没有感受到一种无法调和的自我分裂,也没有在实践中体会到物质与观念彻底的分裂与对立。这也许就是为什么当笛卡尔在哲学上提出了身心二元论的思想之后，西方思想界的主流始终在致力于解决这个并不合理的棘手问题，只不过随后所出现的还原论和互动论思路全然还是二元论的衍生物。这也恰恰表明了主客体二元论在西方近现代社会中有其倒错的根源①，只要引发错觉的存在尚未退场或式微，那么对错觉的反思就很可能只是制造一个更加隐蔽的错觉。因此，当我们抛开在主体和客体、自然和文化之间无法调和的二元论思维，我们才有可能真正理解价值的意义，在自然与文化的关系体中理解价值的生成，它只能是一种关系性的建构、一种反事实的遭遇。

说什么是有价值的本身就隐含了一种关系性预设，即价值的相对性问题。如何理解这种相对性才是问题的关键。传统的二元论思路毫不意外地在这一问题上分裂为两种主流立场：一方面，人们强调一种个人主观性的差异，从而把相对理解成相对于个人而言，这就使得相对主义带有一种主观主义的色彩；另一方面，客体主义立场则倾向于把这种主观差异还原至客观事实的差异（它往往以集体存在或社会结构的名义现身），以一种客体的相对性来取代主体的相对性，这一思路可被视为对主观主义的反动。但无论它们之间的争论如何激烈，都既不能摆脱一种二元论的思路，更不能消除一种更加隐蔽的人类学色彩，因为无论是个体还是集体或结构都无法排除人的存在作为其内在的逻辑构成，所以这样的相对主义总还是一种人类学主义。这也许就是为什么客观主义要向一切相对性宣战，通过排除一切人为的因素来拯救真理的尊严。但这只能是一种徒劳的挣扎，因为所谓"先天的绝对理性"也还是人的理性，甚至真理本身就是一种人类学的产物，毕竟一个没有人

————————

① 有关这一问题的讨论可参阅郑震（2019b）。

的宇宙是不需要真理的,真理本来就具有一种不可消除的相对性。

所以西方思想的问题还是在人与非人之间纠缠不清,价值似乎就只能是人的事情,即便说它是一种关系,也还是被完全打上了人的烙印,仿佛人以个体或集体的名义将价值生产为事物的标记,就像"估价"这个词所暗示的那样,是人在进行价值的判断。然而如果我们不再停留在这种非此即彼的二元论思维之中,转而采取那种总体性的关系思维,即将二元论所谓的"自然"与"文化"视为一个关系体的两个抽象维度,那么价值问题就将获得截然不同的理解,这也许才是一种真正意义上的非二元论关系性存在。虽然在习惯上"关系"一词总已经预设了关系各方,使得这样一种关系性思维仿佛难以摆脱非关系的预设,但如果不是已经有了那些能够发生关联的各方,又何以产生关系? 这样尖锐的质疑看似颇有道理,但其所质疑的与其说是思维方式本身,还不如说是语言的局限性(语言本身的错觉)。换句话说,我们之所以保留关系的提法,仅仅是出于克服主客体二元论的一种策略,也就是在二元论最核心的逻辑地域制造颠覆,把二元论理解为逻辑上孤立和自洽的事情还以非孤立的面貌,关系正是对此种非孤立性的描述,而且是一种本体论描述,即从关系出发而不是形成关系。正如我们已经指出的,形成关系也还是保留了对二元论的想象,而从关系出发则意味着关系作为无法推论的前提,即将原本视为衍生的关系性质作为原生的事实,以此来表明所谓的"二元论"不过是对此种原生事实的抽象割裂和人为歪曲。所以,关系这个似乎引人误解的提法其实正是一种校正误解的策略。我们当然可以使用那些不易引发误解的提法,而且我们的确也已经这样做了(如原初现实①),但作为一种理论策略,原初现实缺乏那种将主

---

① 可参阅郑震(2014)结论部分的讨论。

体和客体之间的对立加以消融的直观冲击力，尽管它与一种彻底关系主义的提法并不矛盾。因此，只要我们意识到这里所谓的"关系"不再是它曾经被理解的模样，关系主义就可以成为一种具有建设性的理论思路。

经过这样初步的梳理，价值的相对性或价值之为价值就只能指向主体与客体或文化与自然之间，或者更确切地说它包含了主体与客体、文化与自然。因此价值既不是什么客观的事实本身，也不是什么主观的意义赋予，而是一种分析上的遭遇或非分析的整体性。我们用"关系"来称呼这种整体性或前抽象的状态，它表明价值的确是一种事实本身，是在理论上兼具主客体性的事实。而文化之所以不能被自然还原，正在于它的价值特征，但也正是因此，它不再暗示一种单纯的人类学主义，而是总已经蕴含着某种自然的要素，这个分析性的要素正是文化之不可还原的内在条件。如果采用一种分析性的口吻，我们可以说，文化是人与自然的之间，是人与自然的遭遇本身，这个遭遇就是价值，自然正是在这一意义上构成了文化的基础。所以文化作为价值的存在不是纯粹的主观性，文化与自然的对立仅仅是一种理论的抽象，在这一抽象的前提下既没有文化也没有自然，而是一种纯粹的关系。

这样我们就得到了两种"文化"概念：作为主观性而与客观自然对立的文化，这是传统二元论思维的类型学划分；超越了主观与客观之对立的作为价值的文化关系，这使得"文化"概念不再局限于那种二元论的抽象，而这也正是我们所理解的文化，一种更具现实意义的"文化"概念。所以，当我们在一种分析的偏见中将文化设定为主观的、将自然设定为客观的时候，这样的做法固然有助于一种概念的明晰，但当我们将这样的概念建构按照实事的身份来对号入座时，就难免陷入一种虚构的对立之中，西方社会理论的自然主义和文化主义正是这一对立的具体呈现。不难看出，理论上无法消解的矛盾并不是因为事实本身有着无法克服的对立，而是理论沉迷于一种对立的想象，这倒不是一种凭空的幻想，而是出于事实的不透明或半透明所形成的错觉。二元论也是一种关系的建构，然而却是一种错觉的建构。正如钱穆在谈及中西方文化差异时所指出的那样，西方文化缘起于游牧文化与商业文化，其所凭以为资生之地所具有的内在匮乏和阻害使其世界观或人生观皆有一种强烈之对立感，"其对自然则为'天''人'对立，对人类则为'敌''我'对立，因此而形成其哲学心理上之必然理论则为'内''外'对立"（钱穆，2011：弁言 2）。西方人之内外对立的视角，其实不过缘起于对其生存处境的一种感知的升华，因为感受到了匮乏和阻害就误以为自然与人是相互对立的，进而将此种对立上升为一种哲学的世界观，成为内外或主客对立的根源。这当然也不是一无是处的，毕竟对生存处境的感知并非凭空的幻想，只是它没有能够反思此种切身的感知所携带的局限性，进而将其放大成了一种对世界的本体性解释，这就陷入二元论的窠臼之中了。当然，从最初的生存感知到最后的哲学升华，其间还有许多曲折，西方思想走到主客观二元论的境地也不是一蹴而就的[①]，但这已经足以向我们表明二元论本身作为一种社会历史性的关系建构既有其片面的合理性，也有其片面的荒谬性。毕竟，自然的确是客观的，但却并不仅仅是客观的，文化的确是主观的，但也并非只是主观的。

　　所以，人们尽管可以像习惯上所做的那样将自然视为物质的、客观的，将文化视为精神的、主观的，但这只是一种基于错觉的关系建构，即在一种内外对立的视野中把自然和文化截然地区分开来。我们完全可以在一种更具建设性的关系视野中理解文化与自然，这样的文化以其

---

[①]　有关这一问题的讨论可参阅郑震（2019b）。

价值属性而超越了与自然的对立，就如同自然并非只是一个给定的客体而从外部强加给文化，它从来就已经在文化中在场，就如同文化也已经在它的存在中在场一样。①

此外值得一提的是，文化价值作为关系的论断，同时还使得我们无须再纠缠于价值中立和价值关联的矛盾之中。因为如果我们不考虑那种人为的失误或蓄意的歪曲，不考虑那种凭空幻想的极端状态②，那么价值本身就是超越主观与客观、文化与自然之对立的关系性的存在，那么价值关联也就并不意味着一种主观性的决定论，而价值中立反倒否定了认识的可能性，因为客观性和主观性一样都是理论的虚构，只是在关系中才能够抽象出所谓的"客观性"与"主观性"，而这也就不可避免地要以价值为前提了。

### 3．文化的定义

在我们所理解的意义上，文化的存在正因为它具有无法被自然物理现象所还原的价值属性，但也正是价值表明了文化与自然不是二元对立的双方，在价值的存在中自然并未缺场。那个与自然截然对立的文化不过是关系整体的一个分析维度，毕竟我们没有理由认为文化和自然可以彼此独立存在，即便作为基础性的自然也只有在与文化的关系中才能够具有此种基础性，并被科学判定为先于文化而存在的事实，然而科学本身就是一种文化。

有鉴于此，我们对于文化的理解也就只有从非二元论的价值问题

① 这与我们此前所承认的先于文化的自然并不矛盾，因为这个先于文化的自然本身就已经是在与文化之关系中的自然，且如果没有这种关系，这个不以人的意志为转移的自然也无从谈起。我们在后文有关物的讨论中将进一步阐明这一点。

② 当然，这些情况也同样是一种关系性的建构，只不过它们分析的主观性扭曲或遮蔽了那个分析的客观性，客观性因素并非不存在，只是被错置了。例如幻想有一座金山，金和山都是客观因素，但它们被错置在了一起，于是制造了一种幻想性的关系建构。

出发，才既能够凸显文化在分析上的特殊性，又能避免将文化与自然割裂开来，从而陷入文化主义的偏执之中。那么，这个作为关系的价值究竟是如何存在的呢？其关系的属性表明它不可能是一个给定的实在（reality），所谓"实在"总免不了具有一种持存的自我同一性，这就排除了那种相对的身份，因为它假定一种自我封闭的孤立状态，这种状态被视为优先于任何关系的设定。正如我们已经指出的，我们不是在若干实在之间寻找关系，因为这不可避免地设定了实在作为前提，它否定了关系的本体论意义；相反，我们要从关系出发来寻找实在的建构，以破除那种由实在论所制造的无法逾越的鸿沟，这就需要一种打破静态和同一性的思路，从而在一种动态和变化中理解现实本身。由于关系不是给定的实在，而是相对化的过程，这就引入了时空的维度，它表明任何实在的建构都只有在时空性的区分中才能够产生现实的意义，因此绝对实在只存在于形而上学或神学想象中。这就意味着不可能在一种静态的网络意义上理解关系，而这恰恰是二元论结构主义的误区，后者将关系简化成某种客观给定的事实，仿佛存在着某种不变的关系网络，它超越了时空的分野，从而将某种关系状态固化为客观的结构。但这只能是对关系的否定，因为一种绝对的关系就如同圆的方一样荒谬，它在承认关系的同时又从根本上将关系加以否定。没有了相对化过程的关系，就变成一个持存的实体，它在本体论上除了同一性之外没有其他任何可能，而相对化则意味着各种同一性的可能或对同一性的解构。即便后结构主义者将其关系结构时空化的做法，也还是难以在根本上摆脱实在论的隐喻，因为二元论的结构被视为先于人类主体的客观性前提，它具有相对于主体之行动的逻辑优先性，这表明这个在时空中变化的关系也还是一个强加于主体的事实，人类主体（这个主体也同样是二元论的）的存在是无法解释这个客体的生成和变化的，因为据说他正是这种生成和变化的一个效应。因此，关系结构的变化完全是一个自我实现的问题，也就是一个隐蔽在时空性视角中的同一性隐喻的问题。你不可能在它之外找到某个自相矛盾的原因，这就是它的自我同一性。所以，对于后结构主义者的立场而言，实在论在理论形式上的确被打倒了，但实在论的精神却在实质上依然阴魂不散。

因此问题的关键在于，将关系真正地作为关系来理解，将关系从各种实在论的误解和隐喻中解救出来，即在一种动态的相对性中理解关系，或者用一种反事实的方式来说，就是在关系各方的遭遇中来理解关系。遭遇就是时空的分野，是以反事实的方式来描绘的关系的生成。这就把我们引到了实践的面前，实践在反事实的意义上就是遭遇，在事实的意义上就是关系本身。广义而言，一切事物的运动都可称为实践，即一切事物之间的遭遇都可称为实践，这暗示了我们所谈论的关系性存在可以被拓展至一种宇宙论的思考。不过，我们在此还是首要地关注人类的实践活动，即人与人、人与事物的遭遇只能在实践中进行，因为除此之外我们很难想象还有其他的遭遇方式，就此而言遭遇就是实践，这是我们对于实践的理解。从分析的角度来说，彼此遭遇就意味着关系的形成，没有实践的沟通，一切便处于静止和孤立的状态，关系也就无从谈起。但这也恰恰表明我们所谓的"分析"其实就是一种反事实的推理，因为对于生命而言静止和孤立就意味着死亡——即使呼吸也是一种与他物打交道的实践方式。我们不可能从静止和孤立的状态出发去完成所谓的"实践"，我们充其量只是从一种实践转向另一种实践，从一种关系状态进入另一种关系状态，但始终处于关系状态之中。这一点同样适用于无生命的物质，它们无时无刻不在与周遭的世界进行着物质和能量交换，而这恰恰就是它们的存在本身。看似静止不动的石头，其实正在经历着风化和衰变等一系列运动过程。至于我们习惯中有关石头的那些印象,其实不过就是这一过程中的一些抽象的片段。如果你将这些片段放回那个连续的过程中,从最初的形成到最终的瓦解转化,我们所熟悉的那个持久不变的石头不过就是一种基于所谓的"常态"或"习惯"的建构而已,是对地质史中短暂瞬间的错觉。正因为人类热衷于对确定性的探寻,所以总是迫不及待地将一些抽象的片段固化为对现实的想象,但这只是表明我们如此渴望生活在一个确定的世界中。

　　文化无疑是打破这种确定性魔咒的现象,虽然传统理论费尽心机地试图用确定性的牢笼来驯服文化,或者将其鄙弃为不堪大用的派生表象,但历史终究还是用它的变革震慑了这种对它的遗忘,让人们不得不重新面对文化的存在,在我们所说的意义上也就是社会历史实践本身的存在,实践则是一个价值现象。① 价值作为关系只能在实践的遭遇中在场,并且这不是在遭遇中引入价值或从无到有地生产出价值,而是价值就是这个遭遇本身,因为否则我们就无法理解遭遇的意义何在。先于价值的遭遇将如何遭遇呢? 这个"如何"本身难道不是一种价值判断吗? 所以,谈论先于价值的实践在本体论上是毫无意义的,实践就是价值。我们无须再将文化与实践做一种二元论的理解,仿佛是实践生产了文化或文化生产了实践,这样的同义反复只能在一种二元论的错觉中找到合法化的证明。换句话说,所谓的"实践生产了文化"其实不

---

① 就此而言,自然物的运动无疑也有其价值(这里显然没有假定物具有一种类似于人的权能性),但它不具有人类实践价值的复杂性和多样性,这涉及自然物的存在意义与人的存在意义的差异性。我们对价值的讨论主要是就人类的实践活动而言的(包括人与人、人与物的实践关系),这也正是"价值"概念的理论意义所在,因此我们通常并不将物与物的关系或者说物的实践称为价值。说物的实践也是价值并不妨碍我们主张物质实体没有固有的价值特征,就如同心灵或自我并不固有地包含价值一样,因为价值是关系而不是实体,后者依然没有摆脱二元论假设。

过就是文化生产了文化的另一种说法，因为如何实践从来就已经是一种关系性的价值在场，是超越了关系之各方的价值的在场。我们和别人见面时打招呼是为了传达礼貌和友善，我们使用工具做工是因为工具有用，我们收藏物件是因为它们带来美好和珍贵的感受，我们伤害别人是因为充满了恶意与怨恨，等等。这里的礼貌、有用、珍贵、恶意其实都是关系性事实，而不是像我们的表述中所带有的那种二元论风格所暗示的主观性意味，这样的意味其实不过是一种常识性错觉，它的理论形态就是主客体二元论，这表明日常的语言是各种偏见的仓库。

到此我们不难得出这样的结论：文化除了是实践还能是什么呢？因为关系只能作为运动着的实践而在场，绝对的静止是对关系的彻底否定，但宇宙不可能在静止中生成、变化和灭亡，只有打交道才是存在之道，自我封闭的绝对静止是对存在的否定。这一点对于生命而言更加淋漓尽致，生命的意义就是实践，作为实践的文化就是对这个意义的完美诠释，因为还有什么能够替代关系或价值来传达意义的信息呢？因此我们将文化定义为社会历史性的实践活动，它既不是主体的内存（纯粹的观念与方法），也不是客体的有形要素（物理材料和形态），而是跨越这两者的实践活动，这就是关系的存在。

# 第一章 理解实践:彻底的经验主义

## 第一节 文化不是实体

### 1. 文化的潜在状态:记忆与世界的格局

尽管我们否定了主客体二元论的立场,但这并不意味着我们将放弃分析的视角。要想厘清文化的问题,就不能仅仅停留在总体性概括的具体层面,这样的概括也只有通过对抽象分析的扬弃才能够具有充分的理论意义。

人们不禁要问:如果文化仅仅是实践,那么是否意味着当人类个体停止某种实践的时候,相应的文化也就对他而言消失得无影无踪了呢?他又是如何重新展开这种实践的呢? 这的确是棘手的问题,因为它直接质疑了文化的实践性作为其本体论的属性这一判断,仿佛在实践之外文化总还有某种存在状态(正如"他拥有文化"或"他内化了文化"这样的表述所暗示的),以便于让实践者在需要它的时候不至于无从查找。然而这样的提问在实质上又将我们重新拉回二元论的老路上,因为主客体二元论正是对这样一种静止的文化问题的回应,即主体的观念或客观的结构。仿佛主体总是携带着观念性的密码,它先于实践构成了主观性的前提,这一前提最为极端的表现就是理智主义者所想象的先天具有的理性能力,它用一种与生俱来的方式"证明"了主体存在的优先性和合法性。但这样的假设随即就受到了来自客体主义者的反驳,他们并不认为主体有能力在本体论上携带诸如文化的基因,这样的前提只能是一种客观事实,而主体不过是这个客观事实所指导下的执行工具。所以如果我们沿着这样的提问来做出一本正经的应对,就不自觉地陷入二元论的陷阱之中了。但这倒也不是回避问题的借口,同样的提问完全可以得出不同的结论,以一种反事实的方式,我们同样可以解决这样的问题,这也许更有助于我们澄清自己的立场。

我们说文化是实践,正是为了颠覆那种形而上学式的静止的文化观,这样的文化观很容易陷入实在论的窠臼之中(在一种自我同一性的假设中设想文化的本质或普遍法则),即便那些试图挑战实在论的理论尝试,也会因为对二元论的妥协和应用,从而难以摆脱实在论的隐喻。所以将文化视为实践的前提,无论这个前提被如何打上了非实在论的烙印(如后结构主义者的立场),都始终无法摆脱那个静止的自我同一性的隐喻,这是因为我们所理解的实践绝不仅仅是什么运载的工具或被指导的活动——无论这个指导者是主观的还是客观的。实践就是一切,它是任何分析都还没有开始时的原初事实本身,你不能设想在它之前还有一个不实践的主宰或原因,这样的构想只能是回到西方形而上学的老路上去——不动的推动者。那么究竟应该如何来处理这个棘手的问题呢? 我们当然不能以一句"实践就是一切"敷衍了事,这就需要探讨文化的潜在性问题,正是这种潜在性为我们丰富了实践的抽象维度。

不可否认的是,如果从实践者的主观性出发,我们虽然找不到什么天赋理性的确凿证据,但却不能否认每一个个体都具有记忆这个奇妙的构成。这似乎是肯定主观性具有现实的理论意义的重要证据,毕竟没有人能够否认具有记忆的"事实",它仿佛就在我们的内部,在我们的中枢神经系统中。尽管我们可能会遗忘某些记忆,而记忆也会因为时隔久远而出错，或者它一开始就带有扭曲的烙印，但新的记忆也在不断生成着，这似乎是一个永无止境的内在源泉。正是这些过去的经验告诉我们该如何应对当下的处境，这就难免让我们产生自我主宰的错觉。那么究竟什么是记忆呢？是中枢神经系统的某种生理特征吗？我们自然不能否认人类有机体的物质基础，但这个物质基础显然并没有先天地附带记忆作为其固有的特征，因为我们的记忆都是关于我们以往的实践，或者至少是当下刚刚发生的实践，因为正在进行着的实践过程不断地丰富着我们的记忆，我们才能够对事件具有一种完整的体验，如欣赏了一段乐曲或阅读了一段文字，而这一切都是完完全全的经验现象。就此而言，记忆在本体论上不可能先于这些经验现象而发生，它充其量是一个派生的事件。我们姑且不去讨论这个事件是如何对那个原初的事实或实践活动进行组织和重建的（基于偏好的选择性关注和加工改造、因时间久远而模糊的印象、难以理解的错觉等等），单就它的派生性这一点就足以表明，它并不能够在方法论上担当某种生产者的角色，它必须以实践为前提才可能具有某种存在的意义。那么这个意义究竟是什么呢？其实我们的讨论始终停留在有关记忆的传统思想的边缘，这很容易让人们误以为记忆被作为一个主观事实来加以设定，然而我们的研究恰恰要颠覆这个事实的存在论价值，它仅仅是一个主观性的抽象而已，其源头正是实践本身。换句话说，当我们说记忆派生自实践的时候，我们并没有完全摆脱传统的思路，因为它似乎暗示记忆是一个结果、一个可以在实践之后存在的东西。但这又能是什么呢？是中枢神经系统中的电活动吗？然而这些物质状态对于我们的文化研究几乎没有任何解释力，这就是我们要将自然视为一个不能还原文化的物质基础的原因所在，尽管如果没有脑神经的生理活动，一切意识活动都将无从谈起，但关于文化的记忆显然不只是这些生理活动。因此谈论一种在实践之后的记忆与谈论一种在实践之前的记忆同样是引人误解的，因为这样的记忆或者只是一种形而上学的想象，或者则是一种生物学的含糊其词（神经系统的生理印记）。当我们否定了形而上学的想象所具有的经验上的合理性，那么那个由生物科学所提供的中枢神经系统的生理活动又该如何定位呢？我们称之为"文化"的一种潜在状态，之所以是潜在的就在于它没有任何现实的意义，也就不具有文化的经验性或实践性。换句话说，它没有以一种文化关系的方式而具体存在，它只是一个有关文化关系的生理印象（依托于一种生理关系），文化关系此时此刻被抽象成了一种主观性。

问题的关键在于文化是经验的现实，是遭遇中的关系性在场，是时空性的实践本身，而抽象的记忆是无法被经验到的非实践的中枢神经系统的印记。只有在实践中关于过去的记忆才具有生命的价值，才可能成为活生生的文化现象。我们之所以要谈论记忆，只是为了表明就其根本而言，也还是从实践中才能够推断出所谓的"记忆作为一种主观性建构"的价值所在，因为只有在实践中记忆这个分析的维度才可能发挥某种分析的作用；用一种反事实的方式来说，即它参与了对现实的构造。与此同时，当我们指出记忆的生物性维度的时候，也包含着对于文化与自然之关系的另一种反事实的推断，即文化在主观性上是如何与自然构成一种关系性的抽象存在的。这个抽象的存在就是记忆这个既不能用文化也不能用自然解释的交集，它之所以是抽象的就在于它不具有现实的关系性，它仅仅是一个关系的潜在印象，这个印象既是文化的又是生理的。当然这里就引入了两个自然维度，即文化本身作为一种关系建构所具有的自然维度，以及文化作为记忆所具有的自然生理维度，但前一个维度所参与的是经验的现实，而后一个维度所涉及的仅仅是文化的潜在性。

无独有偶，当我们谈论记忆作为文化的潜在主观状态的时候，文化的潜在客观状态也就顺理成章地浮出水面了，毕竟主观与客观不过是一而二二而一的一体两面罢了。这种客观的潜在性当然不是我们所说的现实性，而是对现实性的客观抽象，即另一种抽象的关系。它是关系的印记，只不过这一次文化的印记不是烙印在中枢神经系统之中，而是烙印在相对于人类主体的客观世界之中，我们称之为"世界的格局"。有关客观世界的想象早已在各种客体主义的思想中被演绎得淋漓尽致，其中最具代表性的莫过于有关深层结构的思想，也就是所谓的"结构主义"。它想象存在着一种无法被经验到的结构性实体，这一实体为人类的实践提供了支配性法则，因此它是不折不扣的主宰。当然，结构主义的戏码也分为两种版本：一种版本是以涂尔干、索绪尔和列维-斯特劳斯为代表的传统的结构主义思想，它们主张一种共时性的结构观，因此热衷于寻找支配人类个体的一般性结构法则；另一种版本则是稍晚出现的以巴特、福柯、拉康、布西亚、德勒兹等人为代表的后结构主义，它们主张一种历时性的结构观，反对将结构视为客观给定的实在，力求在时空的变幻中谈论结构性的统治，其共同之处就在于对现代西方主流思想所倡导的主体性的后结构主义式解构。这两种立场由于其对客体主义的信仰而同属一个更大的阵营，它们之间的分歧固然具有重要的历史意义，但这或多或少也有些同室操戈的意味。因此，它们各自所主张的结构观与我们在此所谈论的世界的格局显然不可同日而语。世界的格局既不是什么一般性的潜在实体，也不是相对主义化的客体统治，对我们而言它充其量是一个理论的抽象、一个语言中的事实。

那么这个客观的印记又是如何呈现其文化的潜在性的呢？我们固然可以套用结构的隐喻来描绘这样的潜在性，但我们更乐于用一种貌似可感的方式来"展现"世界的格局。你当然可以将它升华成一种社会结构，或主张其中包含着社会结构，但对于我们来说，这并不因此而具有更大的理论意义，毕竟它只是在抽象中的抽象而已。为什么说一种可感的格局是抽象的？这是因为它作为一种静止的格局脱离了实践的现实性，从而又回到那种究竟是先于实践还是后于实践的引人误解的老问题。正如我们已经暗示的那样，客体主义者无疑主张一种至少在逻辑上先于实践的文化格局，它是个体实践的源泉而非相反。这样的客体主义假设最大的问题就在于，它无法就其理论逻辑的前提给出一个合乎逻辑的解释。就如同先验唯心论者不能证明他们所宣称的先天主体性有何确凿的证据一样，对社会结构的想象也同样难以自圆其说（我们将在本章第二节对于社会突生论的批判中进一步指出这一点）。而如若将世界的格局视为实践的后果，也不可避免地引入一种对静止状态的诉求，仿佛文化作为世界的格局是可以独立于实践活动而有其客观存在的，即便这个存在是一种实践的产物。我们很容易通过一些实例来说明这种貌似可感的抽象性，我们之所以自相矛盾地提及这种可感知性只是因为在一种二元论的视野中，世界格局的客观性身份似乎与物理存在者有着某种奇妙的亲和性，以至于常常纠缠在一起（按照二元论的说法即客观化于物质世界之中的文化），仿佛世界的格局是可以被感知到的客观存在。但如果我们抛开此种二元论的假设就不难发现，纯粹的世界格局本身只能是一种无法感知的抽象性，这就如同说大脑皮质是可以被经验到的生理构造，但你却不可能在大脑皮质上感知到记忆。我们在此所进行的是反事实的抽象分析，以此来建构一种与记忆相对应的文化的客观潜在性，这种客观性为我们采用一种感知性的策略提供了一种貌似合理的借口，但这只能是为了否定此种感知性而采取的策略。

　　例如学校教室的安排就是这样一种格局看似可感的表现，当然你也可以拓展至整个教学楼乃至学校的规划设计，它们很容易就让人产生教室是用来教学的而不是用来娱乐的、学校是用来进行教学与科研的而不是用来娱乐大众的之类印象。这是因为在教室乃至学校的物质状态中蕴含着被如此理解和使用的文化潜在性，它意味着人们可以像教室的规划安排者所期待的那样来使用教室，这意味着一种约定俗成的共识，你可以把它称为制度，也可以称为结构，总之它意味着实践的可能性，这就是世界的格局。但它并不是客观可感的事实，更不是文化本身，因为不然的话你就会误以为文化仅仅是一些有形的物质存在或者内在于此种物质存在中，仿佛那些课桌椅才是文化本身，就如同你认为中枢神经系统才是文化本身一样荒谬。问题的关键在于，文化不是像课桌椅那样的物质实体般存在着，你不可能在那些课桌椅的物理材料或物质形态中找到所谓的"固有的文化"，尽管人们常常被物质形态所迷惑，以至于在常识中有所谓的"物质文化"的提法。但这样的提法仅仅是一种常识的错觉，就像所谓的"精神文化"的提法一样都是二元论的错觉。① 它们忽视了文化的关系性和实践性，文化不可能以一种静止的方式而客观或主观地存在着，后者只能重新回到主客体二元论的老路上去。在物质材料的原子和分子构成中是提取不出任何固有的文化成分的，在课桌椅的形状中也并没有先天地安放着某种文化的关系，这就如同在考古实践中人类常常困扰于先民所使用的物件究竟是何物的问题，当在你的生活中这一物件以及与之相类似的物件早已消

---

① 事实上，即便我们不上升到对主客体二元论的反思，我们也不难看出所谓的"物质文化"和"精神文化"的划分是如何无法自圆其说的。毕竟从分析上来说，脱离了精神的物质何以作为文化而被理解？而脱离了物质的精神又如何能够存在？戏曲的唱腔总还需要声音的物质载体，表演的一颦一笑又怎能脱离身体的物质而存在？换句话说，二元论意义上的物质不是文化也没有文化，二元论意义上的精神不是文化也不可能是文化，文化总已经超越了物质和精神的二元论，这就是文化的关系性。

失得无影无踪，也没有任何记载描述过它曾经的用途的时候，你是不可能仅仅针对其物理属性就断定它的实际用途的，这恰恰表明它并没有先天地包含着什么文化，它的文化意义仅仅在于我们今天的人类还能否像它的创造者那样去使用它。如若不能的话，你充其量也只能是按照自己的习惯来揣测它所具有的可能用途。但这也同样是一种实践的问题，只不过它对于理解先民的生活似乎隔着重重的历史之墙。所以说，文化并不在世界的格局中理所当然地存在着，脱离了人类的实践活动，我们也只能谈论一些抽象的文化潜在性，即存在着被如此实践或如彼实践的可能性。但这还不是文化，因为它还不具有任何现实的意义，关系只有在活生生的实践中才可能在场，也正是在活生生的关系实践中我们才能够抽象出所谓的"世界格局"。毕竟如果没有实践的经验作为前提，我们又怎么能够如此笃定地指出这样的格局可能具有怎样的价值呢？

必须指出的是，社会学乃至社会科学是经验的学科，它们所研究的只能是经验的现实，无论是主观的记忆还是客观的格局，都并不是我们在此所说的意义上的经验现实，因为经验只能是实践活动，是关系性的在场化，文化的潜在性只能是对这一在场化的抽象，我们不可能先于实践去把握这种潜在性，更何况这种潜在性作为分析的维度从来就不是作为孤立的东西而能够被把握到的，把握到潜在性本身就是一种自相矛盾，我们只能同时推断出两个潜在性维度。即便自省活动也已经是一种最低限度的实践（在反思的我和被反思的我之间），因为它将我自己作为经验的对象来加以考察，我的记忆在此种自省的活动中被激活了，或者更确切地说我能够在这种自省中推断出记忆的维度，它在一种分析的意义上发挥作用，使得此种自省的活动得以可能。而自省之所以是实践就在于它的考察将不可避免地改变我的存在状态，因为它至少打断了原本在直觉中流动的经验之流（流入记忆之中），将后者的某些片段转化为对象化的经验现实（我实际做过什么或想过什么），这里的确调用了我的某些记忆，但它们完全是作为曾经的经验而被调动，作为曾经的关系现实而被调动，并且是在当前的自省实践之中才得以可能。然而我们立刻就发现，这样的表述是成问题的，因为记忆仿佛作为一个孤立的东西而成为对象或成为生产实践的潜在机制，仿佛我们仅仅是在对记忆进行思考或让记忆发挥作用。然而一旦我们停止这种隐含着二元论的思维方式，就不难发现当记忆这个分析的维度在自省中以反事实的方式到场的时候（以两种身份），另一个维度也已经不可避免地以反事实的方式到场了，这就是世界的格局。换句话说，当我们的记忆在发挥作用的时候，世界的格局也同样在发挥作用，因为记忆和世界的格局本来就是两个形影不离的抽象的对子，它们不可能在现实中单方面地到场，我们只能同时从实际的到场中抽象出它们。同样，作为对象的也不可能仅仅是记忆，它同时必然已经指向了世界的格局，我的所做所想从来就不可能只是一个主观性的事情，它同时也是一个客观性的事情，这就是为什么我们要强调文化作为经验的现实、作为具体的实践，而不是什么抽象的主观性或客观性，它们从来就不存在。

## 2. 作为关系的文化-实践

所以，那种想象以记忆和世界的格局相互作用的方式来克服主客体二元论的做法，只能是一种自相矛盾的错觉。因为对我们而言，记忆和世界的格局充其量不过是一种抽象的假设，设想它们之间的相互作用无异于把抽象具体化，因为抽象的假设是不可能构成一个具体的作用单位的。二元论所主张的内在性和外在性不过是基于人的局限性所引发的一种错觉，试图通过这种错觉的内部调节来消除错觉只能是将错觉引入更加隐蔽的层面，即以错觉的方式拒绝错觉。内在性不可能生产外在性，就如同外在性也不可能生产内在性。这不仅仅是一个循环论证的逻辑问题，更是一个彻头彻尾的反事实问题。原本人们只是基于现实来虚构心中的幻象，现在则变成了基于幻象来虚构现实。这倒不是要主张什么绝对的现实，这样的现实也许从来就不存在，但社会历史性的现实至少具有可经验性的时空存在，而不是在非经验的内在性和外在性中兜圈子。必须再次强调的是，记忆或回忆不是经验，就如同世界的格局不是经验一样，你也不可能经验到记忆或世界的格局，在我们这里经验不是抽象的分析，它是基本的事实，而抽象的分析是不能够被经验到的，也不能够生产出经验，它只能停留在纸面上，它的生产性仅仅是一种理论上的抽象假设，是对实际的生产性的抽象划分。这就是我们所谓的"反事实"的意义所在。

所以一种彻底的经验主义只能指向那个使得抽象得以可能的实践本身，当然也就是文化本身。因为文化不是客观给定的实体，不是停留在一种静观的持存状态中的形而上学的实体，而是一切能够被囊括到相对属性中的社会历史事实，这就是差异、分化、整合、同化、斗争、颠覆、转换、革命以及稳定等等。有人可能会认为我们拓展了"相对"的含义，然而这仅仅是一个基于旧的形而上学思想的错觉，因为我们所能够经验到的文化现象，即便是那些看似持久不变的特征也并不支持一种绝对性。因为我们所谓的"相对"并不是某种相对主义所主张的那种无所顾忌的随意和毫无标准的变换，而是存在于关系中，即从形而上学的孤独单子中走出来。因此那种极端的相对主义和极端的绝对主义一样都是形而上学的虚构，是两个抽象的对子，关系主义只是表明了我们不可能孤独地存在，也不可能被彻底地褫夺，用一种反事实的说法，那就是所有的生活都是遭遇。

这不是传统意义上的"互动"概念所能够概括的，事实上"互动"概念本身就是一种二元论的产物，它假定互动各方作为前提的存在，并因此而能够为他们的互动承担责任。当齐美尔将社会的存在理解为形式化的互动的时候，正是基于个体行动者是具有先天形式的主体的判断。虽然阿多尔诺赋予了先验主体一种社会的隐喻，宣称绝对的意识是社会的无意识（Adorno，1973：180；阿多尔诺，2019：204），并且与唯心论的主张相反，认为主体完全从属于客体，它甚至就是一种客体（Adorno，1973：179；阿多尔诺，2019：204）。但这也不过就是在二元论的逻辑框架中颠倒了唯心论的主张，从而将齐美尔互动的主体设定为商品交换的社会逻辑本身，而这个社会其实就是那个主体的对立面。所以你说主体的逻辑其实是社会的逻辑与说社会的逻辑其实是主体的逻辑并没有什么根本的区别，因为主体和客体是相互设定的，它们彼此都是对方颠倒了的镜像，所以你总能在其中的一方中看到另一方的模样，但这个模样是颠倒的，这就是争论的缘起。因为没有意识到这个颠倒其实是一个关于错觉的错觉，所以才相互指责对方颠倒了"事实"的逻辑，而那种相互作用的思想只不过是试图让各自的图像再次颠倒过来；但却没有意识到，同时让双方再次颠倒过来其实质也还是维持了原样，因为问题的根本从来就不是这种颠来倒去所能够解决的。

当我们将问题的焦点放在关系或文化-实践之上的时候，只是希望将人的事情还给人本身。既不是作为社会原子的孤立的个人，也不是作为社会结构的集体的人，而是那个先于一切理论假设而生活着的活生生的人。虽然如果不想陷入一种方法论上的自相矛盾的话，这样的构想也难免陷入一种先入之见的扭曲之中，但它毕竟是针对主客体二元论所做出的一种努力，在主客体二元论的局限性方面，它似乎距离那个原初的状态更近了一步。换句话说，它自然不可能彻底超越人的局限性，只有形而上学的绝对主义想象才能够幻想这样的超越，但它力图在一种新的局限性上超越旧的局限性，这就是回到人本身的因应之道。这就是文化所承载的意义，它要求打破那种绝对的静观，主张文化就是人的活生生的生活，也就是我们所谓的"实践"——人的所作所为。这个所作所为意味着一种改变状态的力量，当然这并非只是在强调某种新颖的变革，它完全可能是循规蹈矩的，就如同自省这个最低限度的实践也已经改变了自省者的状态，使人或多或少进入一种对象化的反思之中，从而不同于日常生活的直接的经验之流，虽然这从实践的法则角度看也许什么都没有改变。①

既然我们将"文化"与"实践"用连字符连接在一起，以表明它们其实不过是同一现象的不同名称，那么制造出两个名称就既是思想的局限也是语言的暴力。从某种过于夸张但也不失启发的意义上说，我们的确生活在一个语言的世界中，当我们以语言的方式来理解世界的时候，尤其是当我们将这种理解视为理所当然的时候，这样的暴力就变成了我们生活的底色，以至于我们往往很难想象生活也许还有另一种活法，这就是母语方言的力量。它是底色，是常量，是背景噪声，总之是你第一眼所看见的一切、最初听到的声音或最先感受到的温度。当然我们将表明语言的局限性，但这种局限性已经足以让我们对之另眼相看，以至于我们必须采用连字符的方式来打破这种暴力的封锁，"文化-实践"就是一个新词，它意味着文化只能是实践的，就如同实践只能是文化的，而这就是关系。那么这是否意味着我们不再能够讨论文化与实践之间的矛盾，这难道不是一个习以为常的话题吗？就像人们常说的，自己的所作所为与某种文化格格不入，但这显然已经不再是问题，因为

---

① 在此，重要的不是对象化，而是状态的某种改变，因为实践完全可以不是对象化的。我们之所以将自省称为最低限度的实践，就在于在直观的现象领域中，它似乎并没有改变什么，仿佛无所作为，以至于人们常常忽视了它作为一种实践的意义。

我们的讨论已经表明这不过是两种文化-实践之间的矛盾冲突,只不过传统的思想执迷于语言的暴力,在实践与文化的二元论中制造虚假的对立。甚至将实践抽象成主体的行动,并使之与作为客体的文化相对立,这就制造了在实践和文化之间格格不入的假象,其实质不过是主体和客体的二元对立。而我们的研究所要表明的是,文化-实践既不是主观的也不是客观的,与文化对立的只能是文化,就如同生产和改变文化的也只能是文化一样。这不是一种形而上学的同一性错觉,仿佛我们又制造出一个新的大全实在,而是回到具体的原初整体性中,即那个尚未分化的原初事实中,任何大全实在的构想都是二元论的理论逻辑的产物,它不能用来标记一种前二元论逻辑的状态。所以,将一个个体抽象出来与某种文化相对立,并不能支撑一种二元论的假象,因为个体仅仅是一个抽象的名称,就如同结构是一个抽象的名称一样。

## 第二节 共在:我、他人、他者

### 1. 从胡塞尔到海德格尔

我们从关系或实践的角度来理解文化,首要便是思考人人关系①,毕竟你不可能脱离人人关系来谈文化,没有人的文化只能是客体主义

---

① 我们没有说"人与人之间的关系",而是说"人人关系",只是为了指明一点,即传统的提法总有一种与我们所主张的关系主义不协调的暗示,那就是关系是在若干实在之间的派生现象,总要先有比如两个人存在着,然后才能谈论他们之间的关系,当然也可以先有两个物或一人一物事先已经存在着,然后你才可以谈论它们彼此之间可以形成怎样的关系。这样的提法仅仅在生存论上才可言及,但在本体论或存在论上说则是完全错误的(有关生存论和存在论的问题我们留待本节第 5 小节及第二章第三节等处阐发)。所以为了避免这样的误解,我们将主要采用人人关系、人物关系和物物关系这样的提法,因为我们这里显然是在存在论上进行的讨论。当然如果人们理解了我们的立场,传统的提法也并非不可以使用。

的病魔。这倒不是说文化的问题仅仅是人人关系的问题，它当然也是人物关系的问题（有关物的问题我们将留到下一节讨论），但不可否认的是，如果没有人人关系，物的在场就会变得难以理解，尽管正如我们已经表明的，单纯的人类学主义是无法解释物的问题的。

有关人人关系，我们打算从"共在"这样一个哲学概念入手。这倒不是说只有哲学讨论了共在现象，而是因为这个概念具有哲学的起源并且主要是哲学家们在使用它。社会科学中也有许多类似的概念，如涂尔干的集体意识、米德的一般化的他人。撇开他们各自的理论视角不谈，这些提法总显得没有共在来得直接明了，这是我们使用"共在"概念的主要原因之一。与此同时这一使用也和它的思想史渊源有关，尽管我们对这样的渊源并不满意（它和刚刚提到的那些思想一样都没有能够走出主客体二元论的阴影，更不要说主张一种彻底的关系主义视角了）。所以我们在谈论对共在的理解之前，先行对其思想史的渊源加以勾勒也就显得尤为必要，这里有着某种脉络和对话的基础。

这就不能不谈到胡塞尔在其所开创的现象学中首先将共在这个看似寻常无奇的常识现象摆在了世人的面前。这表明对人的研究既不可能仅仅是在转述常识，也不可能完全无视常识的存在，毕竟常识的朴素智慧虽然颇多对生活的扭曲和误解，但也不乏对其具有某种简单的领会，只是这样的简单也就难免失之空洞和表象化了。不过胡塞尔并没有直接使用"共在"（Mitsein / being-with）这个名称，这个名称主要是由他的学生海德格尔所使用的，但胡塞尔有关生活世界和主体间性（也译为"交互主体性"）的研究则全然是为这样一种命名的出现提供了充分的讨论。我们当然不可能在这里大张旗鼓地研究胡塞尔的现象学思想，这实在有些离题太远。不过我们还是要指出，在胡塞尔看来在一种群体化中，"先验的交互主体性就具有了一个交互主体的本己性领域，在其中，先验的交互主体性就在交互主体中构造出了一个客观的世界，因此，作为先验的'我们'就是对这个世界来说的主体性，也是对人的世界来说的主体性，在这样一种形式中，主体性本身就被客观现实化了"（胡塞尔，2002：147）。这就引出了一种透露着共在意味的交互主体的群体化，当然对胡塞尔来说构造出客观世界的是一个先验的主体间性，这种先验性是哲学家为了克服经验的多样性和不确定性的徒劳努力，他试图用一种先验的普遍性来消除文化的相对性困扰，我们姑且不去理会它。胡塞尔所讲的群体性可以从这样一段文字中清楚地阐明：

> 对"纯粹的"他人（他人还不具有任何世俗的意义）所进行的这种构造在本质上就在于：这些为我的"他人"并不会被个别地保留下来，毋宁说（当然是在我的本己性领域之内），一个包括我本人在内的自我-共同体（Ich‑Gemeinschaft）是作为这样一个相互依存和相互为他而存在着的自我-共同体，最终又是作为一个单子共同体而得以构造出来的，而且作为这样一个单子共同体（在其群体化地构造着的意向性中），它就构造出了同一个世界。（胡塞尔，2002：146—147）

我和他人共同组成了一个单子共同体，这个共同体具有一种群体化的意向性，也就是前文所说的构造客观世界的那个先验的交互主体性的意向性。但问题也就出在这个看似没有问题的群体性上，这个原本向我们透露出共在意味的群体性，其实在胡塞尔看来只是一个单子共同体。更为致命的是，构成这个单子共同体的除我之外的其他人只是为我的他人，这就交出了胡塞尔先验现象学的底牌——我的本己性领域。后者是连同我和他人在内的整个单子共同体的源泉，也就是说，包括他人和我自己的整个客观世界的存在意义及其有效性都是在一个主观性中被构造出来的，先验的交互主体性也仅仅是这个构造链条的一个环节，即在客观世界和我的本己性领域之间还有一个先验主体间性的中介。所以你可以说，先验的共在作为一种主体性构造出了客观世界的意义及其有效性，但这个主体性也还是一种客观现实，所以它只能是在更加原初的主体性中被构造出来的，它依然还是一种类似于人的类本质一样的客观心理实在（充其量也就停留在现象学心理学层面），因此从现象学还原的角度来说是不彻底的，也就是没有将客观实在性彻底地置入括弧，没有达到绝对的无前提性。对胡塞尔而言，那个我的本己性领域或原真领域其实并不是作为心理实在的我而存在的，它实际是由一个非人的先验自我或纯粹的意识所主导的，所以它不同于心理主义所主张的经验的人类自我。在胡塞尔看来，只有这样才能够确保现象学还原的绝对客观性，但也正是因此它暴露了胡塞尔思想中的现象学唯心主义和客观主义，因为我的原真领域虽然以一个非人的自我排除了心理主义的唯我论的人类学假设，但却无法摆脱一种先验唯我论的人类学隐喻。在这种披上了先验论想象的哲学话语中，所透露出的也还是笛卡尔以降西方主体主义本体论思想和客观主义认识论精神的脉络。也正是因此，对胡塞尔而言，在我的本己性领域中借助一种"类比化而被共现的东西从来就不可能真正地成为在场（Präsenz），因而也从来不可能成为本真的感知"（胡塞尔，2002：153）。这种在场性和本真性只能保留给这个优先的我。就此而言，与其说胡塞尔研究了共在，还不如说他只是在先验现象学还原的道路上短暂邂逅了共在的影子，因为他的理论意图并不在于以共在作为奠基性的存在，甚至也不是要停留在人的本质这个形而上学的层面，不过我们对此并不感兴趣。

那么，作为胡塞尔学生的海德格尔是否可能走出其老师的先验唯我论的二元论阴影，是否可以在真正意义上超越那种单子论的想象？毕竟这个想象只能是对共在意义的颠覆。海德格尔并没有继承其老师的构造现象学，如果说胡塞尔的现象学试图讲述世界现象是如何在最本质的现象中被构造出来的，也就是为世界的意义寻找一个终极起源的话，那么海德格尔的现象学则试图让那个终极的起源从由它所生成的世界现象的遮蔽中走出来，并且试图让它自己走出来。在海德格尔的眼中，这个终极的起源并不是胡塞尔意义上的纯粹自我，后者带有浓厚的主体哲学烙印，而他似乎试图克服这种二元论阴影，所以便把目光投向了先于主体的存在本身，由于它是一切的来源，所以也就不可能是那个派生的主体或客体，但也正是因此存在是不可以被对象化的，所以你只能让存在自己走出来，并且这种走出来也不可能是完全的到场，因为只有可以被对象化的东西才能够到场，追求在场是形而上学对存在的误解，也就是把存在当成了存在者，海德格尔自诩形而上学的终结者。这一番分析让我们感觉海德格尔的思想中似乎有某种积极的东西，如果我们撇开他的哲学行话，这样的积极性是否能够为我们提供一种更具建设性的"共在"概念呢？现在还是让我们将话题转到共在问题上，这个问题主要在他的早期著作《存在与时间》中得到了阐发，对此我们有必要回避有关海德格尔思想前后差异的问题，因为这将把我们的研究引入思想史的歧路。但不可否认的是，只有当早期海德格尔依然依赖从此在的生存入手来思考存在的时候，共在问题才有可能进入海德格尔的视域，当他在后期思想中强调所谓的"存在的优先性"的时候（其实这样的优先性在早期思想中并非不存在，只不过早期思想逼近存在的方式带有更加明显的人类学色彩），共在问题也就随着此在地位的变化而逐步淡出了。①

不过"共在"概念在海德格尔思想中的境遇与沉浮并不是我们所关心的问题，弄清究竟在此在现象学或基础存在论中什么是共在才是当务之急。海德格尔明确反对事先给定的无世界的主体（Heidegger，1999：152），因为此在这个人类主体并非在一种无他人的状态下的孤独自我，它固有地在世界之中存在着，这个世界就是胡塞尔所勾画的作为信念（doxa）世界的生活世界，或者说就是一个意义的结构。按照海德格尔的说法，此在这个名称是按照人这个存在者的存在来命名的，此在的"此"就是他的本质结构。② 他（Heidegger，1999：155）进而指出："由于这种共同一致的（with-like）在世界之中存在，世界总是我与他人分享的世界。此在的世界是一个共同世界（with-world）。在之中（Being-in）是与他人共在（Being-with）。他们在世界之中的自在是共此在（Dasein-with）。"所以，此在不是孤独地存在于世界之中，它总已经共他人而在此，也就是说此在在本质上就是共在（Heidegger，1999：156），以至于"此在的独自存在（Being-alone）也是在世界之中的共在"（Heidegger，1999：156-157）。至此，虽然这个共在的含义也不过就是一种共同的分享（它并没有超出常识的见解），但是它已经非常积极地将人类个体（此在）放在了共在的视野中来理解，并且丝毫也没有表

① 我们并不认为后期的海德格尔更好地解决了主客体二元论的问题，此在在改头换面之后依然存在于海德格尔的思想中，人类学的隐喻始终是海德格尔挥之不去的乡愁，而对语言的痴迷则更加凸显了这种隐喻的神话学色彩。只不过与早期那种不够成熟的此在现象学相比，其后期思想采用了一种更加隐蔽和晦涩的方式，尽管海氏本人并不这么认为。与此同时，那种让存在自我显现的理论意图也很可能只是一种一厢情愿的自我欺骗，试图将对象化研究的痕迹尽可能地抹去，试图将概念化的痕迹尽可能地隐藏起来，这一切都是后期海德格尔文本语言含混晦涩的重要原因。不过这里并不是展开这些问题的地方，我们仅满足于点到为止。

② 海德格尔哲学概念的翻译可参阅海德格尔（2006）。

现出对胡塞尔先验现象学还原的兴趣。然而当话题转向他人如何与我照面这个棘手的哲学问题时,海德格尔的"共在"概念便遭遇了与胡塞尔殊途同归的滑铁卢。因为在海德格尔看来,他人竟然是以在世界之中的称手东西(ready-to-hand)的方式与此在照面,尽管海德格尔又自相矛盾地声称他人不是称手之物(Heidegger,1999:156,157,160)。如此将他人与工具的照面方式相类比,无非还是回到了那个他人究竟是不是一个像我一样的主体的老问题上,但这个老问题本身就是一个成问题的二元论提问,因为它始终无法摆脱从我这个优先设定的主体出发来询问他人,如此一来那个与我自身的切身性似乎隔着一层的他人也就难免会被放在工具性客体的位置上了。也正是因此,海德格尔压根就没有说明他人与他物究竟有什么根本的区别(陈嘉映,1995:81)。所以海德格尔(Heidegger,1999:156)才会以一种实质上反共在的方式宣称:"'此在'这一表达清楚地指出,这个存在者'首先'与他人无关联,当然它随后依然能与他人'共'在。"这就表明海德格尔的"此在"概念依然具有对他人和共在的优先性(陈嘉映,1995:81),这就是他的思想的隐蔽的主观主义和个人主义。

事实上,只有在海德格尔对本真存在和非本真存在的划分中,我们才能够真正地理解他所谓的"此在"在本质上就是共在的论断。这种形而上学的划分不仅没有澄清问题,反而使得问题更加混乱,因为这就引入了一个明确的价值判断。尽管海德格尔试图否认这里包含任何对非本真状态的贬低,因为一切仿佛都还是在一种哲学的本质分析的中立性中展开。但这样的强词夺理并不能掩盖他对于大众的蔑视,这是一种精英主义式的个人主义价值观在作祟。所以,共在就是此在的非本真存在,此时的此在不过是一个无差别的平庸的常人(das Man / they)(Heidegger,1999:164-168),我们甚至可以将这个作为"无此人"

(nobody)的常人与人的异化论调进行类比,区别仅仅在于异化理论否认异化状态是人的本质状态,而海德格尔却要在一种本质主义的幌子下遮遮掩掩,以此来表明自己谈论的是人的存在本身,而不是什么充斥着个人好恶的道德批判。但当海德格尔宣称"因此作为共在,此在在本质上是为他人的缘故而'存在'(is)"(Heidegger, 1999:160),不过就是说非本真的存在者是毫无个性和自主性可言的傀儡,"每个人都是他人,并且没有人是他自己"(Heidegger, 1999:165)。这和异化理论又有什么根本的区别呢?

看来,虽然胡塞尔和海德格尔将"共在"概念摆在了我们的面前,但是他们对于共在都显示出三心二意和貌合神离,究其根本还是那种二元论的个人主义价值观在发挥着隐蔽的作用,尽管这样的立场在他们的笔下都隐藏在哲学话语的抽象与晦涩之中,以至于难觅踪迹。不过文本依然是诚实的,它告诉我们有关共在的问题并不能够在这二人的作品中找到满意的答案,因为共在对于他们来说都不是最根本的问题,而只是一个表象或他者,因此这充其量只能成为我们思考的出发点,而不是终点。

## 2. 社会原子论与社会突生论

对于资本主义全球化视域下的现代人而言,最大的诱惑就是个体性。这个源自资产阶级个人主义价值观的幻象已经成为高度分化社会中的现代人的集体错觉,而且它很容易就被各种生理和心理的感受所"证实"。例如,疼痛是属于我的,没有人可以和我分享我身体上的疼痛,这表明我是一个独立于其他任何人的自我负责、自我承担的生命体;再如,我意识到自己在思考和感知,没有人能够在不经我告知的情况下知道我此时此刻的真实感受,这表明我是一个独立于其他任何人的智慧的生命体,我为我自身的感知和思维活动承担责任;等等。但这样的"证实"只能是打引号的虚假的证实，其脆弱性不堪一击。我的疼痛固然是他人的神经系统所无法感受的，但这个疼痛并不是我作为一个有机体的封闭的内在属性，因为它可能来自病毒、细菌、遗传、有害的环境、过度的疲劳，甚至一次撞击等诸多不能仅仅由我自己的有机体来解释的因素的参与，也就是说疼痛这个极度个体化的现象其实也还是一个关系性的事实，而且它不可能外在于任何关系而存在。而所谓的"我的内心的活动"，也同样仅仅是一种关系现象，因为仅就我作为思维和感知的重要中介的语言来说就已经足以说明问题。我不可能外在于语言去想象思维，思维并不是独立于语言的某个实在项，它和语言是共属一体的，它们只能同时成全彼此。没有语言的概念和勾连，我们无法想象思维如何能够对世界进行划分并探究其中的联系；而如果没有思维的能力，语言也不可能编织起世界的图像。这就回到了语言不是单纯的符号工具这样一个老生常谈，其实工具本身又何尝不是一种思维的建构？试图从语言中将思维排除出去，就如同试图从思维中将语言排除出去一样荒诞不经。与此同时，我也不可能独立于语言去进行某种具有明确意义的感知，没有语言我仅仅是以有机体的感官去看和听，但却无法告诉我自己看见和听见了什么，因为这个什么只能在语言中传达，否则我只能具有某种肉体的感受，以至于例如我甚至不知道当下让我哈哈大笑的那种感觉叫快乐。这也许就是尚没有形成语言能力的孩童无法形成有效记忆的原因之一。语言不是我的先天构造，而恰恰是一种人人关系，这倒不是说先有一个我和他人然后才有这种关系，因为在这种关系之前仅仅存在着生命的有机体，而不是我们所研究的作为我和他人的人类实践者，因为我和他人的区分本身就已经是一种超越有机体存在的社会历史现象了。我和他人恰恰是此种关系的抽象建构。换句话说，他们作为分析性的建构与这个语言的关系是同时的，这也许就是米德要将语言符号视为区别人类和低等动物的关键所在（Mead，1934：74，78，124，133，162）。一个人是不会说话的，他只能对他人讲述，以至于他之所以能够将他自己当作那个他人，也正是因为他至少已经同时遭遇了他人。从分析上我们可以说，正是语言所达到的理性化程度，才使得我们有能力将自己视为一个他人，我们将自己视为一个他人的可能性与我们在语言中遭遇那个非我的他人至少是同时的，但它绝不会先于这个遭遇，这也就是为什么米德会主张心灵和语言产生自同一个过程（Mead，1934：47‑48）。在此前提下，我们可以进一步指出，个体不可能与他自己建立关系，而是在关系中遭遇他自己，即作为对话者的他和他自己不可能先于对话的关系而存在，相反他们只能是这个关系的建构或者说与这个关系是同时的。我们以语言作为重要的中介来破除所谓的"内心活动"的提法，并不意味着语言是在此唯一发挥作用的重要因素，它甚至还不是最基础的因素（有关这个问题我们将留待第二章讨论），但它在区别人类实践者和动物有机体方面的确具有不可替代的重要意义。① 除此之外，所谓的"内心"的思维和感知总已经关联着内心之外的对象或事物，这清楚地表明这个所谓的"内心"的活动从一开始就超越了所谓的"内"，它完全是一个内与外的他者，或者更确切地说这个内与外不过是对它的抽象划分罢了。那么如何解释所谓的"内感知"呢？即我感知到我自己的意识活动，这似乎是一个完全封闭的现象。事实上这与我们刚刚提到的内心的对谈具有同样的机理，除了它使用语言作为表意的中介之外，那种将自己作为对象的能力本身就是一种关系性建构，它并不优先于我与他人的反事实

① 我们并不是说动物没有自己的语言，但我们在此假定就我们所知而言，人类的语言所具有的思维属性在根本上超越了地球其他生命有机体的沟通符号所具有的抽象化能力。

遭遇。

这里当然不是研究社会原子论或单子论本身的历史缘起的场合,我们仅仅满足于指出其逻辑上的谬误,它彻底否定了共在在本体论上的可能性。尽管我们还没有谈论这个共在对于我们而言究竟意味着什么,但至少就我们已经讨论的传统含义而言,单子论无疑拒绝将人的存在理解为共在。它沉迷于将孤立的、自我封闭的个人视为一个优先确定的生理和心理实在,并从这个孤独的实在出发来理解文化的意义,这就将我们置于那种形成关系的谬误之中,因为似乎在本体论上人类个体是关系建构的发起者,同样也是关系状态的取消者。这样的思路只能在某种特定的前提下才有其合理的意义,但这也就意味着它并不是一个存在论意义上的前提,而仅仅是一种派生的生存事实。就此而言,将其本体论化就是单子论对人的存在的误解,因为我们很难想象一个孤立自足的个体为什么要采取一种自我否定的方式去超越他的孤立性存在。说他是自足的就在于,他似乎仅以其自身的生理和心理存在就能够确定他的是其所是,因而排除了任何他者在其存在中的至少是同等的意义。然而我们已经指出了这样的生理和心理实在仅仅是一种个人主义的错觉,换句话说社会原子论的城堡建立在沙滩之上,他甚至无法获得一种自洽的证明。也就是说,一个孤独和封闭的个体为什么要陷入一种自我否定的悖论之中? 仿佛他为了存在的方式就是不存在,他只有通过不存在才能够存在,并且必须否定这种不存在,仿佛它就是他的存在本身。这样的悖论是单子论所无法支撑的逻辑挑战,这也许就是为什么在社会科学中真正意义上的单子论者并不多见,极端个体主义的观点不仅是反逻辑的,同时也是反常识的。

相比之下,社会突生论貌似更加符合共在的理论逻辑,它首要就是与单子论者拉开距离,并在理论逻辑上反对那种封闭自我的幻觉,从而以对个体的超越作为自身的逻辑出发点，这就将共在视为前提而不是结论。但否定个体这个在直观上似乎理所当然的实在作为逻辑的出发点却又带来了另一个困难，那就是非个体性如何证明自己的存在，因为非个体性并不具有个体在常识意义上所展现出的直观表象（我们每一个人都是用皮肤包裹着的独立的生命体①），尽管这个表象也只是一种幻觉。然而由于问题的逻辑在此依然是共在与个体谁先谁后，所以理所当然地就将共在作为一种结构性或集体性事实来加以论证，这就将共在简化成了一种还原论的虚构事实。但这个所谓的"事实"显然不具有个体在常识上的可经验性，于是才有所谓的"潜在的深层结构"的提法。但这样一个无法被经验到的潜在结构又是如何成为一种实在的呢？社会突生论者提出了突生这个解决方案，即共在的结构性是一种突生的事实，它不能用个体的存在来加以解释，这就是方法论整体主义所津津乐道的整体大于部分之和。这样的思路被诸如涂尔干这样的结构主义者和米德这样的符号互动论者所广泛接受，从而成为肯定一种二元论意义上的社会客体的核心策略。以至于一些自称关系社会学的倡导者也陷入这种二元论的突生思维中，例如多纳蒂（2018：73）宣称："社会学的困境源于，社会关系既是具体人的产物，又有助于塑造人。从社会关系的视角看，人既是其所在社会的创造者，又是该社会的创造物。整个社会学就是基于这个悖论构建起来的，即社会关系是人类行动的产物，同时又是一种作为涌现的现象的实在，拥有独立的特性和权力，影响着它的创造者。"②这段话包含了我们所批判过的大多数反关

---

① 这便是格根所谓的"有界存在"的典型例子，但也正如格根（2017：14）所指出的，这仅仅是一种有用的虚构，因为它仅仅是一个关系的建构，而不是个体主义所信仰的绝对事实。

② 其中的"涌现"（emergence）就是我们所说的"突生"。

系主义的缺陷，如个人与社会的二元论、个人与社会的相互作用论以及实在论等等。他将社会关系结构视为突生的实在，完全是继承了一种结构主义的观点，事实上他所谓的"社会学的悖论"只不过是他自身的主客体二元论的悖论而已，将这种悖论堂而皇之地合法化成社会学的理论逻辑，完全是西方二元论思想极端病魔的产物。①　所以，关系在多纳蒂这里就只能是作为社会关系结构、主体间互动的关系，以及这种结构与互动之间的关系。因此终究还是一种二元论视角中的关系，从而也就在根本上颠覆了关系的存在论意义。我们可以以如下的方式来勾勒多纳蒂所谓的"关系社会学"，这对理解我们对于关系的立场无疑是一个鲜明的对照。多纳蒂认为个体与他人在以往所形成的结构条件下互动，而互动关系又突生了改变以往社会关系结构的事实，这就产生了新的社会关系结构。这个结构不能还原到关系的个体方，因为它是突生的、结构性的；但也不能还原到过去的结构，因为它毕竟是在个体之间的能动互动中突生出来的新实在。但我们也不能说它与旧的结构无关，毕竟互动的主体是受到旧结构的约束的。但问题在于，多纳蒂无法解释为什么会产生突生的新结构，它既不能用互动者来解释，也不能用旧条件来解释，它就是具有自身独特性和权力的自己，突生理论就这样以一种貌似堂皇的概念把实际需要回答的问题搪塞过去了。而当多纳蒂反对个体主义、整体主义和吉登斯式的个体与整体的互构主义（他认为吉登斯混淆了能动与结构的界限，模糊了谁先谁后/谁发挥什么作用

---

① 正如阿多尔诺（2019：211；Adorno，1973：186）这位二元论的哲学家用一种哲学的语言重复了这种悖论："精神既是真的又是幻觉，它之所以是真的，是因为没有任何东西能够豁免于将精神带入其纯形式的那种支配；它之所以是不真的，是因为在与支配的连锁中，它并不是它所相信和宣称所是的那种精神。"

之类的问题①)的时候，既不否定个体的主体性和能动性，也不反对结构的约束性和客观性，只是用一种时间上的先后将它们串联起来②，这样无论是向前还是向后都会陷入一种无穷递推的循环论证之中。然而这种主体间的互动与结构之间的循环论证始终无法解释为什么会产生突生现象，这只能表明突生是一种哲学上不证自明的独断论。

事实上，就像突生论者无法解释为什么会产生突生，原子论者也无法解释原子何以是一个孤独的单子，这个单子又是从哪里突生出来的。这样的问题只能用一种独断的方式来回答，因为你不可能为之找到任何经验上合理的证据，它只是一种信仰，就像信徒相信上帝的存在一样。不过颇为有趣的是，即便原子论者和突生论者在二元论的问题上水火不容，但他们其实又奇妙地共享着一种共同假设，这似乎又是西方个人主义传统潜移默化的广泛影响力的一种表现。这个共识就是社会的基本构成单位或部分其实是个体。整体主义的突生论者引以为自豪

---

① 在我们看来，多纳蒂所采纳的阿彻的行动与结构的循环论证（多纳蒂，2018：74）与吉登斯的结构二重性理论，充其量不过是个体和社会的相互作用论内部的同室操戈罢了，它们都没有能够真正摆脱二元论的预设，并且陷入循环论证的荒谬逻辑之中。令人啼笑皆非的是，多纳蒂（2018：79）一本正经地指责吉登斯是一个关系主义者："我们必须避免另一种错误，即关系主义。它将行动（能动性）和社会结构在横向上糅合起来（即'中心糅合'，意思是说在时间上不可能区分出鸡和蛋孰先孰后）。也就是说，两者都被视为对方的即时产物（吉登斯的理论是一个很好的范例……）。"这表明他既没有读懂吉登斯，也没有理解关系主义的意义何在。究其根本，就是因为他完全陷入主客体二元论的陷阱之中，并且自相矛盾地但却毫不自知地试图用二元论来克服二元论。所以他既看不出吉登斯的结构二重性是一种隐蔽的相互作用的二元论（吉登斯反对用实体来理解能动与结构的做法的确可能让多纳蒂感到反感，以至于迷惑了他的判断），也看不出一种真正的关系主义并不是什么"关系决定论"（多纳蒂，2018：79），并不是关系决定一切，而是一切都是关系。
② 必须指出的是，这种时间上的先后关系较之埃利亚斯、布迪厄、福柯等人所采用的逻辑上的先后关系（客体在逻辑上的优先性）无疑要幼稚和笨拙得多，它明目张胆地主张将主体和客体区别对待，但又自相矛盾地试图克服两者之间的二元对立。如果逻辑上的先后还在一种还原论的幻想中遮遮掩掩，那么时间上的先后就只能是在双重还原的荒腔走板中自我欺骗了。

的有关整体大于部分之和的论断,悖论式地奠基于将个体视为社会的组成部分这样一个非整体主义的预设。因为如果不以个体的存在作为前提,整体的优越性也就无从谈起。但这又悖论式地肯定了整体不是最基本的构成要素,它仅仅是一个突生的后果,尽管整体主义者宣称这样的后果比那些个人部分要更加真实,但还有什么比基于某种不真实的真实更显荒谬的呢? 更何况这种更加真实还是以那个更加不真实其实也还是一种真实为前提的,这种颠倒和混乱的陈述其实正是多纳蒂所指出的那种二元论社会学的悖论的产物,只不过深陷其中的论者除了饮鸩止渴之外也别无选择。

因此,突生论者的问题又回到了原子论的身上。如果原子论者眼中的那个作为基本社会单位或部分的个体本身就是一个幻觉,那么突生论者暗暗援引的这个组成部分又怎么能够支撑他们自己的那个幻觉呢? 即便突生论者否定了这个组成部分具有原子论者所赋予的特征,但他将其视为基本单位的事实就已经悖论式地肯定了他试图加以否定的东西。尽管他的确用那个在他看来更加真实的整体否定了它,但这也只是让问题更加混乱和倒错罢了。所以多纳蒂的判断是错误的,不是整个社会学,而是西方二元论社会学是基于悖论而建构的。以至于这样的二元论社会学以其各种派别和变样,将此种悖论演绎成了各种奇形怪状的"自洽性",但归根究底还是因为对自身的独断论前提讳莫如深,然而这也就如同建立在沙滩上的房子,当潮水涌起的时候,一切将消失得无影无踪。

## 3．关系：存在的基本单位

彻底的关系主义正是为了走出二元论的怪圈,这当然不是要在文化的幌子下重新树立起一个独断论的前提,因为彻底的关系主义也就是彻底的经验主义。从关系出发不是要将关系变成一种新的决定论的上帝，而是因为我们所能够经验得到的都是关系。这也就是我们所理解的共在，它既不是什么先于个体的结构，也不是个体互动的产物，它就是我们所经验到的实践本身，也就是文化。因此，共在并不是首要地强调分享某种文化的意义，这只不过是一个常识的表象，因为这样的常识还停留在将文化仅仅视为可以分享的某种内在的构成，它全然还没有意识到作为关系的共在正是在未分化的实践中颠覆了那种内与外的抽象。

再没有什么比共在更加具体和真实的了，它就是你所感知到的实践，即人与人、人与物的关系。共在所表明的正是关系的实质，即没有什么孤独和封闭的单子，在你的存在中总已经有他人或他物的在场，就如同在他人或他物的存在中总已经有你的在场一样，这不是一种内在性的事实，而是对实践的抽象，也就是在实践中总是能够分析出实践的各方，尽管你总是基于自己的常识将这个实践称为某个存在者的实践，但其实实践就是实践本身，任何附加的归属都仅仅是出于某种常识的偏见。因此，那个由社会所主导或生产的实践也同样是一种幻觉，它只是将关系客体化成一种外部事实，没有意识到所谓的"外部"恰恰是从关系中引申出的一种抽象。把共在抽象成强加于个体的事实，但却遗忘了共在在分析上只能是个体的共在，将这样的共在抽象成外在于个体的事实只能陷入突生论者的经验困境之中。

所以，我们所能做的就是跳出原子论和突生论的形而上学的独断论，重新面对作为经验现实的实践本身，回到那个具体的活生生的经验的实践本身，正是社会学乃至社会科学的当务之急。对共在的思考就是这样一种回到具体的努力，它表明对文化的思考就是在我的存在中发现他人和他物的在场，就是用关系的视角来理解存在本身。存在就是一种为他的存在，同时也就是一种为我的存在，因为我与他的分别仅仅是一种生存论上的划分，在本体论上每一个他也就是一个我，每一个我也正是一个他。这当然不是要将人与人的差异彻底地抹去，而是要表明这样的差异并不能够否定一种关系性的存在，它其实也还是这种存在本身的一个面相，所以共在不仅仅是相似，同样也是差异（我们将在后文讨论这一问题）。所以，让我们走出有关共在的常识的陷阱，将共在视为人的存在本身，因为这个存在是关系性的，它就是实践。

当我们意识到，在我们的生活中除了关系之外再没有什么经验的现实之后，有关人的研究的基本单位问题也就迎刃而解了。只不过我们不再采用社会的基本单位这样带有二元论色彩的提法，而是将关系设定为存在的基本单位，也就是说我们的存在就是关系，就是实践。这不再是人们所熟悉的抽象的实践，尽管后者并没有被如此理解。我们所谈论的不再是某个人或某个群体的实践，这种身份的归属仅仅是常识的偏见罢了。我们所关心的是实践本身，即原初事实。这样的存在的基本单位在以其关系性否定了单子论的封闭想象的同时，也彻底瓦解了整体主义有关整体大于部分之和的抽象幻觉。因为整体论之所以做出那样的判断，仅仅是因为它从个体这个所谓的"社会基本单位"出发，主张社会结构这个抽象的关系形态不能还原到关系的任何一方。这样的判断只有在承认个体是不可替代的组成部分，并且将活生生的关系形态抽象成客观结构的前提下才是合理的。然而我们的研究已经表明，社会原子论意义上的个体并不存在，而结构主义将关系结构化的图谋也只能是对关系的否定，因为把关系和个体对立起来，设想它是一个突生的预先给定的客体，只能是瓦解了关系的相对性特征，把它从分析上的关系的各方身边抽离出去，然后再将这个没有各方的关系强加给分析上的各方，这样的操作近乎匪夷所思。一个没有人和物的关系结构，自然是不能解释它自己的来源的，因为它偏偏要强调自身是先于那个人和物的存在的，虽然那个人和物也并非什么绝对的实在，但其实在性的瓦解本来是与这个关系结构的抽象生成同时的，现在却被人为地视为这个关系结构的产物，从而被人为地与他（它）们自己的关系割裂开来。如果我们将关系-实践视为存在的基本单位，那么整个世界也只是这样的实践的复杂集合（不是体系），从单位到总体都是关系性的存在，那么整体论所依赖的关系和个体之间的质的差异也就无从谈起了。方法论整体主义基于抽象的个体和抽象的关系所达至的抽象原则，在回到实践本身的具体性面前变得毫无意义，回到具体意味着一种范式的转换。

不过批评个体不是社会生活的最基本单位也并非前无古人，例如克罗斯利（2018：17）就在其关系社会学中宣称："个体不是社会生活的最基本单位，因为个体作为一种单位太基本，以至于无法获取社会世界的最重要信息。"然而克罗斯利这个看似建设性的观点却是基于埃利亚斯和布迪厄式的关系结构的思路，即"我们的基本分析单位不是或至少不应该是个体，而应该是互动的结构、源于互动结构的关系以及此类互动和关系的网络"（克罗斯利，2018：17）。因为在他看来个体是抽象的，但结构不是。这和结构主义又有什么根本的区别呢？其实他的观点更接近一种后结构主义，也就是拒绝结构主义的实在论，取而代之的是一种过程性的无形实体（克罗斯利，2018：16），但这并不能使他摆脱那种客体主义的抽象立场。他甚至认为在否定了那种固定的实在论之后，整体大于部分之和的判断是无可置疑的（克罗斯利，2018：16），因为个体作为基本单位只是太基本了，而且这个基本单位在克罗斯利看来完全是一种从过程和结构中抽象出来的东西（克罗斯利，2018：18），看来个体行动者除了用来满足一下克罗斯利的整体主义好奇心之外再也没有什么实质性的意义了。而他把关系结构当成基本分析单位的做法，只是彻底扔掉了方法论整体主义者对于个体的最后一点脉脉温情，以至于现在社会就是社会的基本单位，那么"基本"这个提法还有什么意义呢？从多纳蒂的关系社会学到克罗斯利的关系社会学，西方社会学还是在二元论的泥潭里兜圈子，而他们对于关系的理解与那些在二元论语境中开拓西方关系思想的社会理论家们（齐美尔、米德、埃利亚斯、福柯、布迪厄、布西亚等等）比起来并没有什么新颖之处。

当我们以关系-实践作为存在的基本单位来思考人的存在与生存时，不仅跳出了西方近现代主客体二元论的桎梏，同时也得以重新理解人的存在本身，这个具体的人就是一束关系。这并不是一个在经验上难以理解的问题，因为我们活着的方式就是实践，用一种分析的方式来说就是与我们所身处的周遭世界打交道，这就使我们不可避免地反事实地卷入各种关系之中，而我们终究不可能全身而退。因为正是这些关系建构起了我们的存在，我们只需扪心自问：我是谁？所有的答案都全然是与这个世界之中的他人和他物的关系，撇开这些关系，"我"这个概念就只剩下一个空壳、一个幻影。而正是这些组建起无数个体之存在的关系，最终构成了所谓的"社会"，这样的社会才不再是那个悬临在话语之中的抽象的世界，它是可以被经验到的事实，因为除了关系之外，它并不具有什么特殊的实在。

## 4．共在与异在

"共在"的提法总是给人一种相同、相似的感觉，仿佛我们谈论共在就是谈论人与人的同质性，然而这的确可能是一种过于笼统的误解，因为我们并没有试图将共在与异质性完全对立起来，实际上异质性也不过就是共在的一种表现方式，而且是与同质性一体两面的分析设定。

关系的相对性已经表明，绝对同质性的共在仅仅是一种理想主义的幻觉，否则就只能自相矛盾地谈论所谓的"绝对关系"了。我们与某人或某些人的同质性的共在只是相对于特定的关系而言的，此时此刻我们可以将这些人称为与我共在的他人。然而当我们采用不同的关系性维度或参照系的时候，原本的他人完全可能成为陌生的他者，志同道合的工作伙伴却因为性别的差异而分属两个不同的群体，诸如此类的现象不胜枚举。这表明我们所谓的"共在"并不优先地强调一种同质性，而是凸显了文化-实践的可沟通性，这种可沟通性固然意味着某种反事实的意义分享，但它显然并不像共在的字面含义那样要求一种完全意义上的同质性，可沟通的双方完全可能是彼此分歧，甚至是矛盾敌对的。所以激烈的竞争依然意味着一种共在的关系，因为如果没有达成某种最低限度的有关特定利益的共识，我们就很难投入与他人的竞争关系之中，而这种看似充满差异的存在恰恰就是一种共在的方式，这就是我们要将人的存在视为共在的原因所在，它固有地已经包含了异在的维度。换句话说，如果人类要生活在一起，就不可避免地要达成某种最低限度的共识，而这从来就没有排除差异的可能性，甚至从来就没有将差异视为次要的或从属的，差异与相似同样是共在的存在论属性。

　　我们甚至不可能没有差异而生存，这不仅仅是一个文化主义的问题，在我们所理解的意义上，它同时也是一个自然的问题。诸如性别的差异、年龄的差异（仅就有机体的生理机能而言）、种族的差异、身高和体重的差异、相貌的差异等等。差异并不是一个必须被消除的天生消极的因素，而是人类生活的基本构成之一，对人的存在的思考不可能独立于差异而具有意义，就如同不可能独立于相似而具有意义一样。所以将共在理解为人的存在从来就不是一种同一性图谋，也没有预设同质性比异质性更加优越的价值立场，它仅仅表明我们共同生活在一起的事实状态蕴含着一种有关人的存在的本体论设定，即这种共同生活就是人的存在本身。从这个意义上说，我们完全可以引申出一种伦理学诉求，但这并不是要将差异性彻底消除和否定，甚至也不认为只有差异性才会带来某些消极的后果，因为诸如战争、压迫、歧视、奴役之类的现象从来就不仅仅是一个差异的问题（尽管例如利益的分歧在此的确是一个不可回避的重要问题），它同时也是一个相似的问题，相似与差异是一体两面的，要解决这些令人厌恶的问题，就不能仅仅从差异入手，后者只会导向一种抽象的想象，要知道差异的另一面就是相似，不仅是敌对双方之间的相似，也是各自阵营内部的相似。如果我们能够更多地思考敌对双方之间的相似之处，我们也许就能够找到更多的共识并摒弃那些本可避免的仇恨；如果我们能够更多地反思各自阵营内部的相似性与敌对之间的关系，我们也许就能够更好地检讨各自的过失并避免敌对的升级（例如：通过煽动对外仇恨来缓解内部的压力不正是需要我们加以反思的危险的同质性吗？某种优越感在群体内部的盛行不正是需要我们警惕的相似性吗？）。所以我们没有理由将共在与异在在本体论上对立起来，共在同时也就是异在，就如同异在同时也就是共在一样。当我们用共同的生活来定义人的存在的时候，并没有对同与异横加区别和判断，反倒是让我们重新思考同与异的问题，也许只有这样我们才不会忽视同与异之间的差异所具有的建设性意义。

如果我们所说的共在指向了一种共同的生活，那么这是否意味着孤独才是共在的最大威胁，离群索居是否意味着一种真正意义上的异在？这样的提问显然是将共在理解为一种生存的形式，即与他人在物理空间接近的意义上生活在一起（如生活在同一个屋檐下），或者说像我们所说的那样生活在人群中（如热衷于人际的交往），等等。但我们所谓的"共在"是一种存在论的设定，它并不关心生存论上的具体状态，而是直接指向了人之所以为人的存在论意义，因此离群索居并不能够否定存在论的假设，它仅仅是一种生存论的状态。不与人打交道的生活方式（如果它可行的话）并不是否定人之为人的充分条件，它完全可能恰恰源自某种交往的密切。换句话说，正是因为以共在为前提，人们才可能离群索居。就如同自私自利并不是一种个人主义的本体论证明，因为如果没有他人和他者的存在，我们甚至不知道什么是自私自利。这又回到了我们此前讨论过的本体论问题，即孤独的单子仅仅是一种形而上学的想象，从来就没有一个需要突破的自我封闭的界限，因为个体就是一束关系，个体的名称仅仅是一个关系的抽象。就此而言，共在也不是强加给个体的事实，它就是那个生成了个体及其对立面的关系本身。

所以我们完全可以谈论关系的多样性和层次性，这也正是关系的相对性的含义所在。正因为是相对的所以才是多样的，反之亦然。如果关系仅仅意味着单一的相对性，即在特定双方之间的相对性，那也就在根本上取消了相对性，因为这样的相对不过就是绝对的唯一，没有什么相对可言。相对的实质是变化与多样，这不仅是就当下而言的，它同时也是向未来甚至过去开放的，这就是我们谈论关系性存在的重要的本体论意义所在，尽管这并不意味着必然导向一种怀疑主义的不可知论。明确了这一点，我们就必须将共在理解成一种复杂的状态，与我共在的他人也完全可以是一个他者，而我的他者也同样可以是一个他人，这完全取决于我们引入怎样的相对性视角。也就是说，关系始终是多维度的，不存在单一的关系性，后者只能是对关系本身的僭夺。这就为共在个体之间的差异性提供了一种有效的解释，即这种多维性揭示了个体生活轨迹的多样性，而后者是无法克服的本体论事实，即共在同时就是异在，且它不可能不是异在，这是它的关系性本身所固有的特征。所以那种将理想化的社会生活建立在普遍同质性想象之上的做法是成问题的，且不论它完全有可能导向一种专制主义的倾向（宣称具有绝对的真理，并以此来压制差异性的存在），而是说这样的企图在本体论上就是成问题的，它违背了关系的相对性属性。不可否认的是，在人类的共同生活中就某些问题达成共识无疑具有重要的乃至不可或缺的意义，但我们不应当将共识视为解决社会生活问题的唯一路径，学会以差异的方式彼此共处不仅仅是一种伦理学的诉求（差异的伦理学），更是一种本体论的要求（关系的本体论），即尊重存在的关系性。那种设想人类社会的进步就是克服差异性的存在，进而逐步地迈向一种普遍共识的状态，只能是一种与我们的存在相违背的乌托邦理想。只不过在一个充满了因差异而滋生的仇恨的世界上，这样的理想的积极一面似乎更加显而易见，但也正是因此我们易于忽视其消极的面相，更何况这个面相之所以消极首要就是因为它的反存在性。所以，是否达成共识并不是一个可以笼统回答的问题，在某些威胁着人类共同生活的差异问题上达成共识无疑具有重要的意义，但这并不意味着我们必须达成那种无差异的共识，尊重差异也是一种共识，这表明共识本身也是多样的、多维的。事实上，正是人们抱持着必须达成绝对共识的理念，才导致了许多本来也许可以避免的冲突乃至战争，同一性思维在现代人的理念中如此根深蒂固（这里的"现代人"特指那些接受了西方现代性主流价值观的人），它的反存在特性却被遗忘了。

## 5. 存在论与生存论

我们已经反复强调，我们有关共在的思考是存在论（本体论）的而非生存论的。但这显然不是海德格尔意义上的提法，因为我们所谓的"存在论"并不是有关一般存在的某种先验哲学，在我们看来这样的"一般存在"的提法依然还是保留着一个创世主的隐喻，它就其根本而言还是一种神学形而上学；而我们所谓的"生存论"也并非意指那个专属于人的存在本身，生存（existence）不是存在（Being），它和存在处于不同的分析维度。

也就是说，我们并没有将存在与生存人为地割裂开来，对存在和生存的区分更多地是一种研究的策略和概念的建构。我们用存在意指那种作为出发点的不可设定、不可取消的实践的未分化状态，这一状态的具体性和真实性是相对于主客体二元论的抽象而言的。但当我们引入生存问题的时候，这个原初的具体状态却也还是一种形式化的分析，它是从活生生的现实中抽离出来的不可消除的出发点。这并不是说存在是绝对的，它的形式化特征本身就已经否定了作为一种绝对的可能性（它的一般性是一种人为的抽象），更重要的是关系是变化和流动的相对性，关系的本体论意义首先在于对此种变化和流动的相对性的肯定，即不可能设定或取消此种相对性，以关系的方式而存在不是一种选择的结果，它是一切的前提，而这恰恰是一种抽象。它之所以是抽象的就在于所有的变化和流动都只能是生存性的，只有在生存的实践中我们才能够看出实践的变化和流动。因此存在与生存是一体性的，它们作为一个整体才是真正意义上的具体性，或者说真正意义上的活生生的文化-实践。在这样的具体性中我们的确可以谈论关系的建立和取消，这和我们不可避免地作为关系性的存在并不矛盾。只不过我们不能将两者加以混淆，它们意味着两个不同的分析层次。

与此同时，我们还在另一种意义上使用存在论和生存论的划分。我们可以将关系视为生成论或发生论上不同层次的现象，我们将基础性的关系称为存在论的关系，而派生性的关系则是生存论意义上的。这一划分将为具体的研究提供一种类型学的参考，它与此前的划分属于不同的理论策略，因此不可混为一谈。它使存在论具有了某种时空性的具体性内涵（特殊性的内涵）①，使其不再仅仅局限于对不可消除的相对性前提的抽象指涉，而是在奠基性关系的层面实现一种基础的具体化，但这也就使之丧失了那种不可建立和不可取消的抽象特征，从而属于一种截然不同的理论策略。但也正是因为它是基础性的，也就意味着它不可避免地与那些派生性的关系构成一个整体性存在，而所谓的"基础"也正是对这个整体的分析（仅就生存论的范围而言）。因此，在这种奠基的意义上存在论和生存论始终是共属一体的，它们是一个事实的两个层次，并且是彼此不可或缺的两个层次。没有存在论的支撑，我们就无法理解生存从何而来，以及生存的意义是什么；没有生存论的维度，存在就仅仅是一个抽象的基底（仅就奠基性的存在而言），这样的基底并不是一个完全具体的事实。

事实上，以两种方式区分存在论和生存论不仅为我们的研究提供了丰富的概念工具和分析策略，还有助于避免由于各种混淆所造成的理论问题。就此而言，格根有关其关系性存在的研究不失为一个典型的成问题的案例。必须指出的是，格根有关关系性存在的提法是西方思想界并不多见的建设性观点，但他似乎更急于从事一种反对其所谓的"有界存在"的意识形态后果的工作，这使得他的研究更像是一种关系伦理学，而不是关系存在论。它将存在论的立场与一种伦理学——生存论的立场——混淆在一起，一边讲着本体论的术语（关系性存在），

---

① 因此就不再是一种完全抽象的排除任何特殊性内涵的一般形式（后者的人为性表明它并不是西方哲学所追寻的什么客观存在，它依然是一种时空性建构），而是包含某些特殊性内涵的时空现象（因此较之前者它更像一种形式和内容的整体），但与更加具体和整体性的现象相比，它依然是分析性的。只有当这样的存在不需要为生存奠基的时候，它才具有了完全意义上的形式和内容的整体性，我们将在下一章的研究中表明，这第二种存在论和生存论的划分的确意味着存在与生存范围上的不对等，因此存在既可以是分析性的也可以是非分析性的，但生存则完全是分析性的。

另一边却得出伦理学的判断（关系遭贬值，用相互联系取代相互分离，等等），这就难免陷入逻辑上的问题之中。虽然他建设性地主张了一种超越个体和共同体的关系性的存在，但是他那处处彰显着的关系性存在是更好的存在的主张，反而削弱了其思想对于关系本体论的深入探究，以至于当我们试图在他那里寻找一些重要的理论工具的时候，反倒只是遭遇了一些空洞的结论或含混的口号。例如他在维特根斯坦的影响下主张将意义的生成归咎为其所谓的"联合行动"（格根，2017：47），但这样的提法在理论上似乎暗示了存在着不联合行动，因为如果行动在本体论上是关系性的，那么联合行动就只能是一种同义反复，甚至有可能将关系的含义狭隘化了。格根（2017：55）认为："一切有意义的行为都是联合行动。"而像"捉猫老鼠"这样的表述似乎就是没有意义的（格根，2017：56），但问题在于对语言的语法进行破坏虽然导致无法理解其语义，但破坏本身就是一种关系现象，人们可以理解此种行动的意义就在于对常规的破坏，这类似于涂鸦。再如，他强调对他人行为的补充对于意义生成的重要性（格根，2017：57），但这其实还是在从行动者参与的角度入手来谈关系，即一方的补充使另一方的行动具有了意义，这就是一种联合，而这个补充又有待新的补充来赋予意义，如此等等。但强调行动发起的先后本身就使得关系成为一种行动者之间的建构，这显然是聚焦于生存现象（而不是存在现象）的结果。如果从本体论入手就不难看出，无论先后都是关系现象，先后本身也只有在关系中才具有意义，即从关系中才能够抽象出所谓的"先后"。所以谈论补充也只具有派生的意义，而不是用补充来揭示存在的关系性，这在逻辑上颠倒了。为什么说先后是抽象的呢？因为从关系的角度来看，先中已经有后，后中也始终有先，在关系中只有一个整体，先与后是互为前提的分析性的东西，所谓的"不同"的补充使得在先的行动具有不同的意义，只不过是对不同关系的揭示罢了。而主张新的补充来赋予意义的说法也同样是对关系本体论的破坏，因为从关系主义的角度出发任何一方都不可能定义对方的行为，只有当你采用一种存在者视角的时候，你才可能谈论这种定义的合理性。总之，格根的思想过于纠缠于对关系的道德判断，他的那些概念都是针对其所要批判的有界假说制定的，这就难免陷入道德规范性立场预设的狭隘性中。以至于当他谈论关系的贬值时（格根，2017:76），把某些关系现象划归有界假设的意识形态后果，仿佛当人们认识到存在的关系性时，这些现象就应该消失，但这只是作者的价值预设所导致的道德期望，因为这些现象本身就是彻头彻尾的关系现象，正是存在的关系性的充分表现（毕竟一切都是关系）。说它们导致关系贬值反而让关系变成了某种狭隘的东西，好像关系应该代表一种积极的力量，这大概是西方人深感个人主义之害的一种逆反心理的结果。因为如果把关系当作一种积极的价值立场，那么在面对中国社会乃至各种社会中都广泛存在的讲关系所带来许多消极后果的时候，我们又将作何解释呢？所以，回到关系的本体论才是当务之急，至于生存论中的关系究竟是好是坏则是个派生的问题。

# 第三节　什么是物

## 1. 物的存在是实践

关于物我们还能说点什么？在一个科学占据压倒性优势的时代，物的客观存在已经是一种普遍的信仰，很少有人会质疑有独立于我们而存在的物。并且毫无疑问的是，在人类乃至生命出现之前，物就已经存在着。就此而言，我们生活在一个唯物主义的时代。我们并不打算在此否定这些科学的信仰，它们的确具有某种科学的意义，并且为自然科学的研究提供了重要的前提。但正如我们曾经指出的，这些信仰和我们对于物的理解并无矛盾，只不过它们是派生的，并且在科学上行之有效的建构。因此，我们不能停留在这些科学的常识之上，科学出于它自身的兴趣无须思考物的存在问题，它只要以这个存在是客观的作为出发点就足以满足其理论要求。但对我们而言，这个客观性本身也还是一个需要思考的问题，这就是物的存在问题。

摆在我们面前的有两种物，一种是所谓的"纯粹的自然物"，另一种是带有人类劳动印记的物。后一种物所带有的分析上明确的人类实践活动的烙印，使之理所当然地否定了那种绝对自然的客观性假设，因为其存在包含着一层乃至多层的文化中介，其存在本身就已经超越了自然与文化的二元对立。这是一种关系性的存在，即在自然与文化的反事实遭遇中，物作为一种实践而存在着。之所以是实践就在于它既不是客观给定的实体，也不是主观投射的效果，而是主客观尚未分化的实践本身。用一种分析的口吻我们可以说，人类通过其劳动与自然世界所打的交道正是此种物的存在本身，这个物正是人与自然的实践关系。[①] 困难在于，纯粹的自然物是如何存在的？它们并不是人类劳动的产物，甚至在人类存在之前就已经存在。尽管人类活动使得地球生态受到了不可否认的影响，但这也不是将这些自然物纳入文化中介的充分理由，毕竟诸如遥远的恒星和广袤的宇宙又能与我们有何干系呢？那么这是否意味着将自然物视为外在于我们而静止着的客体，因为它们似乎与我们毫无干系？但这显然是与经验不符的想象，我们不能否

---

① 我们之所以强调劳动而不是消费或使用，就在于它是以商品为代表的人造物存在的最初环节（广义劳动的产物并不仅限于商品）。但人造物的存在并不仅仅局限于劳动实践，消费或使用也并非必然以劳动生产为指导，不过这些并不是我们在此所要考虑的问题。

定事物的运动和变化,绝对静止的物只能是一种形而上学的想象,毕竟即便是遥远的恒星也还有其生成乃至毁灭的过程,即使看似极度稳定的物质也还是在经历着微观世界中的运动和变化,这使得我们不能将它们排除在一种广义的实践之外,这个实践也毫无例外地是关系性的存在。所谓的"运动"和"变化"正是物物关系,只有在关系的相对性中运动和变化才是可以理解的,即绝对孤立的事物是无所谓变化的,因为在这样一种孤立和封闭的状态下,运动和变化成为多余的附加因素,自足的事物无须改变其存在的状态,运动和变化显然只能是一种荒谬的自相矛盾。就如同亚里士多德为运动着的宇宙想象一个形而上学意义上的不动的推动者,这个推动者自己作为绝对的前提是绝对静止的,否则就只能再设定一个前提,以至无穷。我们当然没有亚里士多德的形而上学雅趣,对于我们而言,所谓的"纯粹的自然物"也还是实践的现象,至少是物与物遭遇的现象。没有什么孤立的物,只有在这些遭遇中我们才能够抽象出物的客观存在,但这也就意味着相对于另一些物的客观存在,这个客观性只能是一种相对性,只不过这里似乎并不存在人的主观性维度,也就是说客观性本身成为主观性隐喻,因为与客观性相对的客观性其实不过是另一种没有生命的主观性罢了。但这样的讨论也还是支持了一种纯粹自然的假设,似乎表明我们有关自然与文化是一对关系建构的提法存在着一个漏洞,因为似乎某些自然物的存在是与文化无关的,尽管它们的存在也还是一种实践(纯粹的物的实践)。

　　然而如果我们转换一下思路,不在所谓"纯粹的自然物"的预设之下进行推理,而是检讨"纯粹的自然物"这个概念本身的建构,我们将发现正是在与纯粹文化的关系中才可以谈论所谓的"纯粹自然"。当我们津津乐道于纯粹自然的同时,我们其实已经假设了纯粹文化作为其另一面。除非我们将自然割裂开来,说有所谓的"与人有关的自然"和"与人无关的自然",但这样的论断是毫无意义的,因为我们不可能一本正经地谈论我们完全无知的那些自然事物(如果与我们无关并不意味着一定不存在,但我们又何以断言它们一定存在呢,毕竟我们甚至不知道它们是什么),而我们所知道的自然现象的确不可能与人无关(当我们观察到遥远星系的时候,我们的存在中就已经有了星系的存在)。所以,纯粹自然本身就是一种实践的建构,你不可能在肯定它的同时又将人的因素彻底排除出去,就如同在文化中总有自然的存在[①],在自然中总已经有着文化的存在,而这个存在恰恰是实践本身。就如同如果我们将恒星定义为能够发光的星体,那么自身发光便是恒星存在的重要自然属性之一,但发光其实并不是一种纯粹的自然现象,它同时预设了能够看见的存在者,所以发光只是一种关系实践,在这种实践中我们才同时发现了发光的星体和感知到可见光的观察者。事实上,自然的事物不可能独立于实践而获得自身的存在,在一种分析的语境中,我们可以说事物总是在与周遭世界打交道的过程中存在着,它的质量、引力、体积、温度、亮度、质感、元素构成等因素都无一例外地是关系性的构成。因此,不仅人是一束关系,物也是一束关系。

所以是时候打破物作为一个实体的执念了:我们触摸了它,于是说它是坚硬的、柔软的、温暖的、冰冷的;我们看见了它,于是说它是长的、宽的、大的、小的、红的、白的、透明的、不透明的;我们甚至用各种仪器测量了它,于是说它是碳质的、铁质的、硅质的,是氢氧化合物、碳氧化合物;等等。于是我们便相信有一些具有这些特性的东西存在在那里,即使我们没有关注它们的时候也依然存在在那里,这就是所谓的"持存

---

① 如果"纯粹自然"的提法具有本体论上的具体性和合理性,那么"纯粹文化"的提法也将具有同等的地位,因为我们也不难在人类的社会生活中找到一些似乎与自然无关的文化现象,这在时尚和审美的话题中比比皆是。

的实体"。但当我们意识到，这些所谓的"实体"不过是一些关系的建构，因为它们的那些属性并不是什么绝对的事实，而是一些实践的遭遇，只不过这些遭遇的特征在一定程度上符合了科学实验的可重复性，于是就具有了某种真理的价值。但如果我们意识到，科学的实验也还是一种经验的现象，那么绝对真理也就只能是一种想象，经验本身就无法支持一种获得全称判断的意图。这也就难怪像休谟这样的哲学家要质疑因果律，他所怀疑的不过是因果律背后的归纳法，尽管我们不必为此而大惊小怪，即便归纳法是不完美的，但它在科学上的意义却是毋庸置疑的。

我们将物的存在视为实践，恰恰是基于经验的观察与归纳，而不是什么对科学和真理的反动，它正是期望将科学建立在更加合理的哲学基础之上的努力，当然它同时也就为人的研究提供了一种重要的视角，因为人自身就是一物，只不过他并不仅仅是一物。

## 2. 人与非人、物与非物

人的存在最好地诠释了将存在理解为实践的意义，因为人既是物又是非物，而这两者都已经被证明存在于关系实践之中。如果我们以一种抽象的方式将物定义为非人，将人定义为非物，那么人与非人或物与非物的关系也同样是实践性的，那个具体的人也正是这两者之间的反事实遭遇。就此而言，在排除那种抽象性之后，我们可以说，人不可能遭遇完全的非人，就如同物不可能遭遇完全的非物，这是对主客体二元论的最有力驳斥。

那么那个分析性的人与物的二元划分究竟意义何在呢？如果人与物的存在都是实践，那么分析性的人与物究竟区别何在呢？我们无意于将人与物完全画上等号，即便具体的人同时也是物，但他毕竟不仅仅是物，文化与自然总已经是彼此对待的双方，这种分析的意义何在呢？

如果这样的划分依然具有理论意义，那就意味着人与物之间总有某些不可还原的关系特性在支撑着此种划分的合理性，这也正是我们要区分文化与自然的理由所在。因此，说物的存在就是实践，并不意味着要将物等同于那个分析性的人类行动者，仿佛物也获得了某种广义的生命力，并发挥着某种能动性，以至于它们和人类乃至更广泛意义上的生命体共同投入世界关系网络的建构之中。且不论这样的思路混淆了生存论和存在论的维度，毕竟可以由各方建构和取消的关系仅仅是生存论上的关系，它还没有触及存在论上的关系性。而且，赋予物以相似的能动性并不能够消除二元论，相反它由于肯定了关系各方优先于关系的存在，从而落入一种主观主义万物有灵论的陷阱之中，毕竟所谓的"能动性"也只不过是一种二元论的抽象而已。而从表面上看，这种共同建构完全符合我们所说的反事实遭遇（但这种反事实的性质往往被人们所忽视），毕竟人类不可能独自建立起这个世界，物对此具有一种内在的不可或缺性。但由于将物也定义为行动者，这就取消了人与非人的分析意义。换句话说，这就意味着我们没有必要从关系中抽象出人与物的区分，物的存在反而成了一个没有意义的伪命题，这又是一种二元论的隐蔽暴力。

如果我们要肯定物的分析意义，也就是承认文化与自然的分析价值，那么物就必须获得一种合理的关系定位。它不是那个能动的人类行动者，而是缺少那种主观心智活动的实践者。我们只能将能动性赋予那种具有反思性的主观心智建构，只有这样能动性才具有理论的意义，否则也就意味着在一种泛化中取消能动性的价值。事实上，谈论物的能动性作用很大程度上依然还是在谈论人的能动性，这就是我们曾经指出的文化对于物的中介性意义。也就是说，人物关系在很大程度上不可能独立于人人关系而获得充分的理解。我们与事物的遭遇中总已经有他人的在场，这不仅仅是因为他人参与了对事物的劳动生产，同时也是因为有关事物的意义从来就不只是一种单子化的赋予，它只能是一种共在（即便有关意义的创新也不可能独立于共在的关系性）。这不只是人与人的共在，同时也是人与物的共在，而这两种共在又是共属一体的。因为在人人关系中不可能没有物的在场，物的中介性不是一种额外的附加，而是关系本身的内在构成，所以绝对的人人关系也只能是一种理论的虚构，就如同绝对的人物关系一样。因此在我们对于社会关系的分析中，就不可避免地同时涉及复数的人和物，而不是单纯的人与人或人与物。只有当我们将人类总体作为一方来谈论人与自然的遭遇时，我们才可以谈论单纯意义上的人物关系，但这已经是在把人抽象成与自然对立的文化的人的意义上了，并且仅仅表明这里所谓的"文化"与"自然"不过是一种分析性的关系建构。

从分析的角度而言，物的确在并且始终在发挥作用，这就是物的实践，但这并不是一种能动作用，它仅仅表明物不可能独立于实践而存在。这并不是说物仅仅针对人的主动性做出某种消极和被动的能动反应，这种拟人化的做法和将物描绘成一个积极的行动者如出一辙。让我们抛开那种具有主观主义色彩的视角，事物的确可能对人的行动做出反应，但这仅仅是一种物理化学现象，就如同事物的存在也的确可能迫使人做出反应，但这一切都仅仅是一种非能动性的表现。我们当然可以说人类行动者在分析上扮演着较之物更为积极的角色，这是能动性这个分析特征赋予人的某种权能性，这也许正是将人与物在理论上区别开来的意义所在。对于物而言，这样相对消极的提法不仅具有一种存在论的分析意义，还具有重要的伦理学价值。也就是说，如果我们将物视为和人类相似的行动者，并且主张世界的关系网络正是人与物这两种行动者所共同投入和建构起来的，那么这就不可避免地推卸了人类对于诸如生态灾难所应当承担的重要责任，因为物作为行动者不可避免地也要为这样的后果承担相应的责任，但这在伦理学上将是毫无意义的。如若在将物视为行动者的同时却使其豁免于责任的承担，那么谈论物的能动性也就成为毫无意义的一纸空谈，然而这样的能动性假设在存在论和伦理学上所引发的混乱却是显而易见的。

所以，尽管我们主张所谓的"人"和"物"的区分完全是一种关系的建构，是在关系中抽象分析的产物，但我们也正是因此强调人与物不可还原的区分性。只不过这样的区分性依然是关系性的，因为如果我们回到那个关系性的事实，我们就不难发现：人不可能遭遇完全意义上的非人，因为人本身同时也是一个物；物也不可能遭遇完全意义上的非物，因为并不存在具体的非物。

# 第二章　文化的类型学

## 第一节　日常生活的信仰

在前文的研究中,我们赋予了文化在存在论上的两层含义,即作为不可建立也不可取消的原初性的关系-实践和生成论上的奠基性的关系-实践,与之相对应的是生存论上的两层含义,即可建立和可取消的关系-实践和派生性的关系-实践。这两种理论策略服务于不同的研究意图,它们并不是一种自相矛盾的划分,它们的存在恰恰表明,所谓的"存在论"和"生存论"并不具有什么哲学上的神圣性,仅仅是解决理论问题时的概念策略,丝毫不带有任何形而上学式的假设。但如果我们的研究仅仅停留于这样的讨论,也只是对于"文化是什么"有了一个笼统的印象。只有更为细致的类型学分析才能够使我们更为深入地理解文化在存在论和生存论上的意义,这就是生成论上的划分所指向的。

### 1. 基础性的"前"形态

对于我们所说的文化或社会实践而言,本没有什么绝对的基础性文化,毕竟没有什么文化-实践不是一种生成的经验现象。但这并不妨碍我们谈论一种存在论意义上的文化现象,它在分析上构成了社会生活中最为隐蔽和基础性的力量。换句话说,它构成了另一些文化现象的前提,虽然这种前提性不是绝对的。

就此而言,胡塞尔有关生活世界的研究为我们提供了重要的线索。

这不仅是因为其在西方哲学和社会理论中的广泛影响，更是因为他在无意之中切中了思想转型的重要问题，这就是对于西方现代思想中的意识哲学主导倾向的批判，尽管胡塞尔本人并没有能够摆脱这种意识哲学的纠缠。① 在谈到生活世界时，胡塞尔（2001：176）认为："自然的生活，不论是前科学上还是科学上感兴趣的，不论是理论上还是实践上感兴趣的，都是在非主题的普遍的地平线之中的生活。这种地平线就其自然状态而言，正是始终作为存在者而预先给定的世界。"换句话说，在胡塞尔看来，一切实践活动（理论的和非理论的、科学的和前科学的）都要以那个非主题的或者说非对象化的普遍的生活世界所提供的意义及其有效性为前提②，这就是一种自然状态，即非反思和前对象的直观状态。而这个世界的普遍性显然是胡塞尔为了超越其所谓的"主观相对性"所进行的一种形而上学假设。我们无意在此分析胡塞尔的现象学理论，而是以此指出一种有关基础性文化的思路，尽管胡塞尔的普遍主义和现象学唯心主义使得我们不可能采纳他的理论方案，但他有关生活世界作为一个信仰或意见世界的分析性观点却是具有启发意义的，"这个生活世界不外就是单纯的，在传统上被非常轻蔑看待的意见

---

① 对胡塞尔而言，意识或纯粹意识始终是关于对象或某物的意识，这里具有一种对象化的意向性构造。尽管胡塞尔（2001：558）认为生活世界这个主观相对的基础世界不是一个"目的构成物"，但他并没有明确拒绝意识哲学的假设。

② 这里的"实践"当然是胡塞尔意义上的，而不是我们所定义的实践。此外必须指出的是，胡塞尔认为他的先验现象学可以豁免于生活世界的奠基。因为在他看来，先验现象学是唯一将客观实在性彻底悬置的科学。"这种新出现的现象学的超越论的彻底主义哲学的本质特征就是：正如刚刚说过的，它不同于客观的科学，没有预先已经准备好的不言而喻的东西的基础，而是从原则上排除类似意义上的（甚至其它意义上的）基础。"（胡塞尔，2001：220）有趣的是，先验现象学具有为自身创造基础的能力（胡塞尔，2001：220），这就假定了现象学家的绝对客观主义立场及其所拥有的绝对理性的权能性。我们无须在此论证先验现象学依然有其生活世界的基础，事实上，胡塞尔对先验现象学的绝对主义态度本身就是生活世界的不言而喻性所制造的错觉的表现。

的世界"(胡塞尔,2001:563)。① "意见"或"信仰"概念的使用无意中切中了对意识哲学这个现代西方思想之主流观念形态的批判和超越,也就使得生活世界这个信仰的世界成为胡塞尔身后的一个流行概念。因为信仰(或译为信念、意见)是前反思和前对象的直觉,这意味着它不采用理智的意识主体所惯常采用的那种对象化的理论态度,而是主张自身作为这种态度的前提或基础,从而似乎为我们揭示了某种更为基础的层次。如果撇开胡塞尔的先验现象学还原及其现象学理智主义立场不论,这就和尼采在批判现代意识主体概念时所提出的无意识身体的思想具有了某种沟通的可能性,尽管它们之间在思想的立场和意图上依然有着天壤之别,但它们却都不约而同地取消了那个主张理论理性的人类意识主体的基础地位。胡塞尔这个彻头彻尾的理智主义者在无意之中为颠覆这种理智主义的狂妄自大提供了一种理论的可能性,只不过现象学的保守主义掩盖了这种可能性的颠覆性面目。而那些深受尼采以及各种批判哲学传统影响的学者则无所顾忌地将批判的矛头指向了笛卡尔以降的主体主义哲学,其中自然也少不了胡塞尔开启的现象学传统。当然,这里并不是讨论这样一个思想史问题的场所,我们只想借此指出,对隐蔽基础的探讨并不是现象学所特有的趣味,而是现代西方哲学思想在反思现代性主导倾向的过程中所具有的某种共同的问题意识,其意图无疑是回应现代资本主义发展所产生的广泛而深远的历史影响,试图从问题的根基之处入手来回答时代所提出的棘手问题。诸如马克思对于经济作为基础性结构的论断、尼采有关生命/权力意志和无意识身体的主张、弗洛伊德的"本我"和"无意识"概念、胡塞尔的先验现象学还原和生活世界理论等,无一不是对此所发出的富有启发性

————————

① 有关胡塞尔意见概念的讨论可参阅郑震(2009:88—89、117—118)。

的沉思。

对基础性的探究并不是要寻找一个先验形而上学的本体，一种彻底的经验主义不可能停留在任何绝对本体的想象之中。它只是表明文化研究的一种分析策略，即在基础性的假设中寻找问题的根源。存在的信仰以其前反思和前对象化的特征为这种根源性的假设提供了有力的解释，毕竟它意味着不采用一种对象化的思考将自身与他人和他物拉开距离，这种排除了任何问题性中介的直接性遭遇暗示了主体和客体的理论分化尚未开启，这就是为什么我们不能在西方思想的语境中来理解这种存在信仰的实践意义，因为前者总已经带有一种二元论假设，从而悖论式地取消了前对象性所本该具有的非二元论特征。当然，这同时也就意味着，我们所谓的"存在信仰"并不是一种现象学意义上的主观性立场，而是一种文化-实践的本体论维度，这需要我们不再停留在"信仰"一词的字面含义之中。就此而言，信仰既是主观的也是客观的，它只是我与他人和他物的一种关系状态，即现象学意义上的自然状态，只不过我们不再以现象学的方式来理解这一概念。这种完全未分化的源始的关系状态暗示了在一种无中介的直接性中合法化了文化的价值立场，因为实践者不会反思他的实践本身，也就是不会将他的实践对象化为反思的课题，从而最大限度地避免了对文化的质疑。这种原初的不成问题的状态同时也就暗示了语言并没有在此充当一个本体论的角色，因为前对象和前反思的文化无论如何不能被抽象成话语层面的命题系统，后者依赖于一种有意识的专题化努力，意味着当我们将文化抽象成实践的明确法则的时候，它只能是一些明确的因果规则，遵循着某种清晰的客观化的逻辑特征。然而生成论上的直接性排除了话语介入的问题化环节，理所当然的东西是不需要讨论的，讨论已经暗示了一种成问题的状态，已经引入了一种派生的对象化。然而更为重要的是,这种直接性还意味着不存在在一种客观化的逻辑话语中确切把握的可能性。也正是因此,布迪厄坚决反对将不言而喻的实践活动纳入这种客观主义的逻辑主义立场中,主张以话语的方式来把握实践只能导致实践的本体论身份的转变(Bourdieu,1977:120)。这就如同语言学的语法只能是对说话方式的一种客观主义式的逻辑转化,而不是那个活生生的说话方式本身,因为说话方式本身就是一种前理论性的实践活动(母语方言不是对象化地学习语法规则的结果),日常言谈的信仰总是与语法规则保持着模糊与暧昧的关系,在语法要求清晰明确的地方只剩下了信仰的影子。

因此,存在的信仰是前反思、前对象和前话语的文化,它那不言而喻的外表构成了社会生活最不引人注目但却最基础的层面,只有当人们的实践遭遇问题的时候,人们才有可能将质疑的目光投向这些原本看似不成问题的问题本身。此时此刻,一种对遭遇的另一方采取对象化态度的过程才得以开启,一种对自身的实践信仰采取反思性的意图也才得以生成,而这样的对象化和反思性也就不可避免地要引入专题性的言语活动,这不是不言而喻的言谈①,而是理论性的思考。但这一切显然不是原初的事实,而是派生的事件。与此同时,我们必须意识到的是,即便是遭遇了成问题的状态(例如看似不言而喻的做法却受到了各种质疑和批评)也并不必然意味着引发实质性的反思和对象化,这就是我们采用"可能"一词的原因所在。我们不应当低估存在信仰的存在论意义,之所以称其为"存在论"的,不仅是因为它的基础性地位,更是因为它为什么可以成为基础性的。文化的基础性绝不只是一种偶然意

---

① 不言而喻的言谈既不是对象化的也不是反思性的,它仅仅是信仰的直接建构。这就是为什么人们通常不会去反思日常的谈话方式,因为打招呼的方式和使用的措辞都在一种不言而喻的表象中被合法化了。

义上的在先性，它表明其所传达的共在的信息对于相关的个体乃至人群而言具有重要的存在论意义，这就是为什么它具有最高的合法性。例如，人们遭遇陌生的他者所引发的尴尬和不快并不总是能够推动一种自我反思的进程，相反人们更多地是通过对他者的污名化来强化自身文化的合法性（将对方视为疯子、不可理喻的病人、野蛮的异类等等），而这样的污名化往往又能够获得群体性的支持，这就是共在的暴力面。其背后的根本问题是共在的利益关切，存在的信仰从来就是存在的利益，捍卫信仰的暴力性恰恰是利益的切身性表现。这种切身性越是事关重大，捍卫的决心就越是坚定和执着。存在信仰的基础性恰恰表明了相关利益的基础性，它甚至涉及存在的安全感这个核心问题。

然而这一切并没有以它本来的面目被个体乃至群体所认知，人们似乎在捍卫着某种自然的真相，这就是自然状态的意义所在。它排除了对利益的有意识诉求，在一种无利益的表象中证明自身的"自然"合法性，然而这恰恰是利益的最隐蔽的存在。即便在差异性存在或生存的冲击下，个体已经引发了反思性的机制，但这也常常是似是而非或模棱两可的状态，人们日常生活中的绝大多数看似对象化的活动，依然还是在信仰的主导下所进行的一种准意识的操作。之所以是准意识的就在于发挥主导作用的依然还是前意识的信仰①，它并没有在真正意义上将自身的实践作为反思的对象，也没有将遭遇的他者放在对象化的目光中接受理论性的思考，因为主导其"意识活动"的依然还是一种不言而喻的假设，所得出的结论也仅仅是一种同义反复式的自我证明，证

---

① 这里有关意识、准意识、前意识的提法无疑采用了主观分析的词汇，后者更符合"信仰"一词的二元论意义，只不过我们不应当如此理解，在我们的研究中它们最多只是充当了一种分析的抽象。此外必须指出的是，我们所谓的"前意识"与"精神分析"的概念不存在理论的关联，它仅仅表明那个分析上的意识活动尚未开始，它是意识活动的基础和前提（有关这一问题我们将留待本章第二节讨论）。

明那个注定要被证明的东西,但这一过程却被误以为一种理论性的思考。这恰恰表明相关的利益依然具有存在的意义,对这一利益的挑战不失为一种自我罢黜或自我否定,准意识操作在一种"佯装不知"的自我欺骗中拒绝了这种否定的可能性,但同时也在一种意识的表象中疏导了差异所引发的提问焦虑。怀疑的好奇心已经得到了满足,而答案只是在话语的表象中证明了信仰的"自然性",这里并没有发现什么真相,它只是一种循环论证,即证明你所知道的一切,因为重要的只是一个探究的模样。

## 2. 想象的辩证法

在存在论中谈论表象和错觉不可避免地引入了想象的分析维度,以至于在某种意义上人的存在就是想象。我们曾经这样界定想象:

> 想象是一种有意或无意地制造社会表象的创造性的过程及其结果,它与社会历史现实之间有一种辩证的关系。如果以一种类型化的方式,我们可以说这一表象既可能是对现实的包含错觉的建构(也正是因此,它不是完全的错觉,也就是说想象不等于幻想),也可能是对现实的一种理想化建构,还可能意味着突破陈旧现实的变革,而实际的状况往往是不同面孔之间的不同程度的混合。但无论怎样,想象都不能摆脱一种社会历史性的表象化特征,这正是人之存在的社会历史局限性的呈现。(郑震,2022a)

之所以如此,究其根本则是因为生活对于每一个个体而言都是不透明或半透明的,这不仅仅是说他人实践的原因是难以确知的,同时还意味着所有实践的后果都包含着意外的可能性,这就为表象化的建构提供了充分的空间。毕竟我们的实践活动总已经包含着某种有意或无意的认知，即便盲从也包含着某种前反思的认可，这就是我们将人类在分析上视为行动者的原因所在，他总已经对他的存在具有某种能动的把握，并以这样的反事实方式来指导其自身的实践活动。

只不过人类并不是那个拥有绝对理性的无限主体，他对于世界的认知总免不了具有一种想象的维度，这其实也正是现象学所谓的"自然态度"和"存在信仰"在无意之中所触碰到的。这同时也就表明我们所谓的"想象"首要不是意指那种有意识的浮想联翩或天马行空式的白日梦，不是就其常识意义上在使用"想象"这个概念，而是首要意指一种反事实的前意识建构，以至于想象者从来就没有认为自己在想象。不过我们并不认为想象仅仅是一种消极的错觉，仿佛它不过是我们对于生活一种彻头彻尾的无能与失败，后者仅仅是基于对表象和错觉的一种肤浅理解，同时也是基于对真相和真理的一种天真想象。当我们说真理其实也是一种想象的时候，请不要把我们当成怀疑论者，相反这恰恰是出于对真理的信仰。

当我们说想象是一种存在论维度的时候，意味着没有什么实践活动能够排除想象的维度。它不过就是向我们揭示生活的无法消除甚至不可或缺的晦涩性，它既是这一晦涩性的结果，也是这一晦涩性的来源，这就是想象的辩证法。就此而言，我们所谓的"现实"，在向任何道德评价开放的前提下，都已经包含了想象的因素，这就是为什么它既可以是引人迷失的错觉，也可以是一种理想化的努力，甚至还可能意味着对陈腐现实的突破。之所以是错觉，就在于人们常常只是满足于对事物的表象化认知，往往只是基于某些看似概括但实则片面的标记来联想和推断事物的总体，这大概就是许茨所谓的"类型化"的意义所在，其结果就是将某个一般性的表象强加给事物本身，从而忽视了现象的复杂性和丰富性。这样的错觉固然可以一定程度地满足日常生活的实用主义需求,即表象已经足以应付日常沟通的可行性,在彼此无须深入交往的前提下,相互之间的错觉也能够维持实践的有效性。但它只能在社会偏见的向度上越走越远,以至于建构起某种表象的真实,即当大多数人都把特定的表象视为真相的时候(一种共在),表象和错觉就具有了真相的意义,这就是生活的悖论,也是生活的冷酷无情。以至于难怪布西亚(Baudrillard,1993:133)不无讽刺地指出:"所谓的现实原则不过是对另一项的想象。"用一种生存论的语言来说,这恰恰暴露了我们这些与他人不可分割地生活在一起的众生,对于那些无法回避也不可或缺的他人和他物竟然是如此冷漠和缺乏耐心,我们感兴趣的其实并不是他们(或它们)究竟是什么,而是在我们的想象中是什么,以至于只要他们(或它们)生活在我们的想象中而无碍于我们的生活,我们就很乐于维持这样的现状,仿佛这就是他们(或它们)的本来面目。这已经不只是一种漠不关心的冷漠,甚至是一种暴力了。当然,你也可以说这样的无所用心恰恰成全了某种效能,你不可能为了买一件东西就去与服务员深入交往,以至于不再在那种概念化的图式中来理解某个服务员的存在。这意味着想象为我们节约了大量的精力和资源,使得我们有可能将这一切投入更具切身性的活动之中。我们并不想否定这样的判断具有重要的现实意义,它也正是想象的表象能够在社会生活中大行其道的重要原因之一。但我们所要指出的是,当这样一种想象变成无所不在的现实的时候,它绝不仅仅是一个生活的效用问题,而是一个存在论问题,一个关系到人的存在的切身利益的问题。因为它向所有可能的道德判断敞开的事实,这就引发了某种存在的危机,只不过它并没有被如此理解。以至于当这样的想象成为暴力的时候,我们却无动于衷。

　　不过想象的辩证法不仅意味着将充满偏见的错觉纳入现实的概念之中,从而模糊了所谓的"真相"与"假象"之间的界限。因为我们所谈论的并不是蓄意的捏造事实，不是明知故犯的贴错标签，而是一种想象的存在方式，它是应对生活之不透明性的人之存在的局限性。所以真相也依然包含着想象，那个被想象的现实本身并不因为想象的存在而成为绝对的真实，我们最多只能在这里划分出不同层次的想象，即存在着关于想象的想象，因为想象是存在的因素。但这并不意味着只有一种消极的存在，因为想象完全可能在一种理想化的方向上推动现实的建构，即鼓励一种道德上肯定性的建构，从而将这种肯定性纳入现实的辩证法中。戈夫曼有关情境表演的研究为我们提供了一个很好的案例，"实际的情感反应必须被掩盖，而一种适当的情感反应必须被展现"（Goffman，1959：217），以迎合一种道德的期望或想象。这似乎揭示了想象的另一面，即表象化所具有的道德力量。当人们以一种共谋的方式把一种道德想象表演成了生活的真实，它就已经超越了我们所能想象的欺骗或蒙蔽。因为无论是表演者还是观众，都心照不宣地就一种情境的意义达成了共识。即便戈夫曼所谓的"表演者"并没有观众所期待的那样真诚，但正是这样的不真诚向我们显示了观众的道德想象所具有的强大压力，更何况我们并不赞同戈夫曼过于倚重的意识假设，毕竟在日常生活中，绝大多数的所谓"表演"不过是一种理所当然的实践，也就是所谓的"情境的期待"。因此店员的礼貌并不一定也无须因为他们热爱顾客或人格高尚，顾客对礼遇的期望也并不是因为对店员的人格充满了理想化的期待，而是在顾客与店员的反事实遭遇中所蕴含的关系的可能性，它甚至可以说是一种必然性，因为人们似乎不得不这样生活，尽管也总是可能存在着不确定性。这种充满着道德仪式感的遭遇为我们揭示了生活的另一面，即想象的辩证法在捍卫某种理想化的生活情境，以至于"当表演者发生了某种失误，清楚地展现了在被制造的印象和一种泄露的事实之间的不一致的时候，观众可能对失误得体地‘视而不见’，或欣然接受表演者的道歉。并且在表演者的危急时刻，全部观众可能为了帮助表演者摆脱困境而进入与表演者的心照不宣的共谋之中"(Goffman，1959：231－232)。我们不能将这样的现象轻描淡写成观众的受虐狂表现①，因为它向我们传达了某种生活的意义，它早已超出了观众的范畴，而是一种超越了表演者和观众之界限的共在的表现。以至于人们反而对所谓的"真相"(表演者的困境)感到惶恐不安，仿佛"真相"是可怕的，唯在想象中方能生存。

但这还不是想象的全部，想象的辩证法最具颠覆性的意味就在于它是一种超越的可能性。这很容易让人联想起一种理论性的思考和对象化的努力。但超越首要的是一种存在的信仰，这似乎与我们在前文所谈论的"存在的信仰"有些格格不入。因为我们似乎将存在的信仰视为一种毋庸置疑的执念，即便在遭遇他者时也依然在捍卫着自身的合法性，仿佛它只是一种阻碍或陈腐的力量。但这充其量只能说明一点，那就是存在的信仰是一种顽固的力量，它因为利益攸关而不会轻易放弃自身的立场，所以当它理所当然地坚信一种超越的可能性的时候，也同样是如此顽固。这恰恰表明没有什么生存没有存在的基础，想象无所不在，超越仅仅是它的一副面孔，尽管在日常生活的琐事中我们很少看到它的展现，但在科学和思想的领域中它却扮演着重要的角色。这正是米尔斯用社会学的想象力所表明的事实，社会学的想象力"是难以预料的，这或许是因为它的本质就是各种观念出人意料的组合……在这种结合背后的思想中存在一种顽皮的根性，就像有一种真实存在的

---

① 被害者出于错觉而捍卫加害者的利益的确是一种可怕的现实，但这不是我们在此所讨论的问题，它更符合我们在消极的意义上所谈及的想象，即将对自身利益的损害想象成一种自发的需求，从而参与到对自身的损害之中。有关这一问题已经被各种意识形态、异化以及无意识的批判理论所探讨。

强烈的驱动力驱使着人们去理解这个世界一样；而这正是技术专家通常所缺乏的，或许是因为他受到了太好的、太正规的训练"（米尔斯，2001：230）。存在的信仰正是作为这样的顽皮的、难以把捉的驱动力在推动着理论的思考，在理论思想的背后是一种不可言喻的好奇的力量在支撑着对未知领域的探究，以及对陈腐现实的厌倦。但也正是因为它是一种想象的力量，从而不能摆脱表象性的纠缠，在新颖和误入歧途之间并没有什么绝对的界限，科学的想象并不能保证科学的合理性，而所有曾经被视为合理的新颖也都可能沦为陈词滥调，因为科学并不是一劳永逸的绝对，想象所暗示的正是人之存在的局限性。不过我们也不要低估了想象的超越性在日常生活中的意义，当列斐伏尔宣称日常生活包含着不可被形式化的技术-官僚统治机制彻底异化的可能性的时候（他称之为剩余物［residue］）（Lefebvre，1984：182），已经在无意之中暗示了想象的超越性在日常生活中的存在。当社会发生变革乃至革命的时候，它不可或缺地建立在一种日常创造性的基础之上，正是日常生活所孕育的对变革的想象为变革提供了最基础的可能性。这表明生存的变革总有其存在基础，如果没有一种存在论意义上的对变革的渴望，任何改变都只能是一种从外部导入的无根之物，它最终难逃失败的命运。

这更加进一步深化了想象辩证法的现实意义，它是从平凡琐碎的生活实践到轰轰烈烈的革命变迁、从因循守旧的陈腐现实到推陈出新的科学实践、从充满偏见的消极力量到理想主义化的道德期望等无所不在的存在的要素。在一种分析的意义上，它参与建构了我们所谓的"真实"，但也为这个真实蒙上了一层挥之不去的阴影。它既是希望所在，也是压迫的力量；既是面对不透明和不确定之生活的无可奈何，也是对于透明性和确定性的不懈追求。这种悖论式的特征恰恰是存在的信仰所无法消解的存在论意义，想象正是这个信仰不可或缺的要素，它表明这个信仰总已经是一种想象。

## 3. 存在的不确定性

如果说存在的信仰试图以想象的方式来克服生活的不透明或半透明的阻碍，也就是为生活带来某种确定性的依靠，那么它恰恰悖论式地暴露了存在的不确定性及其难以消除的事实。因为正如我们已经指出的那样，想象具有不可消除的表象性特征，这意味着它并不能够为我们带来某种无可置疑的确定性；相反，想象的辩证法为这种不确定性增添了更为晦涩的内涵，即你无法在一种二元论的图式中理解它。人们之所以沉溺于想象而不自知，正因为想象不是出于偶然的偏好或刻意的尝试，也不是面对一个晦暗的世界所做出的必然反应。那种认为先有一个不透明的世界然后再去想象它的观点，依然还只是停留在二元抽象的幻觉中；恰恰相反，想象是意义本身的内在构成，是存在的不确定性所具有的分析特征，是我们从现实中抽象出来的一种关系策略。所以想象的分析性存在只是为了表明，存在的信仰所意指的意义或关系不是什么必然性法则，生活的不透明或半透明意味着无法确切地预测或基于以往的经验进行有效的推理。我们无法在一种决定论的框架中思考存在的意义或关系，想象作为一个概念的建构正是为了强调这种非决定论的特征在主观性维度上的展现，与之相对应的就是那个客观世界的晦暗不明，它并不遵循一种决定论的确定性法则。所以，如果我们执着于二元论的抽象语调，我们就会陷入那种循环论证的怪圈中，即因为世界是不透明的，所以面对世界的主体不得不想象世界的模样。但与此同时，也正因为构成世界的主体沉溺于充满表象和错觉的想象中，所以世界才显示出晦暗不明的特征，你不可能在想象中找到确定性的法则。这就是为什么我们要采用想象的辩证法来描绘现实本身，至少在我们这里并没有预设这个辩证法的逻辑起点究竟是主观的还是客观的，这样的预设对于我们这样的关系主义者是毫无意义的，因为无论是主观还是客观都只不过是对关系的抽象而已。想象的辩证法就是不确定性，就是无法以一种机械的方式来理解关系的现实。

所以并不是想象把不确定性带入了现实，而是我们以"想象"这个带有主观性色彩的概念来标记这种不确定性（只不过这个二元论的角色注定要被扬弃），以此来表明那个前反思、前对象和前话语的信仰的现实是一个充满不确定性的现实，它并不遵循什么决定论的机械法则。这大概就是为什么布迪厄要主张其所谓的"实践的模糊逻辑"：

> 倾向性并没有以一种决定性的方式导致一种固定的行动；它们仅仅在适合的环境中和与一种处境的关系中被揭示和执行……每一种倾向性都能够根据处境在不同的甚至对立的处境中显示其自身……一种倾向性的存在（作为一种内在的法则[lex insita]）是进行预言的基础，在所有可以想象的一种特定类型的环境中，特定的一伙能动者将以特定的方式行动。（Bourdieu, 2000：149）

不可否认的是，布迪厄依然还在那种二元论的框架中思考问题，以至于他无法摆脱那种循环论证的逻辑。但他对决定论的拒绝为存在的不确定性提供了一种表达方式，一种由客观的关系结构所主导的习性和客观结构之间的双向建构的模式。这显然不是我们所讨论的彻底的关系主义立场，因为它不是从原初现实的整体性出发，不是从那个非二元论的关系或意义出发，而是从一种客观结构的逻辑优先性出发，这本身还是二元论的确定性诉求的体现。

但我们对不确定性的强调并不是要回到一种虚无主义的立场，用不确定性来粗暴地取代确定性其实还是一种对确定性的渴望。因为，这就意味着除了不确定性之外似乎就再也没有别的可能性了，绝对的不确定性不仅是一种逻辑上的谬误，同时也是对关系性存在的解构。因此我们所要指出的仅仅是，存在的信仰并不具有理论命题的明确性，也无法在这种明确性中为之提供一个适当的位置，这是一个存在论的假设。因此，基础性的原初事实为我们揭示了一种复杂性和多样性，它恰恰展现为那个"前"形态。这里有一种内在的联系。因为前形态就是不确定性的事实本身，是无法在一种对象化和反思性的框架中用话语来明确加以陈述的事实本身。这不是什么理智的疏忽或精神的意外，前形态是为奠基性的存在的命名，它讲述的就是命题化的逻辑系统所无法把捉的不确定性。但这丝毫也不意味着向怀疑主义妥协，如果我们不是执迷于将确定性等同于命题化的逻辑系统，并且在这一意义上将不确定性和确定性做一种二元论式的理解的话，我们就没有必要做出这样的妥协。因此，我们并不是出于对确定性的彻底拒绝才谈论不确定性，也不是将不确定性等同于混沌和无序，而是重新理解基础性的原初事实之无法被纳入那种决定论思维的框架之中，而以往人们所熟悉的那种二元对立意义上的确定与不确定不过是一种人为的划分，但也正是因此才陷入了极端主义的荒谬之中。所以我们所谓的"不确定性"并不是通常所谓的"偶然性"，就如同确定性也不是所谓的"必然性"。偶然和必然这样的二元对立显然无助于对关系现实的理解，它们只能在二元论的极端化中导致无谓的混乱，仿佛在这个世界上除了必然的就只能是偶然的，仿佛确定就只能是必然，不确定就只能是偶然和无序。存在的不确定性在此种二元对立之外，或者说此种二元对立不过是对存在的不确定性的一种错误的肢解，把二元论的虚构强加给关系的现实。

因此，我们要谈论一种超越了偶然与必然、无序与有序之二元对立的不确定性，它并不是确定性的绝对的对立面——为了避免混淆和误解，我们更乐于将其称为"关系性"——而传统意义上的确定性和不确定性、偶然性和必然性不过是对此种关系性的人为的武断划分，它们与其说是为了澄清问题，还不如说是在极端主义的二元对立中误入歧途。之所以将关系性视为我们所谓的"不确定性"的本来含义，正因为关系性不可避免地具有一种相对性的特征，以至于你无法用一种绝对性的方式来把握存在。但这丝毫也不意味着一种极端相对主义的幻觉。关系的相对性与无所顾忌的任意性不具有任何逻辑上的相似性，后者仅仅存在于观念的幻觉之中。我们所谓的"相对性"仅仅表明一切现实都是相对而言的，不存在以某个单一实在的方式来决定现实的逻辑，实在本身也只能是一种关系的建构，只是相对于什么的实在，而不是绝对的实在。所以，你不可能将现实还原至某个孤立的实在，因为它不存在。

所以存在的不确定性不是一种反理性主义的口号，不是推崇混乱和无序，而是拒绝那种绝对主义的狂妄自大，拒绝在自我欺骗的幻觉中执迷不悟。由此重新面对关系性的存在本身，面对复杂和多样的意义世界，将变化唤回社会思想的核心之中，回到各种历史性抽象之前的那个现实本身。正是这个现实让社会科学的各种模型和预测相形见绌，让各种形式化的逻辑图谋和本质主义的自以为是捉襟见肘。这不是因为研究的手段还不够先进，也不是因为所收集的数据还不够完善，而是因为意义并不遵循机械的法则，价值的游戏不是单行道。事实上，直面变化和多样性作为现实的存在论维度，而不是将它们贬低成表象或派生之物，让我们以一种根本性的方式回到中国传统思想的脉络之中，这是一种与西方形而上学传统截然不同的世界观图景，我们将在第三章深入地探讨这一思想的现代意义。

# 第二节 理论性的知识

## 1. 概念与命题

如果我们说存在的信仰作为一种文化类型也可以算作一种知识形态,即在前理论的层面实践着的非对象化知识,只不过实践者无法在语言中原真地或有效地呈现此种知识的原则或要义①,一旦他试图这么做,就总是陷入贫乏和僵化的片面之中,从而错失了意义的本来面目。正如维特根斯坦(Wittgenstein,1980:104)所说的那样:"很容易想象某人非常准确地了解他在一个城市中的路线……可是他却完全无法绘制出一张城市的地图。一旦他努力去这么做,他只是绘出了某种完全错误的东西。"这种准确性完全是信仰意义上的,而不是理论上的,这样一种本体论的差异是引发"绘制"这一对象化理论活动陷入错误状态的根本原因。这就是为什么维特根斯坦(Wittgenstein,1980:104)会指出:"首先试图描述的人完全缺乏系统性。在他的脑海中浮现的系统是不充分的,他似乎突然发现自己处于荒野之中,而不是处于他非常熟悉的布置有序的花园之中。无疑,规则在他的脑海中浮现,但现实除了例外之外什么也没有。"绘制城市的地图所需要的对象化的理论规则无法有效地把握存在的信仰,后者不是逻辑上严格的系统性规则,在主观上对信仰的熟悉不是一种命题性把握,而是一种对存在之不确定性不言而喻的感觉,一种在变化中游刃有余的领悟,而理论话语对清晰性的诉求使之不可避免地将实践还原成有限的命题,从而错失了实践的多样性和多变性,这就是为什么当理论规则在脑海中呈现的时候,它总是遇

---

① 所谓的"原真"或"有效"是指能够为重现或预测相关实践提供确切的指导。

到例外。

也正是因此我们要将文化的另一种类型称为理论性的知识，以此来区别于非理论性的知识（存在的信仰）。如果说存在的信仰具有前反思、前对象、前话语的不确定性特征的话，那么这个与之具有本体论差异的文化类型则似乎只能是反思性、对象化、话语性和确定性的了。然而这样的界定只能把问题引向二元论式的对立，并且陷入一种简单粗暴之中。不过这并不是说理论性的知识不具有那些特征，恰恰相反，我们的确要从这些与存在的信仰相对立的特征入手来理解知识-实践的性质（为了方便起见，我们将理论性的知识简称为"知识"），只不过这仅仅具有生存论的意义。

如果要用一个词来概括反思性、对象化、话语性和确定性，那就非"概念"一词莫属。概念并非只是作为一个名称来发挥作用，它的出现意味着拉开距离，即不再以一种直接性的方式投入那个反事实的关系建构之中，而是在生存论的意义上设定一个与对象之间的关系，也就是拒绝那种不成问题的状态，你可以说知识来自问题。所以只有当你和事物拉开距离的时候，你才能够为之命名。在这一过程中，你既可以将他人和他物作为对象（这就是我们通常所说的"对象化"），也可以将自身的信仰作为对象（这就是我们所说的"反思性"），而命名又是一种语言的活动，它以话语的方式清晰地呈现出某种意谓，明确的思想和语言是同时且一体的。因此谈论知识-实践或知识-关系的焦点就在于概念①，整个知识实践就是概念的游戏，是概念对存在乃至生存加以解释

---

① 我们用连字符所制造的这种同义反复只是为了提醒人们不要在习惯的意义上去理解我们在此所使用的"知识"或"信仰"这些概念。

的过程,你甚至可以说是概念挑战和颠覆存在乃至生存的过程①。因为概念实践与信仰实践处于完全不同的层次,所以它们之间的遭遇是一切困惑的根源,而生存终究还是奠基于存在的理论活动,并且始终向质疑和批判敞开。

问题的关键在于存在的信仰或意义并不是未被说明的可说明事实,其未被说明性并不是一种认识论上的偶然或意外,而是一个本体论事实。也就是说,信仰是无须说明也无法说明的事实(说明在此意味着对确定性的想象),尽管我们的确可以理解它,这就是为什么日常生活中的人们很少因为他人的实践而大惊小怪,但并不因此而能够说明或准确预测他人的实践,这完全是两回事。但问题在于,对于理论性的思考而言,整个意义世界恰恰是研究的对象,因为就其最基本的工作而言,社会科学除了研究信仰-实践这个日常生活的现实之外,还能研究什么呢? 换句话说,我们不可能绕开信仰-实践去思考人的生活,即使我们要思考那些以信仰为基础的活动,也还是要回到信仰的层面去,因为你不可能绕开存在来谈论生存。不要忘了从奠基性的角度来说,所谓的"存在"和"生存"完全是一种概念上的分析建构,存在和生存各自的现实都只能是抽象的现实。所以,问题在很大程度上就变成对象化不可对象化的东西、话语化不可话语化的东西之类充满张力的事件。但这恰恰是知识的实践所无法绕开的问题。

这就是概念的处境,也是人类知识活动的处境。所以,整个知识活动在根本意义上就是以非存在去把握存在的过程,就是以非存在的方

---

① 但这同时也就暗示了概念的局限性,因为概念本身还是一种存在与生存,即便不考虑变化的因素,不考虑实际的可行性,它也不可能将曾经的和现有的存在与生存的内容彻底对象化。不过这并不妨碍一种形式化的思考,它基于某种抽象的相似性假设,但也仅仅是一个理论假设。

式去讲述存在的过程（这也是我们以下思考概念问题的主要方向，尽管它并不否认对生存的概念化的重要意义）。由此引出了所有传统认识论的问题，但传统认识论问题的实质还是本体论问题，是概念与存在之间的陌生性问题。但人类的文化却又如此地依赖于概念的存在，因为正是概念性的活动才使得人类摆脱了那种纯粹直接性的生活，后者无疑是人类与动物高度分享的一种生活状态，尽管人类的直接性不能等同于动物的直接性，这是由于动物并不具有人类的概念性实践，在直接性和概念性之间并不仅仅存在着本体论上的差异性（我们将在本节第2—3小节及第三章第二节阐明这一问题）。所以思考概念乃至知识的意义就不仅仅是一个次要的问题，虽然知识的问题的确是一个派生问题。

我们不禁要问："概念"是什么？它的生存论属性意味着它不是存在论意义上的存在，但它又始终指向那个存在，并且在这种指向中表明了与存在之间的距离。我们是否可以说概念在很大程度上就是存在在话语中的一个模拟，即以讲述存在的方式去实践，但这个讲述仅仅具有一个模拟的价值，而不是再现出存在本身？这就是为什么概念并不遵循再现性的逻辑，它是讲述存在的非存在，这种本体论的差异注定它只能是一种策略。① 所谓的"策略"意味着指向某一目标的一系列操作（模拟），是在距离中克服距离的努力。这似乎是一个悖论，因为如果目的只是克服距离，又为什么要拉开距离？但问题就在于，不拉开距离，在理论上就将一无所知，也就没有什么确定性可言，生活就只能是一种直接性，是在直接的遭遇中自然而然的状态。但要克服这种状态就只

---

① 我们姑且将对生存的概念化这一派生的问题置入括弧，从而将关注的焦点放在基础性的问题上。这并不意味着对生存的概念化就是一种再现，相反它同样是一个模拟的问题。这不只是因为在生存的问题中同样包含着存在的问题，但这的确是最重要的原因所在，总之，以存在为基础的生存本身的概念化也无法排除认识论的困难，只不过它并没有为我们的研究提供什么新的认识论问题。

能经受本体论错位的煎熬，因为它只能将存在还原为非存在。模拟的关系建构完全可能因为策略的不同而大相径庭，政治策略和经济策略即便存在关联，也会因为有所侧重而导致不同的反事实结果，从而以分析的方式模拟出截然不同的概念。这让我们意识到，概念的游戏绝不只是尽可能地去反映对象，其策略性意味着在从理论上克服距离的过程中，总已经有某种中介性不可避免地存在着。无中介就意味着回到直接性的状态，在那里一切曾经的中介都不再以中介的方式而存在，它们仅仅是存在本身的内在构成，因为中介已经放弃了对象化的企图，放弃了反思性的身份，并且对语言保持沉默。所以对象化的中介为概念提供了变数，它就是概念的非存在。至此我们已经不难看出，概念是策略性的游戏，它的确定性其实又是以中介的不确定性为代价的，因此它并不具有一种绝对的确定性（在此我们忽略了对象本身的不确定性的重要意义）。没有什么中介可以宣称一劳永逸地解决问题，而这正是存在发挥作用的地方（我们将在下一节讨论这一问题）。在此我们仅满足于指出，概念的逻辑是不同模拟之间的斗争，这就是我们要将之称为一种游戏的原因所在，当然这个游戏也可以升级为你死我活的战争。

当我们将概念称为一种"被中介的模拟"的时候，并不意味着完全主观性的建构，仿佛它仅仅被主观偏见所左右。不要忘了概念或知识依然是一种关系状态，在排除那些不必要的人为失误或蓄意歪曲的前提下，其策略性和中介性在与对象拉开距离乃至偏离对象的同时总已经向我们传达了对象的信息，这就是关系的相对性。因此策略性的中介既是知识得以可能的内在保证，又是知识陷入不确定性的重要原因之一。而另一个重要的原因无疑是存在的不确定性，你不可能将不确定的对象转化成确定的事实，这是无法克服的内在张力。在这两种知识不确定性的来源之间无疑存在着某种微妙的牵连，在特定的中介与特定的对象可能性之间存在着有趣的共振，这就是为什么不同的视角可能意味着对象的不同面相进入理论性的实践之中。

不过概念并不是孤立地构成知识，由概念所组建起来的因果陈述就是命题。命题并不能够取代概念，它仅仅是将概念的策略以更加详细和清晰的方式展现出来，以至于提出什么样的概念就已经决定了理论的命运。从这个意义上来说，命题及其所组建的理论话语都是以概念为核心的展现，因为理论的逻辑和意义已经在概念中获得了最核心也最隐蔽的表述。使用什么样的概念就意味着采用什么样的理论立场，当我们以一种反事实的方式为现实加以命名的时候，我们已经解释了这个现实。所以，知识的历史就其根本而言就是概念的历史，是策略和中介的历史。那种试图在概念中寻找绝对事实本身的企图注定是一场徒劳的工作，因为概念的确定性只能以策略和中介为代价，这就是与事实的距离，但也正是为了消除距离，消除那不可能消除的距离，这就是概念的悖论。而策略与中介不可避免的存在同时也就意味着不确定性，即策略和中介的多样性以及它们自身的意义问题，于是为了消除不确定性，却不可避免地以不确定性为代价，以不确定性的方式来消除那无法消除的不确定性，这也是概念的悖论。

当然，指出概念的悖论性存在并不是要否定概念的生存论意义，它倒是让我们意识到，生存也许就是悖论。知识终究还是要面对它自己的非知识，可说者终究还是要面对它的不可说者，思想永远不能摆脱非思，这就是生存的悖论。而这一切都来自知识是一种派生性关系。

## 2. 派生的关系

当我们谈到概念的策略性中介的时候，我们已经指出了存在对于生存的奠基性作用，即知识是建立在信仰基础上的。策略性中介作为概念模拟的内在条件，既是对象化的努力也是思想的非思。尽管我们会对自身的实践采取反思性的态度,但这个反思本身也还是难免某种策略性的中介,这就是中介的不可避免性。换句话说,你总要采取某个视角才能够有所看见,但当你有所看见的时候就不可避免地有所不见,这就是视角的局限性(这大概就是尼采透视主义的意义所在)。即便你转换了多个角度,你也不可能穷尽所有的可能性,因为可能性是向未来和过去同时敞开的,说穷尽了所有的可能性其实就是对可能性的取消。

　　知识的中介性和策略性表明知识不是直接性的存在本身,在知识的关系中对象仅仅是一个分析的因素,而知识的另一面就是指向对象的内在条件,即为了与对象拉开距离并消除这个距离而不可避免地具有的内在条件。之所以是内在的,就在于它们也仅仅是对关系的抽象,是人为剥离出来的分析要件。正如我们已经指出的,策略和中介的局限性正是存在的意义所在。之所以是局限性,就在于它意味着反思的非反思、对象化的非对象化以及话语的非话语;也就是说,理论性总有其无法克服的非理论性作为内在性的基础或前提,这个非理论性是它无法消除的偏见,但同时也是它不得不具有的可能性的基础。这就是概念的悖论。所以我们所谓的"局限性"不仅意味着一种理智的无能,即理智不能从它自身的实践中消除那些非理智的因素,不能消除非理智的干扰,甚至还要以这些因素为内在的条件才得以可能。我们在此使用"理智"一词特指那种理论的理性,因为我们并不认为仅仅存在着一种理性,更不认为存在着什么纯粹的或绝对的理性。我们也不赞成那种理性和非理性的二元对立,事实上当我们指出理智不可避免地建立在非理智基础之上的时候,就已经在根本上颠覆了理智主义的二元论思想,但这绝不意味着自相矛盾地陷入这个二元论的另一面即非理性主义之中。因为在我们看来,非理智的或非理论理性的因素同样也可能具有其自身的理性,这一问题我们将留待第三章第四节讨论。

　　由此可见，说知识-实践作为派生性的关系恰恰是要指出生存的存在论基础，即存在的分析性支撑。这一支撑透露出生存的视角性，即知识的建构总免不了策略和中介，如果没有后者，知识将成为绝对客观的知识。因此我们将此种支撑视为知识的存在局限性，它表明知识不可能是绝对的，因为支撑是一种生存论上的必要性。但正如我们所指出的，这种必要性是悖论性的，即既是消极的也是积极的，既是肯定的也是否定的。无论从哪个方面来看，弄清存在的信仰为知识奠基的方式都具有重要的意义，这正是反思性的知识实践的本体论要求。也就是说，知识的存在固有地要求对其内在条件的反思，它不能放任非反思作为绝对的理所当然性，否则知识就将丧失存在的合法性。

　　事实上，存在的信仰以两种方式或两个重要的环节生产知识，它们共同构成了我们前文所说的策略和中介性。知识生产的第一个关键环节正如我们已经指出的，没有问题就没有知识，问题化是知识实践的重要机制之一。当不言而喻的信仰实践陷入困境或遭遇他者挑战的时候，问题化的机制就获得了释放的机遇。也就是说，原本不言而喻的实践并没有能够在他者的实践中获得预期的回响，反而陷入某种陌生的处境之中，这种不被理解甚至敌对的状态是导致问题化的重要原因。这个"为什么"的存在机制就是知识生产的第一个存在论环节，它是实践的挫折所引发的理所当然的提问环节，尽管问题化的产生并不意味着理论性实践的完全启动，只要他者的力量尚不足以颠覆久已维持的信仰，只要依然还有足以维持相关利益的共在的人群作为支撑，人们在更多情况下还是满足于为信仰提供合理化的解释，例如将他者污名化或以偶然性来加以搪塞等等。但问题化的信仰的确是知识生产不可或缺的首要环节，它为对象化和反思性提供了机遇，因为所谓的"不言而喻"并非真正意义上的自然状态，而是一种对自身处境的表象性错觉，即误以为表象是真相，误以为关系是绝对，误以为事件是永恒。一旦成问题的状态将那个永恒绝对的面纱扯破，原本依靠共在的个体乃至群体之间的相互印证和循环论证加以维持的虚构的秩序也就岌岌可危了。

但仅靠问题化的机制是不足以生产出概念化的知识实践的，因为问题化仅仅是一种质疑的关系状态，孤立的问题化或者为信仰的捍卫让路，或者消失在玩世不恭的自我欺骗中。只有当问题化引发了视角的介入，知识的生产才真正得以可能。而问题化恰恰是视角介入不可或缺的前提，视角的介入则构成了专业化知识生产的重要壁垒，普通的日常个体往往因为缺乏此种专业性而被拒斥在知识生产的游戏之外，他们的视角也常常只是伪装成理论思考的常识而已。所以知识生产的第二个关键环节就是从理论立场出发所开展的提问，即赋予问题化实质性的理论内涵，而不仅仅是一种空洞的怀疑。这是赋予中介性和策略性以实质内涵的环节，也是支撑其整个理论建构的具体性环节。仅仅有疑问是远远不够的，更重要的是如何发问和所问何物，距离化只有在这一环节才得以完成，而也正是在这一环节，克服距离的努力才真正展开。这一更具实质性的环节同样是信仰奠基的环节，只不过信仰并不能够发挥直接主导的作用，否则知识的建构就依然是一种信仰的实践。区别在于，中介性是以问题化作为自身首要特征的，它不再将对象化了的信仰实践视为理所当然的状态，而是对之采取一种研究的态度，中介性只是为这种研究提供存在的基础。它毕竟是生产研究性实践的信仰，这使之区别于一般意义上的日常生活信仰。也正是因此，它不可避免地经受着反思性质疑的对象化可能，即理论的中介性依然保持着自我反思的积极性，它至少在一种理想化的状态中不应当将其自身的存在视为理所当然的前提，在研究中自我检讨无疑是知识建构的重要机制，只不过这样的反思性并不能够带来一种彻底的无条件性，它依然受制于理论性本身对其存在论立场的信仰程度。正如我们所指出的，存在的局限性意味着一种无前提的、彻底的反思不过是客观主义的想象罢了。

所以揭示知识的存在论基础并不意味着将知识视为信仰的直接建构，因为知识的生产不可避免地以问题化为自身的内在条件，不可避免地需要一种中介性的介入。尽管这一切都有其存在的基础，但这样的基础要么仅仅是引发对存在信仰的质疑（这本身就已经超越了信仰的层次），要么是为理论性研究提供存在的保证（这使之不同于日常生活的信仰）。我们可以说，这种理论性质疑的程度直接影响了知识建构与存在信仰之间的本体论差异性，即知识越是直接建立在存在的基础之上，就越是难以摆脱信仰的主导性影响；反之，它越是怀疑其研究对象的存在，越是对自身的存在心存芥蒂，就越是远离信仰的主导性。在此意义上，我们似乎可以发现一个在信仰和知识之间的连续统，这里并没有一个截然划分的界限。

当然，知识与信仰之间的关系并不仅仅停留于此种奠基性，虽然它构成了最重要也是最具支配性的关系。但不可否认的是，存在信仰的作用远远超出了为知识奠基的层面，在知识生产的活动中还存在着大量的辅助性信仰，甚至还存在着对立的信仰，当然更多地则是无所关联的信仰。这就涉及存在信仰和知识范围的差异性问题，当我们说存在为生存奠基的时候，并不意味着存在仅仅为生存奠基。事实上，前理论的基础性实践的范围远远超出了知识实践的范围，大多数信仰实践并不涉及知识的活动，它们构成了非理论性的日常生活。例如，我们显然无法设想游泳的实践或骑自行车的实践对于理论知识的建构会具有存在论价值，它们不仅是前理论的也是非理论的，即与理论性活动无关。

它们既不来自理论的学习,也不生产任何理论话语。我们不可能通过理论的学习来掌握游泳或骑车的技能,我们除了实际去游或骑之外别无他途,教练的指导仅仅是辅助性的,它并不具有支配性意义。而游泳或骑车的存在信仰在分析上也仅仅是一种身体实践的技能,它们对于对象化的思考几乎毫无意义,游泳的技能既不能引发问题化也不能提供中介性视角,这完全是两回事。但的确存在一些非理论的信仰,它们对知识的建构起到了不可或缺的辅助性作用,它们在奠基性的意义上的确是非理论性的,但又的确可以和理论活动产生重要的关联。例如对于纸和笔的使用、对于仪器的操作等,显然都是知识实践中不可或缺的辅助性因素。当然,除此之外,还存在着与知识实践相对立的存在信仰,它们拒绝将问题的出现归咎为知识的缺失,反对以对象化的方式来解决问题。其最直观的表现就是顽固地捍卫陈腐的信仰,或采取一种犬儒主义的玩世不恭的态度,从而将问题化扼杀在萌芽状态。

## 3. 知识与常识

当我们谈论信仰和知识这两个文化类型的时候,似乎忽视了另一个重要的类型——常识。常识的确也是一种知识,但常识的特征决定了它无法在信仰和知识之外确定自己的地位。所谓"常识"无非就是那些习以为常不知由来的日常之识,它们是世人眼中口口相传的真知灼见,但却豁免于严谨的质询和科学的检验,似乎事情本来就应当是这样,任何质疑都是傲慢无礼和多此一举的。这倒不是说常识不会经历事实的检验,而是说这样的检验对于常识总显得模棱两可甚至不得要领。问题就在于常识总是表现出笼统教条的模样,它缺乏理论的清晰性,于是在这样的含混中就留下了太多的回旋余地,究竟对与不对、准与不准是很难断定的。加之那种对于常识不知由来的莫名信仰,因为它从来不是作为理论的知识被习得,而是一种口口相传的教条,就使得人们更易于在此种模棱两可中热衷于对它"肯定"和"证实"，而不是去质疑它是否只是一种含混的偏见。到此我们已经不难看出，常识不过就是信仰所直接建构的话语-实践形态，这里并没有问题化和中介性的间接环节，这种间接性正是知识与常识乃至信仰的本体论差异所在。我们甚至可以说，这种间接性的程度越高，知识就越是远离常识和信仰；反之，它就越是沦为一种准意识的状态，在貌似对象化的表象中重复信仰的执念，用概念的表象来包装常识的话语。

因此，常识的教条并不具有知识的对象化和反思性的特征，它的话语形态也仅仅是信仰的直接建构，而不是那种命题化的陈述。这倒不是说常识就完全是不明真相的胡言乱语，而是说常识直接体现了信仰的不确定性，它的合理性只能在信仰的层次获得理解，毕竟我们也并没有说存在的信仰就是错误的代名词，作为一种关系状态它不能等同于绝对主观性的错觉，就如同作为一种关系状态的知识也不能等同于绝对客观性的真理一样。不过我们并不能够将常识和知识完全划清界限，这不仅是因为知识也还需要信仰的奠基，从信仰中获取最原初的动力，更重要的是在知识和常识之间存在着复杂的转换关系，这构成了文化问题的重要议题之一。

常识和知识的相互转化无疑是人类历史中的重要现象，我们至少可以说，一切有关人类生活的成功的思想都无法摆脱成为常识的命运（这里的成功显然并非仅限于学术上的成功，甚至主要不是就学术而言的，它同时也向不同的道德判断敞开）。并且，它越是成功就越有可能成为常识，因为只有这样才能获得最高的合法性并在日常生活中发挥最强大的作用。这就使得我们不得不面对这样的一个事实，即不仅信仰和利益不可分割地纠缠在一起，知识也同样是利益的实践，我们不能抛开利益来谈论人类的实践活动，尽管这里的利益绝不仅仅局限于经济或物质财富的利益,而不同的利益之间的确可能相互转化。这就不难理解知识为什么具有常识化的倾向,因为高度对象化和反思性的知识始终处于问题化的状态之中,而可以讲述的知识命题更容易被置于检验的视角之下,这一切显然都不利于获得最高的合法性,即毋庸置疑的状态。更何况理论性的知识因其复杂的论证和专业化的壁垒而难以在日常生活中发挥作用,常识化尽管使得知识退化成了含混不清的教条,但也正是因此而使之能够被日常生活中的普通大众所理解,尽管这样的非反思的理解也就意味着对知识的一种本体论身份的转化,甚至使得知识丧失了它本应具有的自我反思的理智精神,沦落成一种刻板的教条和保守的力量。以此为代价所获得的却是知识被视为绝对真理,它不再成为问题的对象,而是毋庸置疑也难以置疑的实践。因为常识的话语特征仅仅是言语的表象,它并不是等待检验的命题陈述,而是一种独断的暴力,以不言而喻的方式来捍卫某种利益诉求,任何质疑都将被视为对存在的挑战,冒着成为大众之敌人的风险。更不要说,教条的含混不清和模棱两可也使之更容易在现实面前躲躲闪闪,如果不是频繁地陷入困境而无法自圆其说,如果不是遭遇强大他者的挑战,它总是能够蒙混过关。

我们不难看到,只有当儒家思想转化为常识的时候,它才获得了至高无上的统治地位。这自然少不了统治者的推崇和挪用,以至于使之成为捍卫统治利益的现实力量,而先秦乃至宋明理想主义儒学所捍卫的人文价值和士人利益也得以在与统治利益的融合中获得了最高的合法性(这种融合自然少不了重复、亲和、扭曲、转换甚至贬值等复杂状况)。而这显然是颠沛流离的孔子所无法想象的。但也正是这样的常识化,使得儒家思想的理想主义色彩消失殆尽,取而代之的是刻板僵化的教条和束缚自由的保守力量。这也是怀才不遇的孔子所不愿想象的。知识的常识化似乎变成了一把双刃剑，它一方面巩固了知识的绝对真理的表象性地位，另一方面却又使知识沦落为保守的教条，从而丧失了知识的价值。但利益的驱动恐怕不是某一个或某一些个体所能够左右的，复杂的关系之网没有为任何操纵的意志留下历史的缝隙，我们所能看到的仅仅是不同力量之间的纠缠与碰撞，区别仅仅是力量的大小和强弱。同样，当西方资产阶级民主话语在统治阶级的推动下转化为政治上高度合法的常识话语之后，民主就成为资本主义世界无可置疑的政治戏码。人们不再关心在一个阶级统治的世界中民主究竟意味着什么，不再思考如何去超越这个民主的特殊性存在，而是沉迷于少数服从多数的民主形式和资产阶级两党制的权力循环。当民主成为选举的程序，或更确切地说成为一种仪式的时候，知识本应当具有的那种自我反思和自我超越的力量早已丧失殆尽，剩下的不过是将资产阶级所谓"自由民主"绝对化的教条口号，不过是统治阶级利益的高枕无忧，甚至是托克维尔所忧虑的多数人对少数人的暴力（而这样的暴力又何尝不是少数人对多数人暴力的伪装呢？）。

当然，当知识较少纠缠于广义上的统治与被统治的利益的时候，其常识化也许就较少我们在此所谈论的这种消极的色彩，它也许为生活提供了某种更大的便利，因为常识就是毋庸置疑的通俗实践，这的确为普通大众省去了知识实践的高昂成本。例如，像减少高脂食品的摄入有助于降低心血管疾病的风险这样的常识，对于医学的外行似乎已经足够了，人们不需要了解其中的致病机制，后者显然需要代价高昂的专业化学习。就像夏天出门打伞以防紫外线晒伤，这样的常识背后的理论对于不了解紫外线对于有机体的作用机制的普通大众而言无疑是难以想象的。常识化成为一种实践的效用，成为节约生活成本的最优选择。但也正因此，它同样隐含着成为一种暴力的可能性，当人们对于肥胖的疾病恐惧与审美的偏执追求结合在一起的时候，就可能沦为营养不良乃至厌食症的牺牲品。当对紫外线的恐惧上升为一种无节制的自我强制的时候，就可能因恐惧阳光而付出健康的代价。这又是一种生活的悖论，在追求效率与实用和丧失反思性与超越性之间的常识化悖论。

当我们谈论知识转化为常识的同时，不要忘了信仰所生产的常识也常常会转化为知识，从而产生深远的影响，这就使得在常识和知识的关系中具有了某种复杂性甚至辩证性的意味。儒家思想又何尝没有汲取过西周礼乐文化中的常识资源？只不过孔子的思想以一种创造性的方式超越了常识范畴，赋予西周礼乐文化以独特的人文主义内涵。罗素（1963：225）认为："亚里士多德的伦理观点大体上代表着他那时有教育的、有阅历的人们的流行见解。"换句话说，亚里士多德的伦理学是一种对常识的转化，一种将常识的道德观点理论化的产物，这就如同资产阶级的民主思想又何尝没有包含对资产阶级常识的升华或伪装。就此而言，我们似乎并不能够宣称知识对于常识具有绝对的优越性，仿佛知识就是对常识的证伪。实际的情况要远为复杂：一方面，超越常识的教条和表象化的自我欺骗无疑是知识的责任所在；另一方面，常识也并非彻头彻尾的错觉，更何况生产常识的信仰还有可能为知识提供存在论的基础——即便这样的基础始终要面对反思的检讨和质疑，因而不能获得一种貌似绝对无可置疑的身份，但这就使得问题不能仅仅是简单的取代或超越，就如同我们不可能用知识来取代信仰一样。但不可否认的是，在合理的意义上与常识拉开距离的确是知识所具有的不可推卸的责任，也是知识得以获得合法性的重要条件，否则我们就不知道知识作为一种文化类型的存在意义何在。更重要的是，虽然（尤其在人文社会科学的知识中）与常识彻底脱离既不可能也不现实，但不能超越常识束缚的知识只会将常识那不言而喻的表象化暴力装点成深思熟虑的理论信条,其结果不仅是单调乏味地重复常识的教条与偏见,而且以知识的名义升华了常识的暴力,使之从日常生活的口口相传转变成貌似高深的理论话语,以一种理智的名义来捍卫某种信仰的偏见。很难想象这里会经历一种真正意义上的本体论身份转变,从而使得原本的常识更有可能陷入怀疑的目光之中。因此,以知识的名义来讲述常识的信条只能是知识的自我否定,真正的知识只能在超越的意义上借鉴常识的信条,尽可能以间接的方式奠基于存在的信仰之上,并不断地反思其自身的基础。

信仰、常识和知识的存在并不是一种人为的设计,而是人之存在的复杂的利益逻辑和局限性所呈现出的关系状态。它们各有其存在的不可或缺也不可取代的意义①,尽管这丝毫也不意味着它们的特定形态具有永恒绝对的价值,也许只有变化才是它们存在的合理宿命。

## 4.相对主义问题

当我们意识到知识实践总有其信仰实践的基础后,也就不可避免地遭遇了所谓的"相对主义问题"。在社会科学历史上,相对主义仿佛是让人避之唯恐不及的思想瘟疫,因为它总让人联想到怀疑主义和不可知论。因此,曼海姆才将他所主张的知识社会学称为"关系主义的"(relationism)(Mannheim, 1979:253),其实质不过就是相对于特定的社会结构来理解知识的产生及其有效性。这当然不是我们所谈论的关

---

① 正如我们的研究所表明的,所有生存论意义上的知识都是分析性的(生存论的分析性),而信仰和常识则既可能是分析性的也可能是非分析性的(这取决于它们是不是为知识奠基的信仰和常识),存在论的范围远远超出了奠基于它之上的生存论。当然这样的比较对于另一种存在论和生存论的划分显然是无效的,在那里存在完全是一种形式化的抽象,它的范围无疑与生存的质料是相重叠的。

系主义,但它的确是一种相对主义。不过,曼海姆试图以所谓的"客观的社会结构"或"社会存在"来确保知识这个社会意识不会陷入一种任意的相对主义之中,但这样的思路显然还是二元论式的,它的虚构性并不能够为我们提供一种克服怀疑主义的有效方式。

问题的关键还是应当从关系自身的性质入手,而不是简单地将知识的生产者从个人主体换成社会客体,在虚构的事实中寻找解决问题的方式无异于画饼充饥。毕竟所谓的"主观和客观""主体和客体"不过是对关系的抽象建构,对于实践而言这样的人为划分仅仅是一种分析的工具,而不是面向事情本身的原真把握。与其在两个虚构事实之间颠来倒去的逻辑关系中寻找解决问题的方案,还不如回到事实本身去理解这个事实的存在论属性。当我们由此而意识到极端相对主义的怀疑论所预设的那种主观和客观的二元论不过是对这个事实的一种派生性的抽象建构的时候,怀疑主义的相对主义的虚构性或不可能性也就昭然若揭了。毕竟如果所谓的"主观相对性"和"任意性"也只不过是一种抽象的想象,就如同纯粹的幻想之无法产生现实的效果一样,那么怀疑主义又怎么可能成为一种有效的批判呢?因此,以同样是虚构的客观性去克服这样的主观性,不也是一种望梅止渴吗?

所以我们无须援引所谓的"逻辑悖谬"来驳斥不可知论的错觉,关系的存在论属性才是问题的根本。但否定了怀疑主义并不意味着取消了相对性,关系主义的相对性问题的确意味着一种认识论上的不确定性,这是无法回避的事实。那么这是否意味着任意性并没有被彻底消除,因为并不存在一个绝对的标准?如果消除任意性意味着回到绝对真理和永恒存在的假设,那么任意性的确是无法消除的关系之痛。但如果我们意识到任意性和绝对性是一对相伴而生的概念建构,问题似乎就将是另一副模样。因为关系性并不是绝对性绝对的对立面,而是绝对性和任意性从中被建构出来的前提。就此而言，把任意性等同于关系性也还是一种绝对主义的错觉，与"绝对的确定"相对立的"绝对的不确定"难道不也是一种绝对性吗？所以当我们谈论关系的时候，恰恰是要颠覆这种源自西方思想的绝对主义，毕竟现代社会科学深受这一倾向的影响。

所以关系的相对性并不是要为任意性寻找借口，当我们主张主观与客观都仅仅是对关系的抽象的时候，就已经拒绝了对任意性的认可。仅从认识论上来说，关系主义的认识论拒绝将知识视为一种主观的建构或客观的反映，因此不存在单纯的主观相对性的问题，同样也不存在客观主义的决定论问题。相反，我们主张概念的悖论性，即中介性既是偏见的根源也是认识的保证。这表明知识并不是毫无标准的任意性，它的存在中不可能没有对象的在场，只不过绝对的对象也只是一个幻觉，因为对象的存在就是实践-关系。所以，关系的相对性就是对象的可认识性，但不是一劳永逸的确定性。在绝对的确定性中对象不实践，在绝对的不确定性中对象也不实践，因为绝对性不可避免地取消了对象的存在。因此相对性不是不可知，相对性恰恰是可知性的必要条件。如果要将此种相对性取消，也就同时取消了可知性。

那么，如何应对相对性所带来的表象性和错觉呢？因为在认识论上不可消除的中介性意味着没有绝对的确定性，但这并不意味着不确定就只能是表象和错觉，尽管它的确意味着无法彻底清除后者的可能性。不能以直接的方式获取知识意味着总要在距离中克服距离，但完全克服又只能是对知识活动的否定，这就是知识的悖论。从分析上来看待知识的不确定性，我们可以以一种反事实的方式说，视角是从主观性的方面而言的，而客观性的方面则是对象的变化与多样。因此表象和错觉在分析上就是一种主观的建构，尽管如果没有对象的变化与多样所带来的对主观性而言的不透明性,这个主观建构也就无从谈起,所以分析总是让我们偏离关系的整体性,误以为某一个抽象的方面就是事情本身,但事实上使分析得以可能的关系才是唯一的事实。因此我们不能把不确定性等同于表象和错觉,也不能将表象和错觉视为不变的事实,就如同对象的真实也还是一种变化的真实,表象和错觉也只能是变化的表象和错觉。所以,表象和错觉仅仅是相对性的一个分析的面相,而不是相对性的全部,这就是相对性或关系性的存在论意义。

也正是因此,所谓的"表象"和"错觉"在相对性中的分析地位就只能随关系的变化而变化,并不是所有的关系都沉浸在同样程度的表象之中。毕竟我们并非不能对此种表象和错觉有所觉察,就像我们已经意识到主客体二元论作为一种错觉的性质,从而以关系主义的方式来加以克服。因此,在相对性中减少表象性的特征并非不可能,但这不可避免地要以表象化为前提,这就是悖论的意义。所以,对相对性的主张并不意味着陷入一种无所顾忌的相对主义之中,幻想的白日梦并不能够发挥实践的效用,它仅仅是一种自我欺骗。而承认表象化的不可消除性也不意味着为任何诡辩提供借口,因为没有绝对的标准不等于放弃标准,没有绝对的真理不等于放弃真理。在此意义上承认变化与多样反倒是一种更加理性的态度,它避免了执于一偏的极端主义做法,绝对真理和绝对专制常常是如影随形的。

那么我们又应当如何确定标准呢?可以肯定的是,它既不是一种主观的设定,也不是一种白日梦,同样也不可能是什么社会的客观性。知识的标准只能在知识的实践中寻找,这就意味着取消任何孤立权威的合法性——无论是以个人还是集体的名义。知识的相对性标准只能是多种关系彼此碰撞的产物,是经受各种关系的检验与协调的产物,这就如同科学实验的可重复性,虽然这样的经验重复性不等于绝对的确定性。在社会科学领域，问题似乎更为复杂，因为文化意义的多样性和多变性以及人类实践者的独特性使得在自然科学中广泛适用的实验方法并不能够提供类似的效用，但知识的有效性也还是可以经历远为复杂的现实过程的检验。这包括两个方面，即其他研究者的观察和论证，以及在社会生活中的实际应用。不过，社会生活毕竟不是可以无限试错的实验室，社会科学各种知识假设的相对有效性也不能主要依赖于宏大历史的实践检验，其代价和规模往往是无法想象的。就此而言，在尽可能广泛的人类理智活动中达成某种有限的共识就不失为一种更为可行的权宜之计，这类似于依靠数学推导而不是科学应用来论证数学原理的合理性。这同样是一种实践的检验，即在其他研究者的观察和论证中寻找合理的可能性，但作为社会科学知识标准的理智共识并不具有数学推导的严密性和精确性。① 不过，如果我们不是将这样的理智活动错误地视为某种主观的权威性，而是经过了科学的训练和经验之积累的关系现象，那么这样的权威性标准也就不像它听起来那么令人担忧了——但问题似乎并没有这么简单。

　　那些试图以相对性为理由为各种偏见和歪曲寻找借口的做法，不过是反理智的胡言乱语。虽然理智不是绝对的理智，也不是个人或集体的理智，而是各种关系彼此碰撞和融合的理智，但这个悖论性的理智依然是某种希望所在，它需要尽可能多的研究者的参与和投入，但文化的差异性往往阻碍一种高度普遍性的达成，这意味着共识的广泛性也只是相对而言的。毕竟不是所有的事情都只有一个单一答案，社会科

---

① 科学哲学家认为，数学的证明和计算是一种拟经验方法（徐利治、郑毓信，1993：42），这就表明我们在此所说的严密性和精确性并不意味着先验的必然性。当然，数学命题的真理性也可以通过经验性方法来检验，如在自然科学中的应用，但这就更加远离先验的绝对性了。

学研究中更是充满着这样的复杂性,这就需要我们在追求共识的同时也为差异提供包容的空间,即允许相互竞争但具有各自合理性依据的知识共存的可能性。所以一味地追求共识也可能成为专制的借口,它难道不是另一种绝对化的企图吗?为差异性保留合理的空间是知识之标准的重要方面,面对存在的不确定性,任何确定性的图谋都必须处于高度反思性的监控之下,因为无论是经验的还是拟经验的,无论是生活的检验还是理智的共识都不可能超越关系的相对性,这就是知识论的根本原则。

# 第三节　存在论与生存论

## 1. 生活的悖论性

在讨论过信仰与知识这两个文化类型之后,我们又回到了存在论和生存论的问题。我们曾经提到过两种划分方法,即以形式化的存在对应生存的质料、以基础性的存在对应派生性的生存。本章的研究显然是对第二种划分的展开,它致力于为实际的文化研究提供更加具体和丰富的概念框架,并厘清其中的基本问题,这个问题就是存在论对生存论的奠基,但存在论并不仅仅为生存论奠基,在更多的时候我们似乎仅仅存在着。

为什么有没有生存的存在? 这样的存在究竟意味着什么? 为什么生存无法覆盖存在? 生存的意义又是什么? 这一系列的问题还没有答案。

活在直接性中是生活最基本的形态,这是人类在生成论上最基本的事实,它揭示了一种不分物我的原初状态,这是一切生命和事物所无法超越的原初事实。也就是说,没有距离和分别是一切分离与分别的前提，后者需要更加复杂和深刻的实践能力，它无法构成发生学上的源始状态。人类作为一种生命现象的最源始状态只能是在宇宙之中的直接性，就像初生的婴儿没有物我分别一样，生命在其最初的状态下只能是一种散布，没有内外、彼此，在一个无形的网络中与万物融为一体，这就是中国天人合一思想的最基本内涵。从这个意义上说，生存仅仅是一个派生的状态，我们完全可以设想无生存的存在，虽然这样的存在过于基础，以至于无法以其自身而穷尽人类生命的丰富内涵。

　　但是对于我们在此所理解的人类而言，这样的存在也许从来都没有存在过，没有生存的人与有机体无异，他只是自然地活下去，并且仅仅是以生命有机体的方式活下去，这也许就是生活的无法承受之轻；可是，只有生存的人也同样是无法想象的，它意味着生活在问题中，一切活动都面对着成问题的状态，只有通过高度对象化的努力才可能有所作为，这无异于生活的无法承受之重。然而，继续这样的讨论对我们而言意味着什么？追问人之生命最基本的意义吗？我们倒是更乐于在现实的人生语境中讨论非生存的存在的意义，这样一种完全直接性的文化看似无足轻重，却可能具有无可替代的生命必须承受之重。举手投足、一颦一笑、安闲惬意、匆匆忙忙、瞻前顾后，诸如此类的日常实践在众人的眼中不过是芸芸众生周而复始的庸庸碌碌罢了，它们自然无法引人注目，但却构成了生活的绝大部分，那个让人在生存论上得以喘息的不成问题的部分。有了这样的不成问题，我们似乎才有精力去应对问题的出现，否则我们每天都要将大量的精力投入对为什么要吃饭、睡觉、坐立、喜怒等的疑问之中，甚至为什么要提出疑问本身也还是一个令人困惑的问题。所以，只有将这些平凡和琐碎的事情纳入不成问题的状态中，人似乎才真正有可能超越他自身的庸庸碌碌，也才有可能成为我们所面对的人，这几乎就是一个常识。这也就是为什么我们会将这些实质上不成问题的生活称为"日常生活"，每一个人绝大多数的时日都消弭在这样的日常生活之中。我们甚至也可以将那些生存的存在称为"知识实践的日常生活"，只不过这样的日常生活仅仅是一个分析的维度，它并不构成一种具体的状态。事实上，即便我们在进行知识实践时，非生存的存在也同样以非奠基的方式在发挥着作用。就如同我现在坐在书桌旁，敲打着电脑的键盘来书写我的这本著作，除了我的智识活动之外其他的一切实践似乎都没有能够引起我的注意。但如果设想这些实践并不存在，或陷入成问题的状态中，我的理论性实践又从何谈起呢？所以，无生存的实践即便对生存也还是不可或缺的存在，它们承担着人类生活的最基本维度，是不可消除的"内存"和维持运动的最基本力量，如果你要从主观性角度来评价其意义的话，它们似乎弥漫着一种维持着存在之安逸性的安全感。

但日常生活仅仅在为我们提供这样一种存在的安全感吗？存在的意义就是在自然状态中维持那种理所当然的感觉吗？列斐伏尔以及那些批判理论家们对于貌似不言而喻的日常生活实践的批判已经戳破了现象学保守主义的肥皂泡，让我们看到了平凡和琐碎中所蕴含着的巨大生命力量，这不啻一种奇迹，在最不可能存在奇迹的地方发现奇迹。日常生活顿时不再只是一种充满安全感的安逸之所①，它成了不成问题的问题，成了没有暴力的暴力。当然，这一切都隐蔽在一种巨大的稳定性中，你不能想象这种稳定性的缺失。没有这样的稳定性，人只能生活在无所归属的惶惶不可终日之中，甚至陷入步履维艰和无所作为的处境之中。不要忘了，存在的信仰是最基础性的关系或实践，是举手投

---

① 一定有人会质疑，难道在日常生活中我们不会不安甚至恐惧吗？是的，我们理所当然会感到不安甚至恐惧，这是因为有些东西似乎注定了会让我们不安和恐惧，这又有什么值得大惊小怪呢？这就是日常生活的安逸和安全感的意义所在。

足之中的现实性。但我们所做的一切又似乎在挑战这种不可或缺的稳定性，因为它那永恒不变的稳定性仅仅是一个表象，一个其实从来就不那么稳定的症候。只不过悖论的是，不稳定却要以稳定作为症候，稳定的表象正是无法稳定的存在论代价，这就是日常生活的悖论。

但也正是因此，生存论的意义也就显现了出来，它并非只是指出那些奠基于存在论的派生关系，而是要揭示这些关系的生存意义，即人这个存在者不得不生存。如若不然，人就只能生活在有机体的前意识的想象中，这个分析性的前意识甚至还没有经历过知识的常识化熏染，它只能是完全意义上的生命有机体。所以他也不可能有什么前意识，他就是他的自然状态。换句话说，没有生存的文化也就没有存在的文化，因为这个存在仅仅是有机体的直接性，我们说存在是基础性的丝毫也没有将其凌驾于生存，仿佛存在可以完全超越生存而成其为人的存在。所以，非生存的存在作为人的存在并不是无生存的存在，它只是在存在论上不需要为生存奠基。

我们似乎无法摆脱悖论的纠缠，从存在论到生存论，悖论如影随形。以至于悖论成了生活的基调，存在总是要摆出一副不言而喻的稳定模样，生存也总是要为确定性而斗争，但绝对的稳定和确定都只是一种幻觉，这种不同层次的极端主义仿佛一个幽灵在人类的头上盘旋，而现代西方人的生存处境更是一个典型案例。之所以是生存，就在于存在的稳定性并不是一种理智的追求，我们很难将这样的悖论归咎为高度对象化的意外后果，存在的悖论也许源自一种更加源始的状态，这是生存所分享的源头，但生存论并不是对存在论的简单复制或直接派生，这就是为什么前现代中国和现代西方在生存问题上存在着巨大的分歧（而这样的分歧也同时透露出中西方在存在的具体性上存在着巨大的差异）。

现代西方知识实践的极端主义倾向被阿尔都塞（2003：178）以最直接的方式加以点明："马基雅维利很少说出来却总是在实践的方法的准则，就是必须极端地思考，这意味着在一个立场之内思考，从那里提出近乎出格的论点，或者说，为了使思想成为可能，就需要占据一个近乎不可能的位置。"这并不是一个特例，而是现代西方思想的主导倾向，它已经在各种二元论的横行中表现得淋漓尽致，二元论就是理智上的极端主义，在两极对立中展现对世界的悖论式思考。他（阿尔都塞，2003：179）进而指出："列宁说，当棍子朝着不对的方向弯曲时，如果你想要让事情对头，就是说，如果你想要把它直过来，并让它永远是直的，就必须握紧它，持久地把它弯向另一边。这个简单的说法，在我看来，包含了使真理说出来就产生作用的一整套理论，这种理论深深地植根于马克思主义的实践。"这种阿尔都塞式的马克思主义其实不过是将现代西方理智主义的极端主义实质放在了台面之上，再也不像它的原型那样遮遮掩掩。

与这样的极端主义恰成对照的是，中国的传统思想似乎有意无意地回避着这样一种生存的悖论状态，它拒绝在主客两分的极端确定性假设中谈论不确定的世界，更没有想象这个世界充满着确定的规律性，这就降低了悖论作为意外后果的可能性，尽管这里并没有一种绝对的豁免权，任何知识实践都有迈向极端主义的风险，所谓的"差别"也仅仅是相对而言的。

## 2. 儒家：权的意义

儒家思想对于极端性或片面性的反对直接体现在其对于中庸之道的追求中。这当然不同于常识意义上的折中主义，后者大概类似于梁漱溟（2010：134）对中国思想的理解："他们虽然不一定象这样说词，而他们心目中的意思却是如此，其大意以为宇宙间实没有那绝对的，单的、极端的、一偏的、不调和的事物；如果有这些东西，也一定是隐而不现的。凡是现出来的东西都是相对、双、中庸、平衡、调和。"他（梁漱溟，2010：141）由此进而指出："调和折衷是宇宙的法则，你不遵守，其实已竟无时不遵守了。"①这样理解儒家思想乃至中国思想的核心意旨，难免有将常识和思想混为一谈的嫌疑。虽然对于儒家思想而言，宇宙作为总体无疑是调和与平衡的，但就不同的时机而言却未见得平衡与折中。事实上，中国传统思想对于春夏秋冬四季阴阳消息的理解就很好地诠释了这种时机上的不均衡，只不过从一年四季的总体上来看阴阳自然是平衡的。不仅如此，如果以儒家和道家的思想分歧为例，则儒家主张"天行健，君子以自强不息"，而道家则信仰所谓的"柔弱胜刚强"，这两者之间的对立是显而易见的，但若就儒道两家总体而言却也还是阴阳平衡的。诸如此类都在告诫我们，一方面，不可以折中主义来理解儒家思想对极端主义的反对，儒家对于中庸的理解必须从一种不同于常识的道路上开展，这也正是对其知识性的一种肯定；而另一方面，儒道思想的对立也在提醒我们，所谓的"极端"和"反极端"都只是相对而言的，中国思想也并不缺少它自身的极端性，它也还在某种意义上寻找着永恒不变的法则，只不过它对于极端主义的自觉反对使之与现代西方思想相比远没有那么极端和片面。

朱熹曾对释老的极端主义做了如下的批判："如佛、老之学，它非无长处，但它只知得一路。其知之所及者，则路径甚明，无有差错；其知所不及处，则皆颠倒错乱，无有是处，缘无格物工夫也。"（《朱子语类·大

---

① 这样的断言也有将诸如儒家思想暗示成一种绝对真理的意味，这就和极端主义别无二致了。尽管梁漱溟（2010：144—145）将孔子和儒家解释为一种直觉主义者的做法使得他的判断似乎游离于知识论批判的框架之外，但这种直觉主义的判断也同样是简单粗暴的，事实上我们对儒家思想的讨论将表明这样的论断完全低估了儒家思想的理性主义力量。

学二·经下》)知得一路就是片面和极端,在朱熹看来释道两家都未能更加周全地思考问题,总还是拘泥于一己之见,若能像儒家那样格物致知就不至于陷入此种执于一偏的境地。我们无须在此穷究此种批评是否恰当,但它至少表明了朱熹反对极端主义的立场,而这恰恰是儒家思想一以贯之的主导精神之一,它充分地体现在中庸思想之中。但若要真正理解儒家所谓的这个"中庸"为何物,却不得不转向一个长久以来被人们所忽视的儒家概念,这就是"权"。

权之所以被忽视恐怕是因为它总让人联想起"权谋""权术"之类带有贬义色彩的概念。尤其是当董仲舒在其春秋公羊学中将权贬低为一种低于经的权术后,就更加强化了这个概念之被人误解和遗忘的命运。董仲舒认为:"恶之属尽为阴,善之属尽为阳。阳为德,阴为刑。刑反德而顺于德,亦权之类也。虽曰权,皆在权成。是故阳行于顺,阴行于逆。逆行而顺者,阳也;顺行而逆者,阴也。是故天以阴为权,以阳为经。阳出而南,阴出而北。经用于盛,权用于末。以此见天之显经隐权,前德而后刑也……天之好仁而近,恶戾之变而远,大德而小刑之意也。先经而后权,贵阳而贱阴也。"(《春秋繁露·阳尊阴卑》)这样对权的理解显然和孔子的理解大异其趣。关于权,孔子虽然只留下了只言片语,但却赋予了极其重要的地位:"可与共学,未可与适道;可与适道,未可与立;可与立,未可与权。"(《论语·子罕》)对此朱熹采用了程颐的解释:"可与共学,知所以求之也。可与适道,知所往也。可与立者,笃志固执而不变也。权,称锤也,所以称物而知轻重者也。可与权,谓能权轻重,使合义也。"(《四书章句集注·论语·子罕》)张载对此的解释则是:"志学然后可与适道,强礼然后可与立,不惑然后可与权。"(《正蒙·中正》)这就明确指出了孔子所谓的"权"是高于人文之礼的境界,其在儒家思想中所应有的地位也就可想而知了。但董仲舒却仅仅在政治权术的层面理解权的意义，所以才有所谓"权谲"（《春秋繁露·玉英》）的说法："故凡人之有为也，前枉而后义者，谓之中权，虽不能成，《春秋》善之，鲁隐公、郑祭仲是也；前正而后有枉者，谓之邪道，虽能成之，《春秋》不爱，齐顷公、逢丑父是也。"（《春秋繁露·竹林》）这就难怪程颐要指出："汉儒以反经合道为权，故有权变权术之论，皆非也。权只是经也。自汉以下，无人识权字。"（《四书章句集注·论语·子罕》）宋代的理学家继孔孟之后，再次试图凸显权的重要地位。

事实上，孔子以权凌驾于礼而达至最高的人生境界，完全是出于《周易》所揭示的那种变化不定的宇宙论思想。毕竟作为一种制度规范的礼在面对变化不定的世界时难免会僵化而缺乏灵活性，社会制度对稳定性的需求使之难以灵活地应对各种不确定的状况，即便它会针对时代的变化有所调整，也无法穷尽那无限复杂的可能性。而后者正需要一种因时制宜的权变思想，这就顺理成章地将中庸和权联系在了一起。程颐讲得非常明确："《春秋》以何为准？无如《中庸》。欲知《中庸》，无如权，须是时而为中。若以手足胼胝，闭户不出，二者之间取中，便不是中。若当手足胼胝，则于此为中；当闭户不出，则于此为中。"（《二程遗书》第十五卷）这里引用了大禹和颜回的两个典故（《孟子·离娄下》），以表明中的原则不是僵化的教条，而是随时而动的权变法则。太平之世的大禹和乱世的颜回都只是针对他们所处的时代处境而做出了合乎中道的举措，其原则是一致的，但行为表现却恰恰相反。你若要在这两个看似极端对立的行为之间取其折中，反而错失了中道的意义。

不过儒家并不认为大禹和颜回的行为是极端，相反"中者，只是不偏，偏则不是中。庸只是常。犹言中者是大中也，庸者是定理也。定理者天下不易之理也，是经也。孟子只言反经，中在其间"（《二程遗书》第十五卷）。庸是不变的常理，礼乐制度正是这样一种可以指导人立于世上的常理，但这样的经难免为变化多样的现实所困，所以虽然中与庸在许多情况下是可以彼此契合的（此刻的常理足以以一种中道来应对自如），但反经之中就不能局限于常理的范畴了，它是在权变之中获得其不偏不倚的恰当性。正如孟子所说的："杨子取为我，拔一毛而利天下，不为也。墨子兼爱，磨顶放踵利天下，为之。子莫执中。执中为近之。执中无权，犹执一也。所恶执一者，为其贼道也，举一而废百也。"（《孟子·尽心上》）孟子主张中道要以权为其核心，才能避免教条化的举一废百，而杨墨之流正是因为不能以权变的方式执之中道，才陷入各自的极端主义陷阱之中。所以，中道无论如何都不是在现实的两端之间折中，这种折中也还是一种教条化的对确定性的寻求，凡事不问是否恰当，一味地取其中间是一种举一废百的极端主义。相反，儒家所倡导的中道有时则看似那个常识眼中的两端（如大禹和颜回的典故），但你若只是从那常识的表象出发去理解就完全错失了儒家的本意，因为这些行为究竟看起来像不像一种极端全然是无足轻重的表象罢了，其存在的意义则在于它是不是一种因时制宜的恰到好处，也就是儒家所谓的"义"。所以程颐才会将权也视为经，这不是向人们提供定理的经，而是通权达变、因时制宜的经。所以程颐说："论事须著用权。古今多错用权字，才说权，便是变诈或权术。不知权只是经所不及者，权量轻重，使之合义，才合义，便是经也。今人说权不是经，便是经也。权只是秤锤，称量轻重。孔子曰：'可与立，未可与权。'"（《二程遗书》第十八卷）

程颐说得很清楚，权的标准是义。这完全合乎孔子对义的理解，"君子之于天下也，无适也，无莫也，义之与比"（《论语·里仁》），即"义者，宜也"（《礼记·中庸》）。既然只是讲到"宜"，就存在很大的变数，因为不同的时机中宜的方式是不同的，在此刻宜在彼刻未必就宜，古人是很能理会也非常敏感了这样的不确定性的，这就是权的世界。所以孟子才会说："居下位，不以贤事不肖者，伯夷也；五就汤，五就桀者，伊尹也；不恶污君，不辞小官者，柳下惠也。三子者不同道，其趋一也。一者何也？曰，仁也。君子亦仁而已矣，何必同？"（《孟子·告子下》）同样是行仁，却可以有截然相反的表现，这就是权，因为重要的是是否合乎义，而不是有没有遵照什么亘古不变的教条，后者对于儒家而言是不能有一种具体存在的。这就使得儒家思想对不确定性敞开了，它要求以因应无穷的变化作为最高的人生境界，这样的思想又怎么会直截了当地把自己置于那种知识的悖论之中呢？① 也正是因此，儒家对于权的解说显得飘忽不定，这为其思想注入了一种变动不居的氛围。正如程颐所言："何物为权？义也。然也只是说得到义，义以上更难说，在人自看如何。"（《二程遗书》第十五卷）所以，义不是一个在理论上可以加以确定的东西，不是一个可以用命题来加以明确的东西。所以张载才会说："大可为也，大而化不可为也，在熟而已。《易》谓'穷神知化'，乃德盛仁熟之致，非智力能强也。"（《正蒙·神化》）进入神秘莫测的境界是不能依靠智力的对象化努力的，德盛仁熟的极致状态不只是通过学习而获得的，大概只有与大道融为一体的自然而然才是这里所谓的"熟"的境界吧！儒家是注重实践的，学习书本上的知识固然重要，但如果没有实践功夫的长期积累，又怎能将那习得的大德转化成一种无私忘我辅助化育的自然能力呢？"所务于穷理者，非道须尽穷了天下万物之理，又不道是穷得一理便到，只是要积累多后，自然见去。"（《二程遗书》第二卷上）所谓的"圣人气象"正是超越了对象化的勉强和刻意，达到一种自然无为的纯熟境界。"'不勉而中，不思而得'，与勉而中，思而得，何止

---

① 你当然也可以说对权、中、义的肯定其实也是一种对确定性的追求，就如同儒家将仁义礼智视为永恒的法则一样。但这些主张并不是要为人的实践提出什么永恒不变的具体规律，你最多只能说它具有一种形式上的确定性，这里的确有一种抽象的确定性。

有差等，真是相去悬绝……学者不学圣人则已，欲学之，须熟玩味圣人之气象，不可只于名上理会。如此，只是讲论文字。"（《二程遗书》第十五卷）

正是在这些看似玄妙的语句中，我们体会出儒家思想的核心旨趣正是以一种变通的精神指向一个变化不定的世界，它并不追求永恒不变的规律，也没有预设什么绝对确定的存在。它固然主张宣扬一整套礼制规范来为人的行为提供确切的标准，但其实也还是一种变通。所以张载才会说："子思以我未至于圣，孔子圣人处权，我循礼而已。"（《经学理窟·丧纪》）而程颐则主张："若众人，必当就礼法。自大贤以上，则看他如何，不可以礼法拘也。"（《二程遗书》第十八卷）不同的人使用不同的标准，并不存在无所区分的绝对标准。即便礼制也同样不是一种绝对的存在："时措之宜便是礼，礼即时措时中见之事业者，非礼之礼，非义之义，但非时中者皆是也。"（《经学理窟·礼乐》）"行礼不可全泥古，须当视时之风气自不同，故所处不得不与古异。"（《二程遗书》第二卷上）而那个宣称《大学》中教人的许多道理"都是天生自然铁定底道理，更移易分毫不得"（《朱子语类·大学一·纲领》）的朱熹，却又说："学者若得胸中义理明，从此去量度事物，自然泛应曲当。人若有尧舜许多聪明，自做得尧舜许多事业。若要一一理会，则事变无穷，难以逆料，随机应变，不可预定。"（《朱子语类·学七·力行》）

我们当然不能说儒家思想已经完全豁免于生活的悖论性，这种提法本身就是悖论式的，因为这样的完全豁免无异于要求超脱于存在的局限性，从而达至一种绝对的合宜恰当。但这一方面要求生存与存在之间的完全一致，从而也就自相矛盾地取消了生存；另一方面则以一种绝对性悖论式地否定了这种豁免。之所以如此，就在于生活的悖论性并不仅仅是一种理智选择上的差异（中西方思想的区别），更是人之存在的局限性的体现。我们不得不生活在一个稳定的模样中，以捍卫我们存在的利益和安全感，尽管我们的生活其实并不稳定；我们不得不寻求确定的知识以捍卫我们生存的利益和安全感，尽管这种相对的确定性恰恰是以不确定性为前提的，更何况它也从来没有如此的确定。因此，消除此种悖论性也就意味着取消存在的局限性，这无异于取消存在，回到那个永恒绝对的虚构之中。儒家思想正是深切地体会到了宇宙变化的不确定性，它试图在这样的变动不居中寻找那不变的法则，因此它也毫无例外地具有一种生存论的意义，只不过它所宣称的法则不可能是一些永恒不变的铁律，而是在时空的变幻中以不变应万变的变化着的真理。

## 3．道家：宇宙论的思考

无独有偶，在偏离那种现代西方意义上的生存的悖论性方面，道家思想也给出了其对于极端主义的批判，只不过这样的批判似乎又是以一种极端的方式展现出来的。尽管如此，它还是为我们将儒家所没有能够深入探讨的不确定性的宇宙论更加清晰地呈现了出来，从而充实了中国传统思想的理论维度。

虽然儒道两家面对着同样的现实状况，拥有着相似的时代关切，但由于他们隶属于不同的王官谱系（杨宽，2016：503），拥有不同的理论意趣（葛兆光，2001：111、123；陈来，2017：19、408、412），从而在回应时代关切的过程中表现出不同的理论立场和问题兴趣（郑震，2022b）。儒家更为直接地从人伦政治入手，试图为其所推崇的政治制度提供一种人文主义的思想基础和精神内涵，这不仅以最直接的方式回应了时代的关切，更体现了儒家积极入世的乐观主义姿态。相比之下，道家则拒绝采用将传统政治制度理想主义化的思想策略，采用一种拒绝同一切现实制度妥协的方式，从而体现了他们对于现实本身更为悲观的立场。

与儒家的人伦政治关切截然不同的是,道家更为热衷于通过对宇宙本体的探讨来追寻自然生活的消息之道,这种宇宙论的迂回看似出于对现实的失望与拒斥,实则却是以强烈的人文主义精神作为其核心旨趣,因为它始终指向的是为人生与政治提供一种返本复初的超越方案,其中尤以庄子对不确定性的本体论阐发最具代表性和冲击力。

其实儒家所开展的权宜与变通的思想显然是继续了《周易》的时空观,正如郭彧(2006∶10)所言∶"阅读这两卦的卦辞与爻辞(引者按∶乾坤二卦),要把握'时空'二字,就是着重从时间和空间两方面去理解。六十四卦,每卦都有其'时空'方面的涵义。"说《周易》乃是一部时空的哲学也并不为过,可以说中国传统文化之宇宙观的主导精神已在其中被勾勒出来,而庄子则是为之做了一番近乎极端的阐发,于是便把此种宇宙论最极致的可能性统统开拓了出来,从而标记了中国传统思想与诸如古希腊罗马形而上学传统走在了两条几乎相反的道路上。

庄子写道∶

> 物无非彼,物无非是。自彼则不见,自知则知之。故曰∶彼出于是,是亦因彼。彼是方生之说也。虽然,方生方死,方死方生;方可方不可,方不可方可;因是因非,因非因是。是以圣人不由而照之于天,亦因是也。是亦彼也,彼亦是也。彼亦一是非,此亦一是非,果且有彼是乎哉?果且无彼是乎哉?彼是莫得其偶,谓之道枢。枢始得其环中,以应无穷。是亦一无穷,非亦一无穷也。故曰∶莫若以明。(《庄子·齐物论》)

这样理解宇宙万事万物显然是把相对主义推向了极致,正如我们已经指出的,这不能不说也是一种极端主义和确定性的表现。但如若只是这样理解庄子，我们就不可避免地与庄子思想的历史意义或者按照一种排除了二元论嫌疑的说法——与庄子思想实践的关系性——失之交臂了。这倒不是为庄子开脱，而是要指出庄子的极端主义恰恰是为了反对那种固执于自身的一己之念，反对那种对两极对立的痴迷，也就是要破除那种对确定性的形而上学的渴望。只不过他采用了一种极端形式化的表述，试图以这样一种极端性在实质上消除任何对绝对确定的幻想，这大概也是一种知识的悖论吧！

所以在庄子看来："道恶乎隐而有真伪？言恶乎隐而有是非？道恶乎往而不存？言恶乎存而不可？道隐于小成，言隐于荣华。故有儒墨之是非，以是其所非而非其所是。欲是其所非而非其所是，则莫若以明。"（《庄子·齐物论》）是非彼此只不过是遮蔽大道的人类偏见（小成），这一切对于永恒绝对的大道而言只不过是转瞬即逝的表象，它们之间的差异并不能够传达大道的本来面目。这倒不是说这个道有一个本来确定的面目摆在那里尚未被发现，而是说宇宙原本就是一片混沌，其自身本体的绝对性恰恰在于此种不确定性，即唯一确定的就是不确定。因此，执着于对立面的任何一面也就是拒绝承认大道的绝对性，因为这个道是万事万物的本源，没有变化也没有对待，它包容一切而圆满自足，没有开始也没有结束，这就是绝对。但它并不是一个像物一样的东西自在地存在在那里，尽管它绝对真实。相反，与之相比，物的生死成毁反倒显得飘忽不定，我们所看到的物象只不过是这个大道所生成的相反相成的相对性效果，而道就是这个相对性本身。所以说一切都在变化，唯变化不变。

所以，庄子要以大道的同一来消除人世间是非彼此的争论与执着，因为站在道的角度来看，这些争论都是偶然而无意义的。人们之所以能够争论也正是因为无视道的真实，停留在各种相对的效果之中；相反，大道本身却被遗忘了，这正是人的存在状态。甚至这恰恰就是道之所以为道，即在道的自然中生死成毁，却不知道道的所以然：

> 可乎可，不可乎不可。道行之而成，物谓之而然。恶乎然？然于然。恶乎可？可于可。恶乎不可？不可于不可。恶乎不然？不然于不然。物固有所然，物固有所可。无物不然，无物不可。故为是举莛与楹，厉与西施，恢诡谲怪，道通为一。
>
> 其分也，成也；其成也，毁也。凡物无成与毁，复通为一。唯达者知通为一，为是不用而寓诸庸。庸也者，用也；用也者，通也；通也者，得也；适得而几矣。因是已。已而不知其然，谓之道。劳神明为一而不知其同也，谓之"朝三"。何谓"朝三"？狙公赋芋，曰："朝三而暮四。"众狙皆怒。曰："然则朝四而暮三。"众狙皆悦。名实未亏而喜怒为用，亦因是也。是以圣人和之以是非而休乎天钧，是之谓两行。（《庄子·齐物论》）

庄子也难以摆脱生存的悖论，当他提出"两行"的时候，他已经明确地为不可言说的大道提供了一种确定性的解释。这样的解释和执于一偏的成见又有什么根本的区别呢：

> 今且有言于此，不知其与是类乎？其与是不类乎？类与不类，相与为类，则与彼无以异矣……天地与我并生，而万物与我为一。既已为一矣，且得有言乎？既已谓之一矣，且得无言乎？一与言为二，二与一为三。自此以往，巧历不能得，而况其凡乎！故自无适有，以至于三，而况自有适有乎！无适焉，因是已！（《庄子·齐物论》）

如果是非彼此都仅仅是小成，如果大道的运行就是无穷的变化与不确定性，或者更确切地说道不过就是给这样的变化与不确定性所起的一个勉为其难的名称，因为正如老子所谓"道可道，非常道；名可名，非常名"，那么超越了人之成见的大道也就注定是不可言说的，这正是道家最大的苦恼和不得已。庄子就是这样游走于可说与不可说之间，以言语的虚实去勉强应对那大道的无穷，所以庄子才会说：

> 夫道未始有封，言未始有常，为是而有畛也……六合之外，圣人存而不论；六合之内，圣人论而不议；春秋经世先王之志，圣人议而不辩。故分也者，有不分也；辩也者，有不辩也。曰："何也？""圣人怀之，众人辩之以相示也。故曰：辩也者，有不见也。"夫大道不称，大辩不言……道昭而不道，言辩而不及……故知止其所不知，至矣。孰知不言之辩，不道之道？若有能知，此之谓天府。注焉而不满，酌焉而不竭，而不知其所由来，此之谓葆光。(《庄子·齐物论》)

语言本身就是人的局限性(小成)，用有界的语言去逼近那无界的大道不能不说是一种自相矛盾。所以道家并不热衷于用言语去描绘道，更不会像海德格尔那样试图让存在(道)在语言中自我呈现。即便如此，庄子也还是为我们展现了一个充满不确定性的宇宙图景，从而为儒家思想中的权提供了一个宇宙论支撑，尽管这个带有虚无主义和悲观主义色彩的宇宙观显然是儒家所不能接受的。① 但它有足够的深度

---

① 不过庄子并不是一个绝望的悲观主义者和否定的虚无主义者，我们称之为超越的悲观主义者和肯定的虚无主义者(郑震，2022c)。

来印证权的至高无上性,也就是为权的生存论提供一种存在论的基础,虽然有关这个基础的知识话语也还是困扰于生存的悖论。这恐怕就是为什么庄子最终还是要求回到那前理论的因任自然之中(无适焉,因是已),这是最根本也是最原初意义上的天人合一。

# 第三章　时间—空间

## 第一节　时空社会学与时空本体论

当我们以关系为视角来思考问题的时候，就已经将时空作为本体论的维度来加以理解了。那种将关系从时空中抽离出来的做法不过是结构主义的二元论错觉，普遍的关系或结构无异于对关系的否定，因为没有了相对性，关系就成了绝对的实体，关系也就外在于关系的各方而独立存在。你甚至可以说它的存在不再需要关系的各方，还有什么比没有关系各方的关系更加匪夷所思的呢？① 这也就是为什么结构主义者要求助于突生性，以此来荒诞地维持这个关系之外在于所谓"组成部分"的事实性，但这样的徒劳不过还是二元论的错觉罢了。

所以，当我们在谈论关系或实践的时候就是在谈论时空，它首要不是指关系或实践在时空之中，而是指关系或实践本来就是时空性的，正是这个时空性在根本上参与构造了那个可以在之中的时空。这样一来，我们似乎就已经在谈论两种时空了：一种时空是澄清关系之所以为关系的时空，即关系的存在是在时间和空间上展开的，它不可能独立于时空而具有任何现实的意义，也就是说没有时空性的关系不存在；另一种时空则是基础性的实践所参与建构的生存论意义上的关系事实，它

---

① 此处的"关系"和"关系各方"的提法是在传统意义上而言的，彻底的关系主义主张将关系各方视为关系本身的建构，因此不存在关系外在于或无须关系各方的问题，关系与关系的各方是一体的。

是信仰所奠基的知识实践,或者说是作为派生性关系的二阶文化。只不过在一种二元论错觉的影响下,人们更乐于强调其关系性中的自然物理维度,因为作为一种生存论建构,这样的知识实践是以物理世界为其对象的,更不要说奠基性的信仰本身也具有自然物理的维度——尽管这一点常常连同信仰一同被人们所遗忘,于是这一建构就习惯性地被称为物理时空,仿佛它就是那个客观的物理世界本身。这样一种物理时空观理所当然地将时间和空间理解为两种不同的自然现象,所谓的"物理时间"意指一种不可逆的变化和流逝的过程,可以被精确的计时工具加以量化,于是自然的时间或节奏就被人为地分割为分分秒秒。只不过这样的分割被视为对自然时间本身的一种模拟,它有其客观的参照(如地球的自转周期和地球绕太阳的公转周期等),这一切似乎都为其量化表达提供了坚实的基础。而所谓的"自然物理空间"也就是由物理事物之间可测量的距离所构成的关系状态,人们用一些人为制定的量化尺度来衡量这些物理关系的高低远近,其客观参照更是看似毋庸置疑地摆在我们面前的实在的物理环境。这样,就构成了由三维物理空间与时间所组成的四维自然物理时空,其主要特征就是可以被精确地加以测量的量化的实在性,物理学的时空是量化的时空。这样的时空观几乎已经成为现代人的基本常识,其现代物理学的起源早已被人们淡忘,以至于它的生存论属性被存在论上的常识教条取代,从而被视为一种毋庸置疑的客观事实。

不过社会研究并不对物理时空本身感兴趣,那也许是自然科学的兴趣所在。相反,当代西方社会理论更加热衷于探究物理时空的社会历史意义,即那些物理意义上的时空现象在社会生活中发挥了怎样的文化作用,以及这样的作用是如何被建构出来的,等等。这就使得物理空间这个客观的环境变成了社会学意义上人类活动的场所或区域,物理意义上的空间区隔与距离被赋予了文化内涵,进入不同的场所往往意味着不同的情境特征和行动法则,你可以说这是一种社会化了的物理空间。吉登斯(1998b:13)对于场所的定义很好地诠释了这种流行的观点:"场所指互动情境,它包括情境的物理维度及其'结构',它是互动体系与社会关系的聚合所。"这种把社会空间理解为社会化了的物理空间的观点无疑是当代西方空间社会学理论的主流观点(郑震,2015)。而物理时间这个客观的节奏也就社会化成约束人类行动的量化的时间表,这可以说构成了诸如埃利亚斯、福柯和吉登斯等人现代时间社会学研究的主导倾向(郑震,2015)。于是,现代社会时间也就是以量化计时为基础的强加于人类个体的时间制度,"在这些社会(引者按:现代社会)中,由时钟、日历或时间表所代表的时间的外部的、社会的强制,在很大程度上拥有促进个人自我约束形成的特征。这些外部约束的压力相对而言是不引人注目的、适度的、温和且无暴力的,但它同时也是无所不在和无法逃避的"(Elias,1992:22-23)。由此可见,当代西方社会理论对于现代社会时空的研究主要以物理时空的社会化建构为进路,即思考所谓的"物理时空"的社会历史意义,将诸如时间表和场所视为一种社会学研究对象,我们可以笼统地将之称为时空社会学研究。这一研究进路将社会化了的物理时空视为社会学研究的诸多对象之一,从而形成了一种分支社会学意义上的时空社会学。①

但在当代西方社会理论的时空研究中无疑还存在着另一种进路,这就是我们此前所提及的本体论维度。但人们并没有明确区分这两个时空维度,没有区分存在论和生存论,也就没有能够将时空社会学和时

---

① 正如我们的讨论所暗示的,这一研究进路并没有摆脱一种二元论思路,以至于即便是像埃利亚斯、布迪厄和吉登斯这样反对二元论的作者也还是在时空问题上陷入二元论之中(郑震,2015)。当然,这并不是我们在此所要讨论的问题。

空本体论明确地区分开来。以至于在他们的理论中时空本体论更多地只是作为一种不可或缺的预设或前提来发挥作用(郑震,2015),从而在发挥理论作用的同时却缺乏一种系统、明确的概念化。并且毫无疑问的是,这样的作为时空社会学的隐蔽预设发挥作用的时空本体论丝毫也不能摆脱二元论的纠缠。我们甚至可以说,时空社会学的主客观二元论恰恰是奠基于时空本体论的主客观二元论的。但这种将存在论和生存论不加区别地混淆在一起并不意味着在理论上超越了那种分析性状态,仿佛通过扬弃了不同的分析层次而在更高的层面回到那个整体性的事实。我们在此所谈论的这种混淆,是在没有经过严格的反事实分析的前提下实施的,它不是一种高度自觉的理论实践,而它对存在论维度的隐喻式使用也使之不可能等同于源始的奠基状态,对后者来说根本不存在这样一种理论性的使用。所以,当代西方社会理论的时空研究在理论上之缺乏对存在论和生存论的明确划分,往往导致一些混乱的后果。毕竟,不同于在自然状态意义上的存在论对生存论的奠基,在理论上重建现实整体的工作是要以对不同层次的分析为前提的——前者不是对存在论与生存论关系的理论反思。如果我们缺乏对存在论和生存论的理论分析,就很可能在实际研究中混淆这两个分析的层次。

事实上,福柯对于监狱中的时空安排的研究很好地说明了这一点。我们可以将他的研究视为一种时空社会学,即对那些在诸如监狱这样的总体性机构中所存在的时间规划和空间安排的社会意义的社会学研究。从福柯的角度来说,就是全景式监狱中的物理时空安排在建构人类身体方面发挥了怎样的约束性作用,他进而将这一模型推广至整个现代社会,将其视为理解现代主体出现的原型。这里存在着一个将时空社会学和时空本体论加以混淆的严重问题,由于缺乏相关的反思,这个问题被彻底忽视了。我们不难发现,研究诸如福柯所谓的"全景式监狱"中的时间表和场所安排（且不论全景式监狱是否真实存在过）可以让我们理解这样的时空安排的制度化特征，并进一步推断这样的制度可能对于生活于其中的个体产生怎样的作用。但不可否认的是，与前者相比后者的推论色彩是更加显而易见的，毕竟我们不可能仅仅通过研究物理时间和物理空间的社会制度规划，就直接得出这些制度在个体身上的社会效用，仿佛一种生存论上的设计必然导致存在论上的事实。而当福柯将他的监狱模型放大为理解现代主体产生的社会模型的时候，它更是从一种制度和理念的规划中直接推论出了现代人的存在状态。也就是说，福柯从事了一项具有特殊性的时空社会学研究，却得出了一个具有普遍性的时空本体论结论。这就相当于，当你看到一所学校的教学设施之先进、规划之合理，你就得出这里所培养的学生个个优秀的结论。这样的推论跨越了生存论和存在论的划分（甚至可能跨越了不同人群的生存论和存在论的划分），没有看到时空社会学只是对物理时空的社会意义的探讨（它更多地体现了那些制度化的理念和逻辑，更多地体现了统治者的存在信仰和知识建构，虽然这样的建构与被统治者的存在不无关联），并不能够为我们必然地揭示那些时空中的实践究竟是如何开展的（这里要引入统治者和被统治者之间的复杂关系，尤其是那些对抗性的关系），虽然这两者之间存在着不可否认的联系，但任何方向上的必然性的推论都是禁不住经验检验的。

非常有趣的是，戈夫曼对于诸如精神病院这样的总体性机构的研究，为我们提供了完全不同于福柯视角的结论。尽管同样是对总体性机构的研究，甚至戈夫曼的许多议题几乎可以说是对十几年后面世的福柯研究的一个预告（郑震，2014：91），但戈夫曼笔下被规训的个体却完全不同于福柯所谓的"驯服的身体"，其对于病人对制度的反抗的描述恰恰表明福柯所谈论的那一整套工具理性化的规训系统并不像他想象的那样有效。戈夫曼(Goffman，1961：319)写道："我想论证的是，此种不服从并不是一个偶然的防御机制，而是自我的一个本质成分。"毫无疑问的是，戈夫曼之所以会得出这样的结论，并不只是因为他对精神病人进行了长期的参与观察，这意味着他不仅仅是像福柯那样面对着各种历史文献来想象那些被规训的对象；更为重要的是，戈夫曼从属于一个与福柯所归属的法国结构主义传统截然不同的知识谱系，他不仅受到来自涂尔干的结构主义的影响，更受到来自齐美尔和米德这样的带有主体视角的学者的强烈影响，这就是为什么他更有可能看到那些个体的反抗和能动性。对于一个研究者而言，一个颇具讽刺性但却不可回避的残酷事实是：重要的也许不是他能够看到什么，而是他想看到什么！这就是信仰的强大力量，也是信仰的暴力。也正是因此，即便戈夫曼所面对的是同样的历史材料，我们也很难想象他会像福柯一样断言现代主体不过是"驯服的身体"。而即便福柯像戈夫曼一样潜入那个总体性的世界之中，又有多大的可能会放弃他对现代主体的尼采式的蔑视和嘲讽呢？这就是为什么仅仅做了一些时空社会学的分析，福柯就理所当然地得出了时空本体论的结论。当然，这一现象已经超出了我们在此所谈论的范畴，在我们看来区分时空社会学和时空本体论这两个分析的维度，无疑有助于避免这样一种混淆，至少它在逻辑上使得福柯的行为更加让人难以接受。

　　另一个有趣的例子就是吉登斯的结构化理论。试图以结构二重性来克服主客体二元论的吉登斯的"时间"和"空间"概念却令人意外地仅仅是结构性的(Lash & Urry，1994：230)，也就是说在其结构化理论中找不到任何行动者层面的"时间"和"空间"概念。此种与二重性自相矛盾的概念设计正是因为缺乏一种明确的时空本体论，以至于一味地倚重于时空社会学的概念表达，而后者对于物理时空的高度依赖使得寻找个体层面的时空性成为一个盲区，毕竟诸如"时间表"和"场所"之类的概念似乎先天地就与结构性想象具有高度的亲和性。这也就不奇怪为什么埃利亚斯要将现代时间视为一种强加于人的制度，而布迪厄笔下的社会空间恰恰是结构性的场。

到此不难看出，明确地区分时空社会学和时空本体论无疑具有重要的理论意义，尤其是时空本体论的概念化对于一种非二元论的文化理论可谓不可或缺。毕竟很难想象外在于关系-实践来谈论时空，仿佛实践仅仅是在时空之中的，这样的思路依然停留在物理时空的隐喻之中，但却遗忘了所谓的"物理时空"也还是一种关系的建构、一种高度常识化了的生存论上的建构。

## 第二节　文化形式的时空问题

### 1. 信仰与知识的社会历史关系

时空问题的内容分析只能留给各种特殊性文化研究，这显然不是任何一部著作所能够承担的庞大议题。在此，我们将就文化的形式这个相对一般性的抽象议题进行讨论，以期从时空这个此前隐而未显的角度进一步阐发文化的意义，我们将看到文化从来就是时空性的，这就是时空本体论的意义所在。

我们曾在形式上将文化区分为信仰与知识两种类型，那么有关文化形式的时空问题也就理所当然地要从这两个类型入手，而它们之间的时空关系无疑是最为显著的问题之一。这里最迫切需要讨论的就是从前现代社会向现代社会转型的过程中，信仰和知识之间的关系发生了怎样的变化。我们已经在第二章较为详细地分析了信仰和知识之间的奠基、合作、对立、并列等一系列形式关系，这些关系中的时空内涵是显而易见的,例如奠基无疑意味着时空上的一体性,其区别是分析上的。而合作、对立与并列则意味着具体意义上的时空交集或异时空关系等等。本节的讨论则将信仰和知识放在更大的时空语境中,这也可以说是一个现代性的问题。

这里主要涉及那些原本与知识没有奠基关系的信仰领域在从前现代社会向现代社会转型的过程中所经历的变革,尤其是那些与知识无关或对立的信仰形态所经历的冲击和变革。事实上,韦伯所谓的"现代资本主义社会的工具理性化问题"不过是人类社会生活中理性化的一种特殊表现形态。理性化并不是现代资本主义的特殊现象,而是一个广泛存在的社会历史现象,现代西方资本主义只是将理性化以凸显资产阶级价值观的工具理性化方式表现出来,但这并不是也不可能是唯一的理性化方式。至于韦伯将工具理性化视为西方理性化历史发展的最高成就,更多地只是体现了韦伯自身的政治立场和价值取向。我们不难在人类历史中找到各种理性化的踪迹,例如祭祀文化对巫术文化的取代就是一种典型的理性化过程,其实质不过是对人与鬼神之关系的反思性控制的强化,也就是更加理智地看待人神和人鬼关系。而进一步产生的礼仪文化就把这种反思性监控更加明确和系统地拓展至了人人关系的层面(这种关系在前两种类型中始终在场),从而使得一种摆脱宗教束缚的世俗化的人文主义理性化进程得以可能,当然这一进程所依赖的历史条件是不能仅仅从礼仪文化自身推导出来的。由此我们不难看出,我们在此所强调的理性化是指人类对其自身实践的反思性控制强化的过程,即以反思性的介入来超越那些成问题的知识或信仰,并由此使得自身的实践与其预期之间具有更高的逻辑一致性(郑震,2022d)。因此,虽然祭祀也同样无法达成其神话的意图(就此而言它同样是非理性的),但其所采用的方式较之巫术无疑增加了对人自身局限性的更多反思，这不失为一种理性化进程；礼仪文化则更加明确和系统地将一整套祭祀仪式发展成对人人关系的调节规范，它已经不再只是一种宗教的仪式，而是带有宗教色彩的社会规范（在未经去宗教化的人文主义转型的意义上）。从调节人人关系的角度来说，礼仪文化无疑是更为一致和有效的实践方式，尽管祭祀的礼仪与其神化预期之间同样没有任何因果关系。我们姑且将知识对知识的超越搁置不谈，那么我们在此所讨论的这种理性化在一定程度上意味着以知识来取代信仰和常识的直接统治，即对信仰实践的反思推动了知识实践在社会生活中的介入，这不可避免地压缩了信仰的直接控制范围。

　　不过这样的讨论丝毫也不意味着信仰是非理性的而知识是理性的，这种理性和非理性的二元论不过是极端主义想象的产物。换句话说，信仰既可以是理性的也可以是非理性的①，就如同知识也同样可能包含非理性的维度，这完全取决于实践与其预期之间的一致性程度，这种分析上的预期既可以是有意识的也可以是前意识的（相关的问题我们将留待第四节讨论）。在此必须指出的是，尽管在前现代社会中理性化并未缺席，但这种依赖于反思性介入所推动的理性化并没有能够成为前现代社会的高度自觉，只是到了现代社会高度反思性的理性化才成为一种系统性的自觉实践。这就是吉登斯所谓"现代性的反思性"所包含的生存论逻辑。所以，向现代社会的转型意味着知识与信仰之社会历史关系的一次激进变革，人们越来越有意识地将各种生活领域纳

---

① 信仰的理性或理性化意味着在我们所谈论的反思性的理性化之外，还存在着非反思的理性化（非反思的合理性），它有可能是知识常识化的产物，也有可能就是独立于知识的日常生活实践本身，即生成论上完全前理论意义上的理性化。但我们在此所强调的理性化是高度反思性和对象化的理性化，它以其理论性而最大限度地降低了那种由表象化错觉主导的可能性，后者本身就是一种非理性（前意识的预期与实际关系之间的不一致）。

入反思性的理性化进程之中,从而以专家的知识来取代不言而喻的信仰和常识,这也就是哈贝马斯所谓的"系统对生活世界的拓殖"。这场变革空前地改变了信仰与知识在日常生活中的相对比重,直至今日这一过程尚没有停止的迹象,反而是在不断加速。

　　然而我们显然不应当天真地以为知识正在将信仰的直接性从日常生活中彻底挤压出去,事实上绝大多数日常实践依然外在于知识的运作,这不只是因为知识尚没有能够将它们兴趣化为自身的对象(得益于现代资本主义对利润和统治无止境的追求,现代生存论获得了空前巨大的动力,它拥有将一切都纳入资本主义生产机器之中的雄心壮志)。更重要的是,正如我们已经指出的,并非所有的实践都能够在理论化的视野中获得有效的存在,不可说并不是生活中的特例。这就是为什么代表着现代资本主义的技术理性的实证主义,在其有关人类实践的科学预言中屡屡碰壁。与此同时,理性化本身作为一种生存论的事实也在悖论式地制造着新的信仰实践,以至于这种理性化越是成功的地方就越是强化了此种悖论性的存在,对科学和理性的狂热信仰不过是滋生常识的温床,甚至韦伯津津乐道的理性化的除魅也在制造着新的魅影:"技术及其不断地自我赶超的进步所带来的蛊惑作用,只不过是这种施魔的一个标志;依据这种施魔,一切都要求计算、利用、培育、便捷和调节。甚至'趣味'现在也变成这种调节的事情了,而且一切都取决于一种'好水平'。"(海德格尔,2016:148)魅影就是信仰,就是非反思的盲从,正如我们曾经指出的那样:"工具理性的统治已经成为一种新的魅影(技术的神话),一种新的传统(对理性的盲从),一种新的情感的源泉(对技术的狂热),甚至一种新的价值合理性(工具理性作为绝对价值)。"(郑震,2020)这就是生活的悖论。

## 2. 时间:变化—节奏

不过,仅仅指出信仰和知识的此消彼长及其悖论性的关系还是远远不够的,文化形式的时空问题必须从"什么是时空"这一基础性问题入手,来揭示时空本体论的基本内涵。为了讨论上的便利,我们将把时间和空间区别开来加以分析,从根本上打破那种物理时空的隐喻在时空本体论上的统治地位,这就需要首先从存在论上入手厘清时间与空间的存在论意义,即信仰的时空性。

什么是时间?这是一个古老的问题,西方思想在主客观二分的前提下,从奥古斯丁到康德都将时间视为一种主观现象,无论是心灵在度量时间(奥古斯丁,1963:254)还是先天的感性直观的纯形式(康德,2004:34—38)都摆脱不了主观性视角。二元论的抽象性并不能让我们理解时间的意义,相反它只会让我们陷入主客观二分的两难之中,所以回到具体才是理解时间的当务之急,也就是在具体的实践中时间意味着什么(这里的具体仅仅是相对于主客体二元论而言的)。在《周易》中时间就是变化和不确定性的代名词,它具有一种宇宙论的意义。这似乎给了我们一个重要的启示,抛开主观的心灵和客观的制度之类的假设,从无所谓主客观的变化出发也许才是触及那个具体时间的门径所在。因为如果没有变化,如果一切都是静止不变的,那么时间又从何谈起呢?如果宇宙中本来没有所谓的"时间",就像宇宙中本来没有分分秒秒一样,那么正是因为包括人自身在内的万事万物处在不可消除的变化之中,时间作为一种关系的建构才有可能在人与世界的反事实的遭遇中在场。但变化其实也是一种遭遇,是认识者与认识对象之间的遭遇,我们说事物在变化不过是因为我们与事物遭遇,但事物的确在变化中在场,就如同我这个认知者也同样在场一样,所以变化是我们无法加以拒绝的"事实"。而时间不过是我们为这一遭遇所起的一个名称,它用来描述变化的意义,或者说我们用"时间"概念来标记这个变化的节奏,因此不同的节奏意味着不同的时间。

针对物理世界的变化节奏,物理时间得以可能。围绕与人类生活息息相关的天体活动节奏的测量,物理时间被理解为一个可以被等距划分的均匀流逝的过程,这也就是日常生活中人们所熟悉的分分秒秒。对现代人类而言,这样的机械测量的时间仿佛就是时间的原型,它被赋予了一种绝对的客观性,然而"计时手段的发展表明,物理学和自然主义的'时间'概念的此种优势地位是一个相对晚近的现象"(Elias,1992:3)。虽然人类很早就已经关注到了自然序列的时间意义,但是前现代的计时方式还是以人为中心的,自然的序列只是用来确定社会活动的位置和持续(Elias,1992:3-4),这里并没有将人与自然割裂开来的二元论假设(Elias,1992:105)。然而在埃利亚斯看来,伴随着二元论世界观的发展以及现代人类对于精确计时之迫切的需求,自然开始取代人而成为计时的中心,物理时间日益被视为时间的原型(Elias,1992:116)。现代人对于物理时间的痴迷自然有其社会历史的起源,但这并不是我们在此所要讨论的问题。然而以自然物理节奏为标准来理解时间无疑将导致对时间问题的巨大误解,将一种社会历史性的量化关系建构视为时间的原型,将无益于我们回到那个具体的社会生活本身不同于自然现象的节奏(如果存在这样的节奏的话),因为物理时间也只不过是一种量化的抽象,虽然其在模拟自然节奏方面颇有成效。

可是社会的时间终究不可能只是一种机械量化的时间,虽然我们可以设想物理时间所具有的某种基础性意义,但是社会时间作为人与自然以及人与人之间的反事实遭遇,只能透露出人之实践的意义节奏,它奠基于但却显然不同于天体运动的节奏。社会实践的节奏是不能用物理之物的节奏来衡量的,尽管这个物理之物的节奏作为基础而存在着，但文化意义的复杂性和多样性——人的权能性所参与建构的节奏——是无法还原成单纯的物理节奏的。让我们用"快"与"慢"这一对描述节奏的概念来澄清这种差异：物理意义上的快慢是高度直观和易于理解的，它可以用时间单位的多少来衡量；换句话说，耗时一年必然比耗时一天要慢，耗时一秒必然比耗时一小时要快，这是一个简单的数学计量问题。我们若使用这样的方法描述社会时间的快慢，将不可避免地错失实践的意义，因为社会活动中的快与慢并不存在什么统一的标准，更不可能以自然序列作为其绝对唯一的标准。尽管由于时间表在现代社会中的广泛推行，物理时间的节奏在社会生活中发挥着重要的计时作用，这也就是为什么时空社会学会将其作为重要的议题来加以讨论。但即便如此，人们所关注的也是物理时间的社会意义，而不是单纯的物理时间本身，因为这个本身作为一种抽象形式的意义是极度贫乏的（从物的角度来看，这一秒并不比下一秒更有意义，每一秒、每一分、每一天都是同质的。当然，物理时间作为一种生存论建构无疑有其文化意义，不过这并不是我们在此所谈论的问题）。社会意义问题也就是文化问题，也就是人的关系-实践的问题，它指出了文化节奏之不能还原为自然物理节奏的关键所在。正是因为这个意义的复杂和多样，因为这个意义充斥着人的权能性，所以一分钟完全有可能比一小时更漫长，一天也完全有可能比一分钟更短暂，这一秒与下一秒完全有可能有着天壤之别。因为衡量的标准并不是那些同质性的机械单位，而是无法同一化的复杂的社会历史关系，也就是文化的差异性。日常生活中的人们已经深切地体会到了这一点，诸如欢乐的时光总是那么短暂，而难熬的经历总是那么漫长。这些意义的评价在物理时间的流逝面前是毫无意义的，因为时间之箭不会因为这些评价而变得更快或更慢，它只是一分一秒地流逝着，无法挽回。

　　然而社会的时间似乎并不是按照一个线性过程从过去流向将来的。文化的节奏在物理的意义上完全可以是混乱和无序的,它有其自身的逻辑,这是物理时间所无法理解的。这倒不是说社会的时间没有在物理时间中经过,因为一切实践都在物理时间的意义上流逝着,我们甚至可以说,所谓的"物理时间"不过是将实践过程量化的产物,只不过它把握到的是这个过程可量化的表象,却无法理解这个过程的文化意义。因为对于文化实践而言,过去并不必然意味着一劳永逸的消逝,将来也并不必然意味着尚未到来,现在也并非只是在过去和将来之间的过渡之点。当海德格尔说时间作为一个整体而绽出的时候,其实已经指出了时间的非序列性。过去完全可能以将来的方式在现在中到场,就如同将来也许仅仅过去着,而现在不过就是这一切的现实化。当然将来也许尚未过去,过去也许永不将来,这正是意义的不确定性所在,而物理时间则不过是一种生存论上空洞的高度形式化的确定性罢了。我们可以说,这里所谓的"社会时间"首要是以存在论为核心的文化时间,甚至可以说它是一种存在论上的时间,尽管它同样透露着生存论的信息,因为生存论并不能够在根本上超越存在论。而物理时间作为一种生存论的建构也还是一种文化时间,只不过它出于对自然节奏的量化模拟和对确定性的追求而无法理解文化的意义(它将这个意义作为阻碍、作为无用的东西而彻底抛弃了),文化不是物理时间的对象,这也就是我们仅仅将其称为"物理时间"的原因所在。对于我们而言,时间不可能不是文化的,时间也只能是一种反事实的遭遇。社会时间和物理时间不过是这一遭遇的不同层次和不同方式:前者意味着一种更符合文化自身存在的时间性,它并不是一种刻意的时间化的产物,而是文化节奏的"自然"流露;后者则是一种生存论上指向自然存在的派生的时间化建构,它被用了描述那个更为基础的自然事实,仿佛它就是自然的时间本身，尽管它的关系属性已经否定了这一点。

所以具体的社会时间不能以物理时间作为标准，它不具有物理时间意义上的确定性，相反它不可避免地揭示了存在论上的事实，即存在及其所派生的生存的变化节奏不是一种可以量化的确定性表象，而是一种具体的不确定性（尽管存在论和生存论之间也存在着分析上的差异）。从这个意义上来说，社会时间所意指的具体实践的时间性就只能是一种可能性，这不是一种空洞的量化表象，而是意义充实的可能性，并且因此而无法被量化。至此我们可以说信仰的时间性就是前理论的实践的可能性，即可能如何实践，也就是说信仰实践的节奏不是什么确定的可量化的自然物理事实，而是意义的不确定性、关系的相对性。而知识的时间性也同样是可能性，尽管这是奠基于信仰的可能性之上的，但也正是因此它只能是一种可能性，无论它试图怎样克服存在信仰的不确定性，甚至在宏观的地球物理层面以近乎机械的方式展现出来，但它并不能够完全摆脱可能性的纠缠，因为知识并不因为对象化而超越存在的不确定性或关系的相对性，这既是知识的悖论也是现实本身的关系性体现。① 所以，文化的时间性也就可以笼统地称为"可能性"，即人类实践的时间意义是可能性，这就是意义或关系变化的节奏，你不可能为它找到一个绝对确定的标准。

所以，当我们在生活中遭遇实践的不确定性时（只要我们不是将这种不确定性理解为彻底的混乱和无序，我们就总是在遭遇不确定性），我们便"经验"到了社会实践的时间性②，这个不确定的节奏就是实践

---

① 物理时间仅仅是知识的可能性的一种高度形式化的类型，它以量化的方式来追求一种确定性的表现，从而代表了一种高度简化的实践类型。

② 考虑到时间的分析性特征，这里所谓的"经验"以及时间的"具体性"都只能是一种抽象的表达，是相对于主客体二元论的抽象性而言的。

的时间,所谓的"主观时间"和"客观时间"不过是对它的抽象分析。可能性才是文化变化的法则,也就是说实践究竟以怎样的关系而到场,并不能够以机械的方式加以确定,而物理时间以其空洞的抽象性早已放弃了这种确定的意图,这就是它为其确定性所付出的代价。

### 3. 空间：距离—关系

　　如果社会的时间是一种可能性,那么社会的空间又是什么呢？还是让我们从"物理空间"这个标记基础性空间的概念谈起,毕竟我们作为生物有机体首先存在于一个物理空间中,这是社会空间的基础。不过与时间一样,宇宙之中本没有所谓的"空间",空间仅仅是一种反事实遭遇,它源于万事万物之间的复杂联系,这一联系的物理空间意义就是所谓的"距离"。如果事物都是孤立的、无所关联的存在,那么将事物勾连起来的空间也就无从谈起。当然,这种关联也还是一种反事实遭遇,作为一种关系性的建构而向我们展现了其所包含的自然存在的合理性,在认识者与认识对象的反事实遭遇中,距离作为物理空间中的抽象关系而得以构成。

　　我们在此所谈论的"物理空间"特指三维的几何空间,这是高度常识化了的地球物理空间概念,它所描绘的不过就是可量化的长宽高的距离关系。与物理时间相同的是,物理空间也是一种高度形式化的抽象空间,它仅仅关注于那个可以用标准化的尺度来测量的可量化表象,并将其视为自然空间本身的形态。尽管物理空间无疑也是一种生存论的建构,以自然空间作为其对象,是对自然事物之间距离关系的模拟。这一模拟的有效性在于,它使得我们可以精确地测量物体之间的某种相对性(距离),而这样的自然物质实体所组建起来的体积就是所谓的"物理空间"。所以,物理空间无须考虑发生于其中的社会实践的意义多样性和复杂性,它甚至将后者作为无用和阻碍的因素加以排除,因为这样的因素是无法支撑标准化的精确测量的。

至此我们也就不难理解，物理空间的标准何以不能适用于对社会空间的解释，后者以其意义充实的关系状态而具有某种非同一性和不确定性。如果说空间所描述的就是距离关系，那么物理空间仅仅关注量化的形式或表象，而社会空间则要传达出社会实践最本己的状态，即实践意义所运转出的纷繁多样的距离关系，它首要地不是一种对象化的产物，而是一种文化的"自然状态"。不过在现实生活中，人们并非不关注物理空间的建构，毕竟正如我们已经指出的，和物理时间一样，物理空间也是一种高度常识化的知识建构。只不过时空社会学关注的是物理空间的社会意义，即物理距离在多大程度上能够承载社会实践的关系建构，或者说在多大程度上能够与社会实践的关系建构相重合。例如人们用围墙和监控所划定的居住的物理空间如何与阶层的分化相重合，再如消费场所的物理划分如何与阶层的社会不平等相契合，等等。但社会空间的意义远远超出了物理空间的社会化所能够解释的范围，而那些所谓的"契合"与"重叠"也几乎不可能是完美一致的，以至于物理距离对于社会距离而言在大多数情况下是毫无意义的。人们并不因为在物理空间上的接近而必然意味着社会空间上的同质性，而社会空间的异质性也并不等同于在物理空间上的隔离。因为社会距离所意指的是现实的可经验的人人关系和人物关系（这里的经验和关系也只是就空间分析的抽象意义而言的），它们并没有将物理距离视为自身存在的本己的表达，尽管这样的距离也的确可以为它们所用。两个生活于完全不同的社会空间中的人的确可以在物理意义上同处一处，而相隔万里对于社会空间来说也可能并不具有什么实际的意义。就此而言，熙熙攘攘的人群的确可能充斥着社会性的陌生人，表面的喧闹无法化解存在意义上的陌生，彼此失之交臂并非只是出于偶然的不相识，更是一种存在的陌生性的产物。社会距离是无法用米或千米这样的物理标准来有效诠释的,它是意义的距离,是无形的体积。所以,拿在手中的工具如果不会使用,与相隔千里又有什么区别呢？不会使用和无法理解不过是社会空间错位的表现罢了,就此而言,在同一个物理空间中可能存在着大量的社会空间,而同一个社会空间也可能分布在不同的物理空间之中,那种物理空间和社会空间高度重叠的现象反倒是一种特例。此外,我们甚至还可以谈论不同亲密或陌生程度的社会空间,仅限于见面寒暄的关系和促膝谈心的关系无疑暗示了两种亲密的程度。我们当然也可以谈论不同兴趣爱好的社会空间、不同性别的社会空间、不同族群的社会空间等等。它们不过折射了社会关系的复杂性和多样性,这些不同类型的社会空间以极其复杂的方式共同构成了"社会空间"这个笼统的整体,其中不乏交错、重叠、并列、合作、对立、冲突等关系形态,而这一切都是物理空间的建构所无法想象也不愿想象的。

　　至此我们可以说,社会实践的空间性就是关系性,它的社会性维度意味着意义的充实和具体化,而物理维度则是形式化的量化表象。我们因此可以说物理空间就是对社会空间的表象化测量,是排除了除简化与精确测量的价值之外的所有社会关系价值的高度形式化的空洞性。而物理空间和社会空间不过是文化空间的两个层次或两种形态,这倒不是说社会空间不具有生存论的意义,毕竟物理空间作为一种生存论的建构是以自然事物的距离关系为对象的,而生存论实践本身的空间性也还是不能摆脱存在空间的意义,尽管其实践较之信仰的实践具有更大的确定性,这种确定性在宏观物理世界中得到了有效的支撑,但它依然不能超越知识的悖论性和关系的相对性。也正是因此,我们可以笼统地将文化的空间性称为"实践的关系性",人类实践的空间意义就是关系性,当你经验到关系的时候,你就经验到了空间(这里的"经验"在性质上与对时间的经验是一致的）。但也正是因此，你无法给出一个绝对确定的标准。

我们从高度标准化的物理空间入手谈论了文化的空间问题，不过在日常生活中还存在着一种另类的量化方式，即将物理空间的距离转化成特定社会实践的量化节奏。它并没有使用标准化的距离尺度来表明其远近，也没有采用相对确定的时空标准（如千米/小时），而是用某种含混的实践节奏来描述物理距离的远近，如"一顿饭的工夫"之类的表述就是其典型代表。这表明量化的测量并不仅是一种存在论上的理论的精确化，同时也可能是日常生活中并不那么精确的实践，它不需要高度对象化的思考，最多也只是援引某种含混的社会共识（如"一顿饭的工夫"）。在此，我们感兴趣的并不是这样的量化方法发挥着怎样的实际作用以及它具有多么久远的历史（时空的测量无疑是一项古老的活动），而是它将时间和空间在日常生活的常识层面结合了起来，尽管这样的结合尚没有能够深入对存在论的深刻反思，也没有能够证明自身具有一种生存论属性，它只不过是一种常识的量化建构而已。但是，它将时间和空间相互转化的方式却在无意之中透露出某种深刻的意义，这种意义也已经在生存论上被标准化的速度概念暗示了出来，但却被人们忽视了（仿佛时间充其量也只不过是空间之外的第四维）。

## 4．时空二元论的错觉

在西方哲学和社会理论中，时间和空间的二元论占据了绝对支配的地位。从奥古斯丁对时间的发问、康德对时间相对于空间之优越性的强调，到海德格尔对这一优越性思路的继承，直至列斐伏尔和福柯等人所倡导的空间转向，无不向我们揭示了这样一种时空二元论的根深蒂固。人们或者将时间与空间视为彼此不相关联的两种存在，或者谈论二者之间的密切联系（如福柯有关时间表和空间安排之关系的研究），或者将其中的一方视为具体的而将另一方视为抽象的（如埃利亚斯的研究①），甚至也可能将它们彼此对立起来（如列斐伏尔有关抽象空间和解放性的时间的议题），等等。然而这样的二元对立与主客体二元对立一样是一种抽象的反事实建构，但却被视为理所当然的事实本身。究其根本，则是因为人们并没有正视建构"时空"概念过程中的感知和测量关系的局限性。

当人们将节奏和距离区别开来的时候，当人们把用于测量节奏和距离的标准区别开来的时候，并没有将这种区别视为反事实的分析，而是将这种分析的局限性客观化为对事实本身的把握，似乎理所当然地将时间和空间区别了开来。从物理时空的角度来说，仿佛事物之间的距离关系与它们的变化节奏是完全不同的两回事，你充其量也只是谈论它们之间的外部联系。但自然的关系和节奏似乎并没有以这样的方式彼此分割开来。正如我们已经指出的，事物的存在并不是什么永恒绝对的本质，而是实践或关系，在一种反事实的意义上也就是事物与周遭的一切打交道的方式。之所以是反事实的，就是因为我们正是在这

---

① 埃利亚斯也许是最接近解决时间与空间二元论的西方作者，虽然他的"时间"和"空间"概念并没有摆脱物理时空观的影响。埃利亚斯（Elias，1992：99 - 100）写道："任何'空间'中的变化都是'时间'中的变化；任何'时间'中的变化都是'空间'中的变化。"然而他却主张因为事实总是在运动和变化的，所以由运动和变化的标准来确定其中的位置关系的时间就是具体而非抽象的；相反，由于空间中的位置关系所体现的是静止和不变的状态，所以空间的位置关系就只能是对事实的抽象（Elias，1992：99，100）。这种思路显然是从"结构"这个静止的同时性概念角度来理解其所谓的"空间"中的位置关系的，因为结构主义的"结构"概念本来就是对关系的一种描述，只不过它强调的是静止和不变的关系。具有历史主义偏好的埃利亚斯则主张静止的结构只能是从动态的时间过程中抽象出来的，因此空间只能是一种抽象，而时间才是具体的。这种做法由于赋予了时间和空间不同的理论和实际的地位，从而试图以一种带有还原论色彩的方式来消除二元论，但这样的做法所存在的问题与主客体二元论中的还原论在逻辑上是一致的，将一种抽象视为具体，并以此来消解另一种抽象，只能陷入由错觉所主导的无休止的争论之中。

样的方式中才发现了事物，才有可能谈论事物的是其所是，事物也才得以获得一种分析性的个体性，而不是先有一个个事物然后它们彼此打交道，仿佛事物是一个先于关系的事实。也正是因此，事物的变化也只能是其实践或关系的变化，而不是它独自决定的过程，一切变化都是关系，变化的可能性只能由其实践来充实。这些关系中自然也包含着距离关系，即为我们规定事物之空间存在的关系。那么，这个时间的节奏至少在一定程度上是距离变化的节奏，尽管它也可能是其他性质或状态变化的节奏；而距离正是这些性质或状态变化中一个抽象的形式化变量，因为任何性质或状态的变化都不可避免地改变着事物与其周遭一切的距离关系。在此意义上，物理时间和物理空间不过是同一现象的不同面孔，这种区分完全是抽象的，因为节奏不可能在独立于关系的情况下成为节奏，节奏不能没有关系的内涵而运动，是关系在运动和变化着，没有关系的变化是无法想象的；同样，无节奏的关系也只能是一种自我否定，因为这意味着不变的关系，即绝对的关系，没有相对性的关系只能是那个形而上学所想象的绝对实在。就此而言，物理时间和物理空间的二元划分只能是一种人为的抽象建构，是对物理时空这个原本并无分化的原始状态的人为割裂。

如果说量化的时空二元论是基于对时空感知和测量关系的局限性的错觉，那么不具有这种测量关系的社会时空是否也会陷入时空二元论的桎梏之中呢？毕竟有关社会时间和社会空间的划分也同样涉及不同标准的问题，这种划分也可能受到流俗的物理时空观影响。考虑到现有理论中的时空思想或多或少脱胎于对物理时空的想象，这就使得所谓的"社会时空"的二元论在许多情况下只是社会化了的物理时空的二元论。当然，这样笼统的判断总难免失之偏颇，例如布迪厄有关作为关系结构的社会空间就很难被视为一种社会化了的物理空间，它更加接近我们在此所谈论的社会空间。区别在于,我们并没有将后者理解为一个客观关系的结构(我们所谈论的关系既不是客观的也不是主观的),布迪厄的思路极大地限制了"社会空间"概念的想象力,并且受制于"结构"概念的实在化和二元论的缺陷。尽管布迪厄试图克服这些缺陷,但他显然没有令人信服地摆脱结构主义的阴影。因此,结合思想史来辨析我们所理解的社会时空的二元论问题,不仅需要一种细致的思想史分析为前提,而且考虑到物理时空的社会化思路的主导地位,这一分析所能够提供的帮助也可能收效甚微。有鉴于此,我们将直接讨论社会时空的非二元论框架,以表明时间与空间在本体论上是共属一体的。

如果基础性的物理时空的二元论是一种错觉,那么信仰和知识的社会时空又如何可以维持一种二元论的状态呢? 围绕关系本体论的思路,在可能性和关系性之间不存在二元论的逻辑合理性,因为社会实践的可能性只能是关系的可能性,而社会实践的关系性也只能是可能的关系性。这样的判断符合我们对于实践或关系的不确定性或相对性的理解。与物理时空的高度形式化相比,社会时空显然是一种具体的时空,它是对社会实践的本体论身份的描述,即时空不是某种抽象的形式或均质的表象,而是直接体现了意义的多样性和复杂性。所以,空间就是具体关系的分布,时间则是具体关系的节奏。从这个意义上来说,对社会时空的研究就是对社会实践或社会关系的研究,也就是文化研究本身。时间和空间只不过是切入这项研究的两个视角,从分析的角度来说它们始终预设了对方的存在,并正因为此种存在而具有意义。

重新肯定时间与空间的共属一体性,有助于避免那些围绕时空二元论所展开的虚构的讨论,这样的堂吉诃德式的讨论使我们偏离了真正的问题,沉浸在与虚幻对手的斗争之中。换句话说,任何对时间的讨论也都是对空间的讨论,任何对空间的讨论也同样是一种时间研究。

设想时间和空间之间的相互作用本身就是一种分析的抽象，它们不可能代表两种实际的力量在现实中遭遇，更不可能像列斐伏尔所想象的那样成为压迫和解放的对立双方（郑震，2010）。相反，非二元论的时空理论有助于我们重新回到具体的实践或关系之中，意识到时空分析仅仅是实践研究的理论工具，即便有关物理时空的社会化意义的研究，也同样不能因为常识已经在二元论的意义上建构了时间与空间的意义，就堂而皇之地无视时空的一体性。这不仅是因为这种意义的建构本身也还是源自信仰的时空性，人们不可能独立于非反思的错觉而从时空的一体性中推论出时空的二元论；更重要的是，时间表始终只能是场所中的时间表，而场所也只能是时间表中的场所，它们并不可能获得一种相互独立的存在而具有现实的意义。

## 5. 自然时空与文化时空

我们的研究始终没有能够超出文化时空的范畴，无论是物理时空还是社会时空都不能外在于文化时空而具有意义。所不同的是，物理时空是以自然物理世界为对象的文化建构，它并不是自然时空本身，无法摆脱文化的意义和生存论的性质。就此而言，它还是一种文化时空，或者说文化所建构的时空。当然，文化的关系性以及它以自然为对象的特征已经暗示了它在自然意义上的某种有效性，这就是我们称之为"物理时空"的原因所在。而社会时空则是文化时空的本己状态，它直接向我们传达了文化的存在与生存的时空性特征，它首要地不是一种生存论上的理论性实践（诸如物理时空这样的实践），而是存在论和生存论上的最为直接的时空性（实践本身的时空意义，而不是对时空的理论规划），是文化的非自然的关系形态的本己呈现，自然仅仅作为一个原初的生成因素而出现在这个时空的基底之中，但这种时空并不是对自然本身的描述。

因此，人们所谓的"自然时空"其实不过是一种人为建构的物理时空，只不过它并不是与自然无关的虚构，而是以其关系性向我们透露出那个与文化同时构成的自然维度，这一维度的有效性总体而言与信仰的间接性程度是成正比的，虽然中介的间接性作用并不能够确保绝对的无前提性，因为中介本身就是一种信仰的奠基，它只是以其怀疑的特征和研究的态度区别于日常生活的信仰实践，从而最大限度地推动那种迈向客观性因素的自反过程。换句话说，所谓的"自然时空"本身就已经是一种具有某种客观性的建构，而那个绝对的自然本身不过是独立于关系的想象。这倒不是说我们所谈论的自然只能是带有部分主观性的自然建构，真正的自然永远躲在它的背后；而是说"自然是什么"本来就是一个实践的问题，我们从来就是从关系中发现自然的，这是一个本体论的判断。① 从万物有灵的自然到一神统治的自然，从人格化的自然到无人格的自然，从决定论的自然到相对论的自然，从确定的自然到不确定的自然等，无不是从关系中抽象出的自然形象，无论它怎样客观和科学，都不可避免地是一种关系的建构，而这一建构的另一面就是人这个认识者，他的存在表明自然始终是文化的自然，就如同文化始终是自然的文化，自然与文化是一对同时的建构。

我们是否有将本体论问题认识论化的嫌疑？仅仅因为在认识论上无法摆脱先入之见，就断言认识论所传达的自然具有本体论意义，这是不是一种唯心主义的独断？正如我们已经指出的，这是把本体论上的关系性和认识论上的关系性混为一谈的结果，后者恰恰是以前者为前

---

① 虽然认识论和本体论不过是两个人为划分的理论工具，但我们不应当在分析上将认识论问题和本体论问题混为一谈，我们并不是出于认识的无法彻底消除的主观性维度来推断本体论上的关系性的，相反正是本体论上的关系性为这种主观性的存在提供了可能。

提的，而不是相反。"自然的存在是什么"是一个本体论问题，但它只能通过认识论的方式来回答，然而一切认识论又都是以本体论为前提的，这不仅涉及对象世界的性质，也涉及人的存在以及人与对象之间的关系，这里似乎有一种尴尬的循环。如果我们意识到认识也是一种实践，也就是说一切有关自然现象的知识也都是实践，我们就无须纠缠于这个循环的表象之中了。因为只是在这个实践中我们才可能发现所谓的"认识者"和"认识对象"（在这里也就是自然事物），这就直接向我们揭示了本体论对认识论的奠基作用。尽管有关本体论的判断不可避免地也是一种认识活动，但这一实践是针对相关对象的知识建构的实践总体而言的，它是在更高层面所展开的对相关知识活动的反思，因而不同于包含某个个别（例如个别自然）对象的认识活动。这是对一整类认识活动的反思，它使得本体论上的判断不同于通常意义上的认识活动，而是对认识活动的本体论前提的反思。因为本体论和认识论这两个分析工具在实质上是共属一体的，它们之间的区别完全是一种人为的建构。问题的关键在于一种对于知识实践类型化的反思性抽象，它使得我们不再停留于个别认识活动的是非之中。

自然只能是关系性的存在，在认识论上这种关系性的具体内涵拥有久远的历史，从宗教的想象到科学的证明，并且依然向未来敞开着。这种认识论意义上的主客观争论仅仅是本体论上的关系性所支配的状态，它反过来也为本体论的思考提供了重要的线索。但这显然不是一种因果关系，这种逻辑上的颠倒只会造成一种认知上的混乱、一种主观主义的混乱。本体论的思考对于具体的科学辩论不感兴趣，"自然究竟如何存在"作为一个本体论问题并不关心自然事物的具体构成特征和形成因果，而是就其存在的方式发问，从对发问活动的系统反思入手，从自然对象得以出现的认识类型本身来窥见本体的意义，以此来贯彻一种生存论的反思性。但不可否认的是,这样的反思还是一种认识活动,它与将自然作为对象的科学认识的不同之处在于,它将科学知识的实践活动作为自身反思的对象,并试图从中获得对于科学对象的存在性质的理解,后者恰恰是任何科学的研究所不予讨论的预设。

所以,谈论绝对的自然时空是毫无意义的,我们甚至没有理由认为自然具有一种固有的时空摆在那里等待我们去发现,这样的假设依然还是非关系性的形而上学的抽象建构。时空只能是一个反事实的遭遇,区别仅仅在于遭遇的是单纯的自然物还是人类存在者及其生产的商品等。在此意义上,一切时空都是文化时空,这并不是一种唯心主义或文化主义的幻觉,反倒是因为意识到那个不可避免的关系性才是一切存在者的存在。

# 第三节　因果关系

## 1．或然性

当我们明确了关系作为存在本身,并且指出这样的存在具有不可消除的不确定性或相对性,那么是否意味着认识论的破产?是否只能向混沌妥协,从而放弃一切理智的努力?问题的关键就在于关系的不确定性究竟意味着什么,是完全无序的混乱,还是仅仅否定了那个绝对确定性的想象,抑或一种更加复杂的状态?

决定论者设想世界遵循机械的因果规律,即在看似无序的表象之下运动着铁的必然性。这样的启蒙精神其实不过是古老宗教世界观的科学翻版,所不同的只不过是用科学的自然主义取代了宗教的全能上帝。然而这样的科学世界观却受到了来自 20 世纪科学革命的挑战。这场挑战向我们表明,由牛顿-笛卡尔认识论模型所主导的决定论的宇宙观很可能只是一种高度简化的人为建构，人们将他们无法加以思考的现象当作干扰和不重要的东西予以排除（Bachelard，1984：104，108），以至于那些具有决定论特征的所谓的"自然秩序"只不过是基于过分简化的假设所人为制定的原则。虽然简明似乎是科学所不可或缺的一种手段，但科学却不能仅仅停留在这样的手段所制造的图景中。这也许就是为什么以相对论和量子力学为代表的现代科学以其自身的实践挑战并拒斥了科学曾经迷恋的牛顿-笛卡尔宇宙观，转而正视一个远为复杂和不确定的宇宙。正是基于对这场科学革命精神的领悟，巴什拉（Bachelard，1984：111）断言："因果关系因此比决定论要远为普遍。因果关系是一种定性秩序的观念，反之决定论是一种定量秩序的观念。"所以因果律不等于决定论，它完全可以是或然的而不是决定的。

为了避免重蹈决定论的覆辙，韦伯主张社会学对社会行动的研究既不应当放弃因果解释，同时又只能寻找或然性的因果规则。这可以被视为具有实证精神的科学思维在面对不确定性时所做出的最大努力，它既承认不确定性是无法彻底消除的客观事实（对于韦伯而言就是正视意义问题所带来的社会科学和自然科学的方法论差异，主张社会科学应当立足于对历史个体的理解和解释，而不是去寻找普遍的因果规律），又拒绝放弃实证主义对知识有效性的强烈期待。事实上，具有实证精神的社会科学最终也正是走上了这条寻找或然性法则的科学道路，毕竟统计的规律性即便在自然科学中也同样具有重要意义。但将社会科学的或然性概括与诸如统计物理学的或然性法则相提并论显然是缺乏说服力的，这表明了我们曾经指出的方法论上的差异。这一差异所显示出来的社会科学在或然性概括方面的尴尬处境，表明不确定性问题在社会科学领域中要远为复杂。

社会科学的统计概括显然更加难以具有推论价值，这使得我们不得不重新思考或然性的社会科学意义。试图以统计规律性的方式来解释社会现象的努力也许也是一种过于简化的行为,对社会价值的量化即便从统计角度来看也还是难以奏效,究其根本正是因为现实并不是按照量化的逻辑来量身定制的,量化依然是一种生存论的视角,它以某种方式在某些领域中的成功并不意味着它就是一切现象固有的逻辑本身。尽管社会科学可以在人类实践可量化的表象层面建立起一些或然性的数学模型,但这样的模型既不能够在真正意义上理解它的研究对象,也难以具有广泛的推论价值。这不仅是因为社会实践的意义远非可量化的表象所能够充分传达的[①],也是因为意义的多样性和复杂性完全超出了量化统计的能力范围(这种情况显然并不仅限于社会科学的领域)。

　　统计上的或然性作为社会科学驾驭不确定性的技术理性策略,并没能够如其倡导者所期待的那样有效。究其根本,也还是因为它试图将一种确定性强加给不确定的现实,它并不是从现实本身出发来寻找因应之道,而是试图尽可能地以技术理性的方式来消除现实的不确定性,把一种在自然科学中似乎行之有效的方式不加区别地强加给社会科学,从而没有能够真正做到从对现实的理解出发来解释现实,这就难免陷入一种削足适履的境地之中。当然,这并不意味着我们将主张抛弃或然性的策略,而是强调对或然性策略的有条件运用。毕竟它依然是在可量化层面提供大规模群体分析的近乎不可或缺的重要手段,只

---

① 例如人们从事某种实践的频率并不能够告诉我们他们为何如此实践,而将这样的频率与所谓的"人口学变量"结合起来,只不过是陷入另一种抽象之中,因为所谓的"人口学变量"本身就是一种统计上的抽象性或形式化,它强行将不同的个体塞入同一个高度普遍的类型之中,从而制造了一种同质性的想象。因此,以人口学变量来解释这样的实践频率只不过是一种形式化的抽象解释,它不仅不能使我们有效理解并解释这样的实践,反而陷入更加抽象的境地之中。将复杂多样的社会现象还原至少数人口学变量,无疑是技术理性在社会科学中所制造的同一性神话。

不过这样的分析不可避免地停留在形式化和表象化层面，其所提供的模型并不是最终答案，它甚至还无法就因果关系给出任何可靠的描述（郑震，2016），因为它本身还需要基于理解的解释，后者则要面对价值本身的深度。换句话说，或然性并不等同于我们所说的"可能性"，社会实践的可能性并不遵循一种统计上的规律性，这就是为什么社会科学的数学模型难以进行有效的预测，它对于现实的简化完全超出了社会现实对于近似性所能够容忍的范围。这也许就是为什么当列斐伏尔（Lefebvre，2002：111-113）谈及他所谓的"革命的乌托邦理想"时，要严格地区分改变日常生活的可能性（possibilities）与统计的或然性（statistical probability），尽管列斐伏尔坚信这一可能性必将在未来的某一时刻（moment）到来，但却无法基于过去来精确地预测这一到来。列斐伏尔有关日常生活革命的理想也许距离循规蹈矩的日常现实过于遥远，但它所传达出的对现实的理解却不能不说是对技术理性的一种批判。让我们抛开列斐伏尔的乌托邦理想所带有的浪漫主义色彩，日常生活的现实的确难以支撑一种可以重复检验的量化法则，这就需要我们更为切近地去理解日常生活的无限可能性及其所蕴含的秩序，但这需要一种别样的概念策略。

所以问题的关键不在于是否要抛弃或然性的策略，而是如何让这一策略在一种合理的范围中发挥作用，并避免将其所提供的或然性视为统计的规律性。相反，或然性的量化表达仅仅为理解现实提供了一种形式化的辅助视角，它是过程而不是结论，是素材而不是方案。目的不是去论证这样的或然性在多大程度上再现了现实的图景，而是以其量化的便利性来丰富和拓展对现实的解释，从而使我们意识到它仅仅是一个手段，并且随时都可能被另一种或然性所取代。换句话说，社会科学在对待统计的或然性时需要更大的灵活性和变通性，而不是去追求一种盲目的形式化法则。必须意识到或然性只不过是面对可能性的一种权宜之计，就此而言，在同一议题上社会科学无疑可以包含更多的或然性选择，一种特殊的、暂时的或然性向可能性开放。

所以，社会科学的目的不是寻找或然性的统计规律，而是在暂时的、特殊的、权宜性的或然性模型辅助下，去理解和解释人群的相似性实践。这当然需要超出量化层次的定性研究的协调，毕竟正如我们在绪论部分所指出的，社会现象的因果关系不能从数据分析中推论出来，何为原因、何为结果本身就是一种质性判断，只有通过深度的质性研究才能建构起真正意义上的因果关系框架，并尽可能地逼近那无法彻底到场的意义的存在。并且也只有在这一充实的前提下，或然性的定量模型才可能具有解释的意义，空洞的数据关系才获得了内涵的充实和质性的规定，从而在根本上摆脱那种实证主义的想象。但也正是因此，它不再作为一种量化的确定性来发挥技术理性的支配作用，反倒更像是配合理解与解释的可替代因素，并不宣称关于对象的统计精确性，始终向其他同类型的或然性素材开放，关于同一对象的多次调查和多次建模反而有助于更加合理地解释，这种不精确性也许正是社会科学所无法回避的生存论现实。

## 2．势

在中国的文化语境中一直存在着一种有关因果关系的提法，它作为常识性的判断在日常生活中随处可见，以至于其所蕴含的理论意义往往被忽视了，这就是"势"。我们只要看一看中国人在日常话语中对势的使用，就不难理解其所承载的因果意味："势在必行""因势利导""势不可当""势所必然""势必如此"等等。初看起来这颇有一种必然性的意思在里面，而且中国人也仿佛正是这样理解的。例如朱熹便说："势自是如此。有人主出来，也只因这个势，自住不得，到这里方看做是如何。惟是圣人能顺得这势，尽得这道理。"（《朱子语类·论语六·为政篇下》）再如："问：'其所阙者宜益，其所多者宜损，固事势之必然……'曰：'……周恁地柔弱，故秦必变为强戾；周恁地纤悉周致，故秦兴，一向简易无情，直情径行，皆事势之必变……晋武起，尽用宗室，皆是因其事势，不得不然。'……曰：'又如熙宁变法，亦是当苟且惰弛之余，势有不容已者，但变之自不中道。'"（《朱子语类·论语六·为政篇下》）但仔细考察朱熹的这些对话，将其放在中国思想文化的关系中来理解，不难看出这里的必然并非如同此前所说的认识论上的决定论，并非假定社会现实有其机械的法则，于是事情的发展才表现出一种不得不如此的趋势。正如余莲（2009：217）所意识到的，中国人的"趋势"概念终究和西方人的因果决定论不是一回事。但余莲还是没有能够摆脱"偶然性"和"必然性"这一对西方哲学概念，并错误地从偶然性角度来理解时机在中国文化中的意义（余莲，2009：174），殊不知势之必然就在时机的变化之中（中国人是将时与势合为一体的，即所谓"时势"），而不是时机这个偶然性因素掺杂在天势的恒常性中（余莲，2009：174），这显然是一种西方式误读。此外，余莲试图以势的思想来统一中国的文化（余莲，2009：109），这不仅忽视了"势"这一概念在中国文化中的实践的多样性（例如将诗画与兵法中的势相提并论是否恰当？[①]），更重要的是余莲基于对兵

---

① 例如余莲（2009：75）认为："在中国，画山水，这是试图通过风景的轮廓，重新找到宇宙中那持续不断的基本冲力。是故，中国山水美学特别注重势在画面的整体布局的重要性。"不得不说，余莲所谓的"势"更符合一种绘画技术层面的追求（布局与构图），尽管画家所看重的神和意不能不依赖于形象的传达，但势显然无法概括这些超越的意味，它更多地只是局限于表达的手段。这也就是为什么余莲要将势即布置主题的手法（言说）与主题的象征意义分开（余莲，2009：101—102），也就是说相同的势可以传达不同的象征意义，这就表明势并不是艺术创作的充分因素，意义的传达还别有因素，不能将势视为艺术创作的核心灵魂，它最多只是参与了这一灵魂的建构。这与兵法中对于战争胜负发挥重要作用的主张零和博弈和功利效能的势似乎不能同日而语。

家和法家的理解而赋予势的客观性、功利性和操纵性即便不是空穴来风，也难以真正洞悉中国文化的主流思想(如儒家和道家①)。

不过，我们谈论甚至批评余莲有关势的思想，并不是要否定其探索中国文化的开创性努力。他将"势"这一概念从中国思想文化的语境中超拔出来加以系统研究的做法本身就是极富启发性的。而在我们看来，势恰恰是中国文化对于因果关系的独特理解。势的因果性并非西方意义上的决定论、目的论、二元论的，它不需要援引什么超验的外在意志，以一种自然主义和人文主义取代了宗教的神秘性。就此而言，势就是对现实过程的世俗化肯定，它主张一种内在自发的生成与变化才是宇宙的永恒秩序。这也就是为什么余莲(2009：189)会写道："中西基本上的不同可能在于，希腊思想在变化生成中从外面引进了某一种秩序(用数字、观念、形式)，而中国思想则认为秩序就产生于变化生成的内部……西方思想从外面投射一种变化生成的秩序，所以用因果论的解释法(按照这种解释方式，前因甲和后果乙两者之间是截然独立的)；中国人的思想经常使用趋势解释法(按照这个诠释方法，前因甲和后果乙两者是同一个发展过程前后相连的两个阶段，事实上，每一个阶段都会变做下一个阶段)。"势所试图描述的是现实本身自发的不得不然，而这样的必然并不支持一种普遍规律性的解释，仿佛人们可以基于这样的规律性来预测现实的发展变化。尽管人们的确可以对事势做出判

---

① 例如主流的儒家和道家无疑都反对那种零和博弈的功利主义思想，更不可能停留在势的客观性中。我们前引朱熹的对话已经向我们表明，势固然有其道理，但这个道理未必符合儒家所理解的理。如朱熹说："如君臣之间，君尊臣卑，其分甚严。若以势观之，自是不和。然其实却是甘心为之，皆合于礼，而理自和矣。"(《朱子语类·论语四·学而篇下》)这也就不奇怪余莲(2009：42)自己也指出："势作为效能工具的观念，在兵法家和君主专制理论家的眼中扮演了极重要的角色，但它在道德至上派(即儒家)的思维里则毫无重要性(这点可不会使人感到意外)；前者赋予势正面的定义，而后者当然给予它负面的看法。"

断，以此来顺势而行，但正如朱熹认为唯有圣人才能顺势而行，这恰恰说明对势的领悟并非按照所谓的"规律"那般易于掌握，变化的不确定性与势的必然性是共属一体的。即便当儒家谈论所谓的"永恒秩序"的时候，也全然不同于主张一种决定论的法则。朱熹认为："纲常千万年磨灭不得。只是盛衰消长之势，自不可已，盛了又衰，衰了又盛，其势如此。"(《朱子语类·论语六·为政篇下》)但这恰恰否定了任何绝对主义的企图，因为盛衰消长固然恒常不变，但何时盛何时衰却全然落在"时"这个没有定说的现实过程之上，与之相应的只能是随机应变的权变功夫。这就完全超出了必然性和偶然性的范畴，势是必然的，但却不是偶然性的对立面，因为这个必然不是绝对的，而是变化过程中的不得不然，是在特定时机之中的某一可能性的具体化，以至于在那个特定的处境中似乎不得不如此具体化。因此你不能就此推演出某种一劳永逸的普遍法则，它只是一种可能性，在特定的时空中不得不具体化的可能性，这就需要一种权变的智慧来因应此种变化的不确定性。所以，当余莲(2009:11)基于对兵家思想的研究而领会到势不是固定不变的法则的时候，他的确触及了问题的实质。

但不可否认的是，势所描述的因果关系虽然不同于机械的法则，也并非统计的规律性，但它的确是一种必然的趋势。按照余莲的说法，它意味着个人的意愿所无法左右的客观实情(余莲，2009:9)，所以势不是如同结构那样抽象的东西，它是具体存在的实际条件，对人的行为具有不可抗拒的强制性(余莲，2009:7)。但这种强制性的提法显然是一种二元分析的产物，即将个体从趋势的关系网络中抽象出来，并使之与客观的势相对立。就此而言，任何个体的能力在势的面前都是微不足道的，所以个体只能顺应趋势(余莲，2009:195—196)。这样一来，西方式的二元分析的结论和诸如朱熹的观点竟然在表面上出奇地一致，但朱熹显然并没有那种二元论的假设。问题在于,朱熹所谓的"个人"并不是余莲所说的具有主观情感和愿望的人(请注意"主观"一词的二元论色彩),朱熹所谓的"顺应"也并非在某种客观趋势压迫下的操弄,势就是人们以反事实的方式共同构成的一个关系的网络,顺势就是在特定的时机与这个关系网络的自发的力量相一致,也就是以反事实的方式进入某种合理的关系状态。对儒家而言,这里还谈不上道德秩序上的合理性,而是强与弱的力量法则,是力量的斗争所推动的进程。

那么,这样的势与我们上一节所谈论的放弃了统计规律性诉求的或然性有着怎样的关联呢?我们以这样的或然性作为理解和解释社会群体现象的辅助工具,并将其严格限定在可量化的表象层面,但即便如此它也还是暗示了一种推论性逻辑(也就是技术理性所沉迷的预测)。相反,势不是推论性的,它仅仅是就具体的关系状态而言,是就特定的时机而言,它所描述的是具体社会历史过程中的特定变化,"所以在每一个情况中支配现实的趋势也必然是独一无二的,绝不会重复发生"(余莲,2009:232)。换句话说,势并不采取任何一种或然性的主张,除非这种或然性已经放弃了量化的精确性和预测性(科学验证的可重复性,也就是数据的唯一性),仅仅作为一种努力理解不确定性的辅助手段而存在,它才有可能与同样放弃了自身严格特征的势有所重合,即势的发生在一种不那么严格的意义上存在着反复出现的可能性。换句话说,不仅或然性的因果模型要经历实质性的改造,也就是放弃那种实证主义的想象,而且势的因果模型也同样要做出调整,因为完全的就事论事和不可重复无疑会极大地限制其生存论的价值,尽管并不是所有事件都能够纳入这样的改造之中。这也正是我们要指出的,势所调节的范围显然比或然性更为广泛,即便在不严格的近似的意义上也还是存在着例外的可能性,这表明社会现实的复杂性和多样性是超出想象的。

就此而言，简化的确是生存论所无法排除的方法，甚至对复杂的追求也不可避免地有所简化，问题不是要不要简化，而是如何能够在理智允许的范围内进行合理的简化，以复杂来取代简化不过是以新的更为合理的简化来取代旧的简化。因为如果停留在生活本身的无限复杂性和多样性，那么所有的实践都是不可重复的。就此而言，势绝不会重复发生，但这就是生活本身，就是存在论本身，这也就取消了生存论。这就是生存论的悖论，即生存是为了把握存在，但与存在完全一致也就取消了生存。

至此我们似乎可以谈论一种势的或然性，它出现在相似的时机之中，但其解释力却具有高度的时空限制性，并且不宣称一种精确的量化特征，对它而言更重要的是对共在之意义的理解和把握，而它的量化方面则始终面临着被替代的可能性，这不仅仅是时机变换意义上的替代，也是相似时机意义上的替代。事实上，势的或然性依然发挥着定性的价值，它的量化特征也只能做定性的解释，而不是迷恋于那种精确数据的表象，这个表象随时可能被另一个表象所替代。

## 第四节　文化的相对性

### 1. 信仰的理性与理论的理性

文化相对性的一个重要表现就在于理性本身也是相对的，信仰和知识的划分并不等同于非理性和理性的划分，尽管西方的理智主义传统的确热衷于这样的二元论，并且会毫不犹豫地将信仰纳入非理性的范畴。这也就是为什么韦伯会在其社会行动类型的划分中将传统和情感与理性的行动类型区别开来，进而又将价值合理与目的合理区别开来，并强调后者才是西方理性化进程的最高成就。这样的划分不仅透露出理智主义有关理性和非理性的二元划分的影响(所不同的是,韦伯以合理性取代了单一理性的论断,从而将相对主义引入了理性的概念),更重要的是,它暗示了理性的划分本身也是基于某种价值标准所做出的判断,这就是"合理性"这一概念所意味的,而这对于主张纯粹理性的笛卡尔而言显然是陌生的。

不可否认的是,究竟什么样的关系形态是理性的,这本身也是基于某种标准所做出的价值判断,即在某种标准的衡量下特定实践具有了合理性的特征,也就是实践与特定的预期之间具有逻辑关联。这一关于理性的界定无疑是高度形式化的,它排除了那种实质性的论断,后者很容易导致一种本质主义的判断,从而在根本上取消了理性关系的时空性。基于这样的合理性界定,我们也就不难理解什么才是非理性的关系,即当分析上的实践预期与该实践的实际过程和结果之间没有逻辑关联的时候,该实践相对于这个预期而言就是非理性的,即试图以此实践来实现该预期就是非理性的。例如,以巫术的方式来求雨就是一种非理性的实践,因为在巫术仪式和降雨之间没有逻辑关系,但如果巫术实践可以巩固群体内部的秩序与团结,那么在这一意义上巫术也同样具有合理性特征,即便人们并没有有意识地以巫术的方式来达成这样的目标,但也并不妨碍我们设想一种前意识的预期,它以前反思的方式筹划了一种存在的需求,并将其掩盖在有意识的主张之下。因此,有没有意识的介入并不是判断理性和非理性的必要条件之一,这样就打破了西方理智主义在这一问题上对意识哲学的信仰,后者正是自笛卡尔以降一直纠缠着理性问题的幽灵之一。

换句话说,如果我们不再纠缠于意识这个主体哲学所迷恋的表象,而是将关注的焦点放在实践的效能上,我们有关理性的视野将获得巨大的拓展。毕竟效用这个关系的内在构成才是理性问题的核心诉求,从这个意义上来说，理性的主观分析形态就是解决问题或实现效能的能力，它的客观分析形态就是效用的现实化，以及使得这一现实化具有意义的一个客观化了的效用结构。意识之所以被现代主体哲学所看重，也只不过是因为它被视为效用最大化的一种保证，即对目标的明确认知和为实现目标所采取的精心筹划。但当人们意识到意识本身也还是一个建构的表层，并不像人们所想象的那样具有一种终极的自主性和支配性，那么把意识当作理性与否的重要保证之一也就不再具有那种必不可少的重要性了。换句话说，真正的支配性显然不是一个派生的现象所能够充分解释的，主体哲学对意识的盲目信仰本身就是一种理智的错觉（首先是上帝那无所不能的自由意志，之后又是资产阶级的精打细算为之提供了重要的想象基础）。

考虑到意识哲学在当代思想语境中的破产，这不仅是得益于马克思和恩格斯对于资产阶级意识形态的彻底揭露、尼采对于基督教道德和现代意识主体的激进批判，以及弗洛伊德对于让现代文明倍感尴尬的无意识和性本能的探究，更重要的是历史并没有像理智主义者所想象的那样在意识主体的筹划下高歌猛进，现实本身以其各种症候向我们传达了存在的晦涩与深度，以至于那个主体本身也不过是一种社会历史性的建构、一个需要解释的问题。因此，理性的问题超出了意识哲学的范畴，它不仅在意识层面有所体现，无疑还有更深层次的表达，因为这个意识本身作为一种分析的形态也还是一种派生的建构。至此我们至少可以谈论两种理性，即信仰的理性和知识或理论的理性，但这只是两种形式化的理性类型，这意味着在内容充实的意义上存在着更多的理性类型。我们并不认为信仰的前意识特征使之不可避免地陷入非理性的状态之中，相反前意识的不言而喻性恰恰是对实践效能之合法性最高程度的捍卫，即以非反思的盲从方式来确保某种效用的实现，尽管这的确也使之陷入巨大的风险之中,从而暗示了其理性化特征的某种局限性。不过,既然理性并不是笛卡尔意义上的绝对理性(这样的理性也许从来就没有存在过),那么作为时空性的建构,理性也并非完美和绝对的代名词,信仰的理性只是因为信仰在实践之中的逻辑一致性才具有了理性的特征,这当然也就意味着当这种在实践和效用之间的一致性仅仅是一种信仰的幻觉的时候,信仰也就陷入非理性之中。所以我们所谓的"信仰的理性"并非指信仰必然是理性化的,而是强调信仰作为一种文化的形式自有其理性的方面,它并不因为是前意识的就仅仅是一种非理性的存在,它在实现生活之效用方面发挥着不可替代的重要作用。就此而言,无论是情感还是传统都完全可能是合理性的,因为它们在很大程度上正是以信仰的方式在实践着某种生活的效能;但它们也完全可能是非理性的,当它们对效能的前意识的预期仅仅是一个错觉的时候。

　　不可否认的是,前意识的前反思、前对象和前话语特征极大限制了其理性化程度。换句话说,其实践的逻辑一致性和有效性始终面临着不确定性的考验,并且无法摆脱一种不成问题的盲从状态。也就是说,信仰并不能够自发地考察其自身的合理性程度,它只能在实践的挫折中期待意识的觉醒,并承受自身的强大惰性所制造的阻碍。这就使得信仰的实践始终在理性和非理性的张力中行进,它既有其自身的理性化机制,同时也沉迷于各种非理性的幻觉。这的确为意识的介入提供了重要的意义,尽管意识并不是一种绝对的保障,它并不能够彻底消除非理性的困扰(意识的局限性),但意识的理性化使得对象性和反思性在话语的建构中充分展现出来,从而形成了一种自发的自反性和相对的确定性,这就降低了含混不清和盲目投入的可能性。但意识本身也还要奠基于前意识的运作,意识层面的理论理性无法独立于信仰的间接支撑，并且始终受到来自信仰的直接干扰。这是理论理性所无法排除的悖论性特征，也是其时空的局限性所在。但即便理论理性不是绝对的理性，它也的确较之信仰的理性具有更为明确的因果诉求和自我监控的自觉力量，这使之更有可能对自身的局限性采取一种因果解释的策略，并形成一种自我超越的自觉。所以，尽管我们肯定了信仰的理性化是存在的基本特征之一，体现了一种捍卫自身利益的现实性的存在的效能，但这并不意味着它就是理性最为理想的形态。此外，尽管我们承认意识作为一种派生性的建构并不具有独立的自主性（撇开它的分析性特征不谈），但在高度意识觉醒的状态下所开展的理论理性无疑是达成实践的效能和自我超越的最强有力的方式。

这里的确赋予了生存论某种更为优越的性质，尽管这是在以存在论为前提的意义上而言的。我们并不想否认日常生活中的个体对于生活本身的非理论性洞见有其重要的实践意义，它们甚至可能成为推动社会历史变革不可或缺的基础性力量。但非理论性或准理论性的日常生活洞见不可避免地困扰于常识的局限性，难以摆脱那种不言而喻的日常氛围，其貌似反思的状态实际不过是一种前反思的投入。这就如同在日常生活中人们完全有能力为自己的实践提供理由，但这样的理由往往不过是一种常识的意见，它那反思的表象并不能够遮蔽理所当然的直接性，而这样的直接性往往来自日常生活经验的前意识沉积（作为记忆）。即便出于某种生存论的存在论转化，它那教条化的特征也难以针对特定的情境而进行有效的变通，更不要说那些纯粹的存在论建构会怎样困扰于日常生活的表象了。如果说活动过程及其结果与预期之间的反事实效用的一致性是信仰的合理性的根本所在，那么像吉登斯（1998a：524）所说的行动的理性化充其量也只是一个派生的合理化因素，前提是这样的理性化并没有被错觉所误导，而是一定程度地为我们传达了实践的关系性——当然,是在常识意义上的。事实上,日常生活中的实践者即使从存在论的角度而言也并非一群非理性的傻瓜,他们尽管常常陷入信仰所制造的错觉之中,也不乏对日常生活的常识意义上的真知灼见,只不过这样的见解较之生存论的知识缺乏反思性的深度和勇气,并非来自一种高度对象化的思考,也不能组建起相对清晰的命题系统。更重要的是,信仰的高度不确定性虽然使得个体在不同的情境中能够以一种合情合理的方式如鱼得水地转换腾挪,这表明信仰的合理性是应对复杂多样的日常生活的分析上游刃有余的能力,其合情合理的表现也恰恰是对那种将情与理二元对立的理智主义的讽刺①,但也正是这样的不确定性使得信仰在那些需要合乎理论逻辑的明确规则的场合显得格格不入。毕竟信仰实践的不确定性之所以表现为无法用言语的命题来清晰描述其运行的法则,不仅是因为存在着难以概括的多样的可能性,更重要的是这些可能性并不遵循诸如形式逻辑这样的理论逻辑。同一个体完全可能先后存在于理论上彼此矛盾的关系之中(既爱又恨、既喜欢又不喜欢、既想要又不想要,诸如此类的矛盾状态在日常生活中可谓比比皆是)。用一种分析的口吻来说,也就是同一个体完全可能理所当然地采取彼此矛盾的实践(且不论那种不知如何是好的纠结状态②),但这一在理论上成问题的状态对于日常生活的个体而言显然是不成问题的,它在分析上完全符合不同情境的实践

---

① 如果情感就是实践中的价值取向一个不可或缺的维度(这暗示了情感的关系属性,以及情感和文化之间微妙的共属一体性),那么即便是理论理性也不能排除情感的倾向性。冷峻和严谨又何尝不是一种情感?试图排除情感的介入本身还是一种情感。

② 这种纠结恰恰暴露了日常生活的不确定性的一个方面,即在面对模棱两可的状态时信仰陷入困境之中,而这样的模棱两可恰恰是日常生活的重要面相之一。它也是导致反思性介入的因素之一,尽管并不总是这样。因为在更多的情况下,日常生活中的人们更倾向于以一种信仰的方式了结这种矛盾的状态。(如"可能这样好一点吧""先这样再说""就这样吧,管它呢"。)

要求，以至于采取一种和之前看似矛盾的活动恰恰是合情合理的，这就是信仰的实践逻辑，它在理论上常常是不合逻辑的，这也就是我们无法用一种理论的语言来清晰地把握信仰实践的重要原因之一。也正是因此，对于那些需要尽可能地排除此种不确定性的场合，理论性的介入就变得必不可少。更不要说当人们遭遇陌生处境的时候，对象化和反思性的话语实践将填补由于信仰的缺失所带来的空缺。指出信仰理性的这些局限性并非暗示理论理性能够一劳永逸地解决实践本身的因果性问题，但理论理性的确为一种更加自觉的效用规划和超越信仰的局限性提供了可能。更重要的是，它表明没有什么理性是无所不能的，任何理性都有其自身的局限性，这也正是关系的相对性所暗示的。所以，与其纠缠于某一种理性的效能，还不如向时空的变革敞开理性化的视野，在内容充实的意义上期待着多样性的理性化，毕竟信仰的理性和理论的理性也只不过是两种形式化的理念类型，实际的内容充实的理性化可以是它们两者之间的无限变样。

## 2．现代性的不确定性与权变的理性

韦伯曾经预言，工具理性化已经成为现代世界不可逆转的发展趋势。这一判断隐含着一种确定性不断增长的预期，因为在韦伯（Weber，1978：30）看来工具理性化意味着现实的可计算性和可预测性，"他们的行动越是严格地合理的（zweckrational），他们对相同的情境就越是倾向于做出相似的反应"。他（Weber，1978：19）毫不讳言地指出："但绝大多数的社会学规律，包括那些经济学的规律，正是被建立在这样的理性假设的基础之上的。"因此，从确定性的角度来说，韦伯对于现代世界无疑是一个乐观主义者，尽管他对于这样的工具理性化也不乏某种忧虑。然而，韦伯既可能高估了工具理性化在现代世界中的主导意义，也可能低估了不确定性在现代世界中的深远影响。当人类步入现代世界之后,所遭遇的绝不仅仅是确定性增长和不确定性减弱,而是在某些方面的确定性增长的同时,更多的不确定性却以空前的方式相伴而生,以至于我们很难说现代世界是一个更加确定的世界。

正如我们曾经引用过的《共产党宣言》中的那段著名的话所表明的,马克思和恩格斯早在 19 世纪就已经充分意识到现代资本主义为人类世界所带来的动荡不安。资本为了生存和扩张陷入无休止的对变革与创新的追逐之中,陷入对全球市场无止境的攫取之中,从而彻底改变了整个世界的关系形态,而与之相伴随的就是社会关系在规模和复杂性上的空前激增。正如涂尔干(2000:214)所言:"社会关系——确切地说,是社会内部关系——变得越来越多了,它们超出了原来的界线,扩展到了各个方面。"我们将这样的激增现象在分析上称为"空间激增"。这不只是个别关系事件的涌现,而是以关系集合的方式所涌现出来的异质性的激增,即主要伴随着社会分工的迅速增长所出现的社会关系的复杂性和集合性的增长。① 个别关系事件的出现往往代表的是一整个关系集合的潜在到场,集合之间的异质性表现为若干基于某种标准在逻辑上相互关联的事件与其他事件之间的分化,任何一个事件都意味着一系列事件的连带性,而不同关系集合的激增则体现了现代社会的高度分化状态。而这样的集合分化又根据各自之间的相似性和异质

---

① 我们用"集合"一词来取代"系统"概念,意在表明人类社会不是严格意义上封闭的系统,集合内部的关系事件仅仅是出于某种关系上的共通性或互补性而联系在一起,但这样的联系既可能是高度紧密的(例如围绕某一种商品的生产和使用所形成的一系列实践活动),也可能是相对松散或充满竞争性的(例如在分工链条上相隔较远的不同行业之间的松散关系或行业内部的竞争关系),甚至可能是存在矛盾和冲突的(例如不同利益群体在特定资源的分配问题上所可能陷入的状态),等等。因此,社会关系集合可以根据关系的相似性或差异性程度来形成不同类型或层次的集合,当我们将社会整体看成一个集合的时候,其内部完全可能存在矛盾和分裂的集合关系(如阶级集合之间的斗争)。

性程度构成了更大的集合以及不同层次的集合关系，从而使得现代个体以反事实的方式面对着由同质性和异质性所构成的庞大的关系体，人们在自身的生活情境中遭遇陌生的他者和他物的可能性是前现代的个体所无法想象的，这种不确定性构成了现代个体最为重要的处境之一。当然，这一不确定性并不仅仅是现代社会内部的劳动分工所制造的差异性，它同时也是资本主义劳动分工的城市化乃至全球化扩张所带来的后果，空间激增在此意义上与物理空间的社会性拓展紧密联系在了一起。就此而言，资本主义的生产方式在单一国家内部表现为以城市化方式将乡村卷入资本主义总体性规划之中，从而尽可能地将每一个个体都纳入其所构建的分工模式之中；而在整个世界范围内则表现为将不同的地域与文化族群卷入资本主义总体性扩张之中，从而打破了原本相对隔离的生活状态，其中由资本主义所激发的现代技术尤其是交通与通信技术的飞速发展无疑起到了重要的作用。在此过程中，由其所带来的生活方式碎片化和蒙太奇效应所导致的不确定性的增长则是显而易见的。

当然，空间激增并不仅仅意味着不确定性的增长，关系的集合性本身已经暗示了某种确定性的存在（集合内部的可理解性甚至可预见性，后者可被视为某种程度的工具理性化的表现），但集合本身并不排除差异性的存在，并且集合外延的拓展将直接导致异质性的增长，不同空间的频繁遭遇所带来的生活的碎片化和陌生感已经成为现代个体的日常体验之一，以至于人们不得不求助于各种专家的介入才得以应对那些不期而遇的陌生处境。而由无法理解和沟通所造成的非空间性（集合间的不可通约性）与文化的异质性所导致的各种矛盾和冲突，一同构成了现代个体的焦虑与挫败感的重要来源之一。异域的文化情调既可以是新奇和有趣的对象，也完全可能成为道德分歧和价值冲突的导火索。

此种不确定性的激增,在时间的分析意义上则表现为关系节奏的巨大变革。这当然不是说现代社会的时间节奏变得更快了,这仅仅是基于物理时间观所形成的一种现代常识,即空间激增所导致的在单位时间中包含更多的事件,这就不可避免地形成了现代生活的快节奏。这个快只是对于那个多做出的反应,它和不确定性之间并没有什么直接的关系。而现代社会对于精确计时的强烈需求,也正是应对空间激增的量化的时间表现罢了。但这样的量化思路对于理解现代人的存在和生存的可能性并不能提供什么实质性的见解,也无法让我们洞见现代性的不确定性在时间维度上的展现;相反,实践的快节奏倒是可能向我们传达出一种游刃有余和从容不迫,仿佛它能够以其快节奏有效消解不确定性所带来的困扰。更不要说,伴随着现代社会实践的快节奏,一种闲暇的慢生活也被建构起来,以至于通过技术的革新和规范化的训练与优化,人们似乎总是能够获得某些额外的时间来安顿自己的生活,现代社会又似乎并不缺乏一种慢的节奏。然而社会时间是不能以物理时间的量化表象来加以解释的,现代社会节奏与前现代社会节奏的差异不能仅仅以物理意义上的快与慢来描述,人们以工具理性化的快来试图消解那个看似非理性的不确定性,"因为快意味着控制,意味着效率,意味着与过去无缝衔接的未来,意味着应对意外发生的更大的冗余时间"(郑震,2020)。然而正如我们已经指出的那样,现代社会不仅有其快也有其慢,这个慢并不是传统时间的延续,而是一种现代性的建构,是现代时间之物理节奏的另一面。更重要的是,快节奏并没有消除空间激增所带来的一系列问题,就如同慢节奏也并不意味着回到前现代社会的处境中去,它们仅仅是现代人在面对不确定性的挑战时所做出的一种似是而非的抵抗,一种试图消除不确定性之困扰的理性化的徒劳努力。因为问题的根源并不在于实践的物理意义上的快或慢,人们无法以物理时间的方式去解决社会时间的问题。

　　在资本主义全球化和工业化的推动下，现代社会的转型是如此剧烈与迅猛，那些曾经看似坚固的制度和传统在新秩序的冲击下土崩瓦解，前现代社会的关系形态无法适应这一转型所带来的冲击，被无情地击碎在历史的尘埃中。尽管旧的秩序并没有因此而销声匿迹，它们所残留的部分更多地以碎片化的方式沉淀在生活的琐碎细节中，通过重新包装而隐藏在前意识的记忆碎片之中，从而无法掩饰那种对传统的遗忘与荒疏在现代意识中的主导地位。但现代人并没有以此种荒疏为代价而换取对未来的掌控，现代社会的秩序本身就仿佛在自我的超越中获得自我的认同，以至于在空间激增的无限可能性面前，工具理性化的进程并没有成功地将不确定性纳入计算的理性模型之中；相反，确定性和不确定性总是如影随形地相伴而生，或者更确切地说共属一体，这仿佛就是现代社会的宿命。这倒不是说前现代社会没有不确定性的问题，但现代社会的确将自己的存在更多地建立在它所厌恶的不确定性的基础之上，以至于它越是试图消除这些不确定性的困扰，就越是悖论式地陷入此种困境之中。这种自我超越本身就是不确定性的根源。所以，未来对于现代人而言与其说是自我实现和自我超越的即将到来，还不如说是充满迷惑与惶恐的未知之境。事实上，对未来的荒疏恰恰强化和推动了此种对未来的迷惑与惶恐，因为人们不再能够充满信心地从过去汲取将来的养料，不再能够在对过去的信仰中寻找将来的信心。而此种对未来的迷惑又反过来进一步强化了对过去的荒疏，因为将来再也不能够成为一种坚固的过去。这就是现代人所陷入的时间困境，而这一困境在当下的现实处境中则表现为无法消解的匮乏。这也许就是为什么现代人沉迷于各种短暂的刺激和满足，持久感和深度感的丧失并不是因为无知和愚昧，相反基础教育的普及使现代人比他们的祖先拥有更加完善的教育。但这并不能改变秩序的坚固性的瓦解所导致的空虚与漂泊感,那些曾经赋予人们归属感的看似坚固的东西(家庭、身份、种姓、上帝的恩宠等等)都已经在现代性的冲击下土崩瓦解或飘忽不定,剩下的只有在那些短暂的际遇中寻找暂时的确定性,而那些无深度的实践无疑是最容易获取的廉价的安慰。在迅速的满足与不满之间来回震荡已经成为一种普遍的现代仪式,从爆米花电影到迅速过时的时装,从通俗小说到用完即弃的用具,没有什么关系能够为人们提供一种看似永恒的确定性,所以也就只能在各种短暂的新奇和刺激的表象中寻找安慰,但这些廉价的满足恰恰是最易于厌倦的游戏,这便是现代人的悖论。

我们用"荒"来命名这种现代性的社会时间节奏,这并不是说现代社会中的时间变少了,或者像人们在常识中所可能认为的那样,仿佛现代人总是处于一种时间匮乏的状态,这些都还只是物理时间意义上的常识判断。我们用"时间荒"来意指那种对传统的荒疏、对将来的迷惑和现在的匮乏。这三个方面并不是一个先后相继的时间序列,不是先有对传统的荒疏,再有现在的匮乏,最后才是对未来的迷惑,它们不过是我们对一个整体的抽象的分析,也正是因此它们只有在一个整体的意义上才能够获得各自的分析意义。你可以说在物理时间的意义上这三个方面是同时的,它们相互内在于对方的存在之中,也只有这样才能够具有意义。正是因此,时间荒才能够承担起现代社会之不确定性的时间维度,它与空间激增是共属一体的。我们可以说现代社会的时空性就是"关系激增——节奏之荒",具体表现就是以不确定的空前增长为其特征的确定性与不确定性的共属一体。

如果正如韦伯所描述的那样,工具理性化是现代社会的理性化的主导特征,那么面对不确定性空前增长的现代时空,工具理性能否有效应对呢？这就回到了或然性的老问题上，因为工具理性化的科学思维在应对不确定性问题时所能够给出的便是或然性的方案，也就是将不确定性转化为一种概率意义上的确定性。然而正如我们已经指出的，这一方案在社会科学的领域中远没有在自然科学中那样有效，或然性与其说是提供了一种量化的精确性，还不如说是为我们提供了一种定性的参照。这似乎意味着要想更加有效地应对社会生活的不确定性，问题的关键也许并非要在工具理性化的方向上寻找更加有效的技术手段，而是要改变对世界的基本判断。也就是说，不再试图将一种确定性的方案强加给不确定性的现实，不再试图将不确定性还原成确定性，而是真正直面一个确定与不确定共属一体的宇宙，在变化与生成中探寻因应之道。这正是我们此前谈及的儒家和道家的权宜与变通思想给予我们的启示，我们需要从中寻找一种另类的理性化，其目的并非要对诸如工具理性和价值理性取而代之，而是承认理性的多元化，承认在面对不同性质的问题时我们需要不同的理性工具。

尽管中国传统思想的世界观以生成与变化为主线，以阴阳消长为机制，以关系为本体，但这并不是说在这样的宇宙观中就没有一种确定性的追求，且不论所谓的"不确定性"也并非一种完全混乱无序的极端虚无主义（否则儒家讲权变也就毫无意义了，而道家对道的理解也就全成空洞无谓的幻想）。让我们以儒家为例，虽然世界并没有被视作分裂为确定和不确定两个部分，而是在确定中会有不确定的生成，在不确定中也总有确定的因素，但理论上总免不了抽象出两个维度的问题，即确定性的问题和不确定性的问题，这样就形成了解决不同问题的两种理性化的生存论策略，我们称之为"礼制的理性"和"权变的理性"。在儒家眼中，礼制是一套表达社会情感、规范人伦秩序、调节社会关系的相对确定的法则，也就是一套社会实践的理想蓝图，所以孔子说："不学礼,无以立。"(《论语·季氏》)"能以礼让为国乎?何有?不能以礼让为国,如礼何?"(《论语·里仁》)所以继承了孔子礼制精神的荀子才会主张:"礼者,治辨之极也,强国之本也,威行之道也,功名之总也。"(《荀子·议兵》)其中的理性意味就在于试图以一套相对确定的制度来规范社会生活,因为儒家相信宇宙间某些关系形态并非转瞬即逝的短暂现象,你可以用一套相对确定的法则来应对这些关系形态的持续存在,这就突出了规范的约束性和确定性,而这大概就是儒家所理解的生活的庸常之道吧!所以有子才会说:"礼之用,和为贵。先王之道,斯为美;小大由之。有所不行,知和而和,不以礼节之,亦不可行也。"《论语·学而》这里的"和"体现了孔子的中庸思想,也就已经暗示了权变的意义。但是有子还是主张维持礼制的相对确定性,毕竟这是任何一种制度之合法性的内在要求,它同时也体现了儒家对确定性的坚持,似乎权变是出于一种不得已。这样的诉求倒也不难理解,任何制度总难免遇到例外,若试图面面俱到就只能陷入朝令夕改的自我否定之中,更何况并非所有的例外都具有灵活应对的现实意义,这大概也是儒家的一种现实主义或者说务实精神的体现吧!不过礼制的理性当然不同于规范化科层组织的工具理性,这不仅因为它在概念上并不排斥传统和情感,而且因为它并不是一种形式化的理性,儒家思想的理性化策略并没有那种内容与形式二元对立的特征,相反它尽管也拥有那种形式化的普遍追求,但却并不排除伦常价值的实质主张,这是一种兼顾形式与实质的具有理想主义色彩的理性精神,也正因此它并不是一种绝对的理性,它所主张的普遍性是向内容之变化开放的并非绝对的普遍性。[①]"乐也者,

---

① 我们提到了儒家思想的理想主义和现实主义,这看似矛盾的状态既暗示了儒家思想所可能存在的张力,也体现了儒家思想力图兼顾现实与理想的努力。

施也。礼也者,报也。乐,乐其所自生,而礼反其所自始。乐章德,礼报情、反始也。"(《礼记·乐记》)"报情"与"反始"充分彰显了儒家力求从情感与传统的现实中寻求理想主义的精神价值的主张,问题的关键在于一种合理化的价值表达,这就是礼乐制度的理性主义精神所在。"乐也者,情之不可变者也。礼也者,理之不可易者也。乐统同,礼辨异。礼乐之说,管乎人情矣。"(《礼记·乐记》)"不可变"与"不可易"正是对普遍主义的确定性的追求,这不是空洞的形式,而是始终由具体的价值判断所充实着的。因此,它完全不同于那种资产阶级基于自身利害得失的斤斤计较,而是一种具有普遍主义价值诉求的伦理的理性,这种将具体价值普遍化的意图本身就是一种理想主义的追求——以公共的义为标准的推己及人的博爱视野。其所具有的普遍主义的伦理诉求和针对社会现实问题的务实精神,使之不同于那种为价值而价值的浪漫主义的合理化。

然而,礼制的理性终究不能摆脱制度化实践所带来的僵化与惰性的困扰。虽然儒家思想并不否认礼制也要随时代的变化而变化,但这样的变革在纷繁复杂的现实面前总难免显得反应迟滞、不够灵活,因此权变的理性也就成为儒家因应宇宙之无常变化的希望所在。这对于身陷不确定性困扰的现代人,不失为一种富有启发性的思路。《论语·子罕》告诉我们:"子绝四:毋意、毋必、毋固、毋我。"这段话可谓道出了孔子乃至儒家思想的精髓:他要求凡事要有实证,不能凭空臆想(毋意);他反对绝对的肯定,从而拒绝那种绝对的确定性(毋必);他主张不要固执己见,所以有一种变通的精神(毋固);他又反对自我中心的唯我立场,这便和个人主义、主观主义划清了界限(毋我)。中国古代的哲思从《周易》开始就敏感于宇宙变化的不确定性,而要求一种因时制宜的变通精神,儒家正是这一传统的继承者和发扬者之一。这样的精神气质其实恰恰是从现实的关系处境中抽象出来的一种分析形态,它最初也许来自殷周兴替所催生的天命无常的感叹,毕竟笃信鬼神的殷人统治的崩塌直接导致了对永恒天命的最初质疑,而农耕民族对于天时变化的敏感与关切无疑也具有不可低估的作用。

《论语》中便记载了孔子践行权变理性给其弟子颜回所造成的困惑:"仰之弥高,钻之弥坚。瞻之在前,忽焉在后。夫子循循然善诱人,博我以文,约我以礼,欲罢不能。既竭吾才,如有所立卓尔。虽欲从之,末由也已。"(《论语·子罕》)孔子行为的难以捉摸,正是其不以规范为教条的变通精神的表现,这使得兢兢业业于文献和礼仪学习的颜回感到无所适从,也是权困扰儒学后人的关键所在。我们在前文曾经指出了张载所谓"不惑然后可与权"(《正蒙·中正》)的观点,那么在张载看来怎样才能算作不惑呢? 这就是领会天、地、人三才之道,即所谓"阴阳、刚柔、仁义之本立,而后知趋时应变"(《正蒙·大易》)。[①] 权变的前提自然是要通晓道义,但如何才能够立其本呢? 张载说:"博文以集义,集义以正经,正经然后一以贯天下之道。"(《正蒙·中正》)但这条学习文献经典的道路不正是使得颜回无所适从的道路吗? 其实在张载所谓的"博文"和"贯道"之间还有一个不能仅仅凭借书本学习来实现的"熟",因为"大可为也,大而化不可为也,在熟而已。《易》谓'穷神知化',乃德盛仁熟之致,非智力能强也"(《正蒙·神化》)。德盛仁熟不是仅仅凭借理论的学习就能够达到的,博文的目的也不是要积累实践的书本教条,而是为通向贯通大道的境界提供一个积累的门径,重要的是在实践的磨炼和日积月累中沉淀那无私无为的自然心境,从而能够在一种纯熟自发的状态中践行伟大的道德("大"),这才可以进入神化的

---

① "阴阳天道,象之成也;刚柔地道,法之效也;仁义人道,性之立也。"(《正蒙·大易》)

境界("化")。所以说:"大而化之,能不勉而大也;不已而天,则不测而神矣。"(《正蒙·神化》)熟的境界不是对象化的努力(勉)所能够直接达致的,因为神化的状态是无法测度的,你不可能通过确定的知识来获取对不确定性的纯熟顺应,后者也就是在前理论的意义上和宇宙的变化不定的状态融为一体,这也就是真正意义上的内外交感、天人合一。由此,我们才能够理解为什么冉觐祖等人会主张"不惑"就是"精义入神"(林乐昌,2012:443)。只有精通义理而达到神妙莫测的境界,才可以说是真正做到了不惑,因为只有入神才可以对变化的微妙征兆(几)有所预见(豫),所谓"'知几其神',由经正以贯之,则宁用终日,断可识矣"(《正蒙·神化》),"'精义入神',豫之至也"(《正蒙·神化》)。所以,在实践的磨炼和积累中达至对义理(经正)的纯熟领悟,从而贯通万事万物的此消彼长和变化不定,又怎么需要凭借智力去努力地终日思索呢?但这不也正是掌握权变之理性的困难所在吗? 毕竟与智识的学习相比,对纯熟的自然状态的达至本身就充满了不确定性,难怪张载会说:"子思以我未至于圣,孔子圣人处权,我循礼而已。"(《经学理窟·丧纪》)这样就把权和圣放在了一个层次,以至于说:"无所杂者清之极,无所异者和之极。勉而清,非圣人之清;勉而和,非圣人之和。所谓圣者,不勉不思而至焉者也。勉,盖未能安也;思,盖未能有也。"(《正蒙·中正》)如此提高权的地位,不也正是透露出不确定性问题所带来的巨大困难吗?

那么我们究竟应当如何来对待权变的理性呢? 儒者似乎并没有为我们提供什么清晰的方案,毕竟因应不确定性的理性又怎么可能自相矛盾地摆出一副确定的模样呢? 他们只是将权变的理性留给了实践的磨炼与积累,以求达到一种看似可望而不可即的神圣境界。这当然仅仅是就个人能否纯熟于此种理性而言,我们自然不必因为儒家学者在理论上的苛刻标准而望而却步,毕竟以圣人的境界来诠释权变的实践不过是为了强调应对不确定性的困难所在,同时也凸显了一种理想主义化的极致追求,但这并不妨碍我们为理解这一理性类型而找到一些不确定性中的确定性,以为现代人树立起一个通往权变理性之路的相对明晰的坐标。这便是权宜和变通的原则或标准——义。不过这个不确定性中的确定性当然也不可能是条分缕析的具体规范,儒家只是将它理解为合宜恰当①,在最抽象的意义上它是每一个人与天地万物共通分享的普遍而无私的价值。所以朱熹才会说:"看道理,须要就那个大处看。须要前面开阔,不要就那壁角里去。而今须要天理人欲,义利公私,分别得明白。"(《朱子语类·学七·力行》)这显然是按照儒家的传统将公义和私利对立看待,义指向的是公是天理,利所言的是私是人欲。只有当你不以一己之私来计较,你才可能做到合宜恰当。所以说:"事无大小,皆有义利。今做好底事了,其间更包得有多少利私在,所谓'以善为之而不知其道',皆是也。"(《朱子语类·学七·力行》)如果为了做好事而做好事,就已经偏离了公义,因为这个公义是容不得一丝私心杂念的,其中的理想主义色彩是显而易见的。不过这倒不是说儒家思想对于利就一概地加以拒斥,他们只是反对那种功利主义的计算,而利弊也只是顺其自然的结果罢了。"君子之于事,见得是合如此处,处得其宜,则自无不利矣,但只是理会个义,却不曾理会下面一截利。小人却见得下面一截利,却不理会事之所宜。往往两件事都有利,但那一件事之利稍重得分毫,便去做那一件。"(《朱子语类·论语九·里仁篇下》)这就是儒家思想所给予我们的不确定性中的确定性,你只有真正

---

① 如"仁者,人也,亲亲为大;义者,宜也,尊贤为大。亲亲之杀,尊贤之等,礼所生也"(《礼记·中庸》)。

达至了天人合一的纯熟境界，才能够以不勉和不思的方式理所当然地践行此种公共的价值，也才能够以合宜恰当的方式来应对那些突如其来的变故，而不会被各种狭隘的利益诉求引入歧途。但这显然不是事先已经拥有某个现成的应对方案，不是拥有有关公义的绝对价值准则，而是在具体的实践中随机应变，唯一的确定性就是最大限度地寻找那种无私的公共价值，并以此来规范自身的实践。这一价值的意义显然已经超越了人类的范畴，正如张载的"民吾同胞，物吾与也"(《正蒙·乾称》)所暗示的那样，义是贯通天地的普遍道义，它与任何基于自我利益的算计都格格不入。

对于生活在现代世界、被各种功利主义所浸淫的现代人而言(工具理性的价值观同样是功利主义的)，权变的理性无疑是一种艰难的挑战，更不要说那不确定性本身所制造的困扰了。然而如果我们总是斤斤计较于自身的利益得失，又怎么可能在面对那些超出庸常之理的变故时，做到同心协力、应对自如呢？如果人类只是从自身眼前的利害得失出发，又怎么能够与天地之间的万事万物和谐共处，而不陷入作茧自缚的困境之中呢？尽管普遍的公共性也许只是一种理想主义的想象，即便像儒家这样强调一种变化中的普遍性也还是有可能成为对差异性的忽视，但若因此而放弃这样一种为他的追求，也同样是对关系主义的生存论上的背弃。因为我们怎么能够无视那些在我们的存在中不可或缺的存在者们的利益呢，所以为他和为我其实是共属一体的。

# 第四章　生态权力

## 第一节　文化的差异和不平等

### 1. 文化—权力：权力技术

对于文化而言,权力究竟意味着什么? 在尼采的眼中,没有什么能够摆脱权力意志这个无所不在的生命力量,一切生成、变化、过程和斗争都只能通过权力意志这个本体来解释,只不过权力意志不是形而上学的永恒实在,它是多样的和差异的运动的力。"一切事件、一切运动、一切生成,都是一种对强度和力量关系的确定。都是一种斗争……"(尼采,2007:441—442)于是,整个世界就被视为统治关系或者说权力关系的表达,区别仅仅在于究竟是阿波罗式的坚持,还是狄奥尼索斯式的生成(尼采,2007:136)。基于这样的思路,我们所谈论的文化似乎只能是权力意志,或者说文化的存在只能是权力意志,信仰和知识不过是权力意志所制造的保存或颠覆性的战略,例如"求真理的意志作为权力意志"(尼采,2007:402)等。由此我们就看到了福柯思想的核心来源,在以后结构主义的方式清洗了尼采思想中的个人主义因素之后,尼采的权力意志就转化为福柯笔下的客观的权力关系。后者对于知识的本体论地位依然延续了尼采的风格,只不过福柯放弃了尼采那种对于知识乃至真理不加区别的激进立场,仅仅将自己讨论的范围限定在其所谓的"人文科学"之上。福柯认为,人文科学所研究的是西方的文化,因

此它本身不可能获得超越文化的普遍有效性(Foucault, 1970: 366 -
367, 371)。我们显然是从更宽泛的意义上来理解"文化"一词的,从而
将福柯所回避的那些知识形态也囊括了进来,但这并不妨碍我们发现
从尼采到福柯某种一贯的思路,那就是将权力和文化区别开来,并宣称
权力对于文化具有本体论的优先性。事实上对于福柯来说,没有什么
知识能够摆脱权力的支配地位,区别仅仅在于权力自身的多样性,"测
量(measure)……作为'权力-知识'的一种形式,它与希腊城邦的形成
联系在一起……调查(inquiry)……与中世纪国家的形成相联系……检
查(examination)……作为权力-知识的一种形式,它与工业社会中具有
控制、排斥和惩罚特性的系统联系在一起。在它们的历史的构造中,测
量、调查和检查都是实施权力的手段,并且与此同时,都是创立知识的
规则"(Foucault, 1997: 17 - 18)。测量是数学和物理知识的一个母体,
调查是经验知识和自然科学的一个母体,检查则是人文科学的一个母
体(Foucault, 1997: 18)。不过,与尼采和福柯的思路截然相反的是,
主张符号也就是文化的编码统治的布西亚显然不会将文化置于权力的
支配之下,并宣称权力的本体论地位。相反,布西亚主张现代社会中的
权力正是文化的产物,因为权力所依赖的二元划分的现代性逻辑正是
文化的编码(Baudrillard, 1993: 30, 86, 90)。

不难看出,无论是福柯还是布西亚都倾向于采用一种还原论的思
路来理解权力和文化的关系,区别仅仅在于究竟是权力优先还是文化
优先,是权力的决定论还是文化的决定论。但这样的分歧就像唯物论
和唯心论的分歧一样,透露出一种文化和权力的二元论,在二元划分的
预设下徒劳地寻找克服二元论的还原论方法。然而问题的关键在于,
无论权力是一种生产的还是压制的力量,都不可能是一种独立的存在,
正如福柯和布西亚都拒绝将权力想象成一种实在所暗示的,权力作为

一种力量关系并不能够自主地决定这一关系的运作方式,它甚至作为关系都是抽象的,因为力量关系仅仅是一种强弱不平衡的状态,但你并不知道它何以如此强弱。这就是为什么福柯(Foucault,1977：27)宣称:"相反我们倒是应当承认,权力生产知识(不只是因为知识服务于权力从而通过促进知识的方式去生产,或因为知识是有用的从而以运用知识的方式去生产);权力和知识直接地彼此暗示;不相关地构成一个知识领域就没有权力关系,不同时预先设定和形成权力关系就不会有任何知识。"但也正是这样的表述暴露了福柯思想中二元论的内在张力,如果没有知识领域就没有权力关系的话,权力关系又怎么能够预先设定呢？你当然可以说这个预先只是逻辑上的,而不是时间上的,但这样的辩解恰恰暴露了缺乏经验支撑的独断论想象,问题的关键仅仅是对权力优越性的盲目信仰而已,它并不具有什么事实的合理性。因为力量关系的运作方式完全是一个文化问题(这当然是在分析意义上的文化,即文化作为实践的方式或法则,这是对于福柯"文化"概念最为合理的解释,尽管将权力和文化都视为分析的反事实建构并不符合福柯的本意),是力量的意义问题。福柯的权力本体论就相当于主张,在逻辑上先有力量关系,然后才有这一关系运作的方式,其荒谬性不言而喻。而布西亚将权力还原为文化的建构,也同样陷入这样的尴尬之中,只不过整个逻辑被颠倒了过来。仿佛文化可以在逻辑上先作为力量运作的方式而存在,随后再派生出具体的运作,但这样一来文化就成为一种先于它自身的效能而存在的东西。即便这只是逻辑上的,但它除了只是一种荒谬的独断论信仰之外,还能是什么呢？将一个现象和它自身的效能区别开来,并强调这一现象的优先性,无非就是希望寻找一个隐蔽的主体,它能够发起或收回其效能,它才是真正的存在。但这样一来这个现象就陷入一种布西亚所反对的形而上学式的实在论的隐喻之中，更不要说这个隐喻的主体主义暗示更是布西亚这位客体主义者所坚决拒斥的。

所以说将权力和文化在本体论上区别开来只能陷入逻辑上的自相矛盾之中，因为我们不能把实践方式和实践效用视为具有不同本体论意义的两种存在，否则就相当于将实践割裂成两个方面，然后再宣称其中一方才是本体，而另一方只是派生现象，这样一来具体的实践就陷入一种自我分裂之中，这是一种在经验上毫无根据的想象。它们充其量不过是对同一实践的反事实分析，说其中的一方决定了另一方的存在，无异于将反事实当作事实来加以肯定，这大概就是西方二元论思维方式的症结所在。正是基于这样的反思，同时基于我们立足于具体实践的非二元论立场，我们拒绝将文化和权力视为两种彼此相关的现象，它们充其量只是分析的不同建构，即作为实践方式的文化和作为实践效能的权力关系。但如果文化就是具体的实践，不存在先于实践的文化，那么权力就只能是文化本身的力量维度，不是文化派生出权力，而是文化有权力。权力就是文化作为具体实践的不平衡的力量效能，你不可能外在于权力来谈论文化，就如同你不可能外在于文化来谈论权力一样。所以，对权力的研究也就是对权力技术的研究，它表明权力只是一个抽象的名称，因为它无法涵括它本该具有的意义维度，单纯的权力是不存在的。权力技术意味着权力始终是文化的权力，如果权力是力量，那么技术就是意义，"权力技术"这一概念也就概括了力量与意义的共属一体性。权力是具体的文化在本体论上固有的特征，既是文化的生产力也是文化的压制力，是一种文化征服另一种文化的力量，也是一种文化反抗另一种文化的力量。

那么权力技术所具有的不平衡的强弱关系又是如何形成的呢？这种强弱的不平衡就是不平等，它是文化不平等的力量展现，是捍卫不同的社会资源与利益的产物。当然,不是任何存在或生存的差异都意味着这种不平等,只有涉及不同个体或群体之间的社会资源和利益的不平等的文化差异才会构成权力技术关系,而这也正是一切文化发挥作用的具体方式(没有权力意义的文化差异不等于差异的各方不具有权力技术,因为权力是一切文化的本体论因素)。当然,从分析的意义上讲,力量关系的实际形成还必须以弱势方对强势方优势地位有意无意的承认作为中介。因为不承认将意味着两种文化之间完全的对立和对抗,最极端的关系形态就是战争。这显然无法在斗争双方之间形成一种有效的统治关系,而在肉体上消灭自己的对手无论如何都不可能意味着权力的存在,因为这种消灭也就取消了关系的可能性,取消了任何意义上认可的可能性。就此而言,黑格尔的主奴辩证法在此具有某种隐蔽的意义,因为任何权力关系都需要承认作为中介,这就暗示了某种权力的可逆性,即不存在绝对单向度的权力技术关系,不存在分析上绝对无权力的实践者,因为一切实践都包含着权力因素,而弱者的承认正是其文化的支配力量的表现。如果我们换一种角度,这就意味着强者依然要依赖于弱者的认可,才可能获得其分析上的优势地位,这同时也就构成了一种逆向的支配。从这个意义上来说,任何权力技术关系都不可避免地在一定程度上以反抗为其内在的条件(这当然不是一种彻底的对立),这就是弱势方的能动性,作为分析上的抵抗点发挥着使权力技术关系得以可能的意义。这就是权力技术的悖论:一切支配都要以被支配为内在条件。

所以,"文化-权力"的现实往往表现为从完全的服从到彻底的对抗之间的连续统,而完全的服从依然包含反抗。我们甚至可以说,权力技术关系不仅悖论式地要以认可意义上的辩证的反抗作为其存在的内在条件,还要以不认可意义上的直接的反抗作为其存在的外部条件,后者对于那种生存论上的统治战略而言尤为重要。因为一种有意识的统治关系必须以对立面的存在作为自身存在之合法性的外部条件，它不仅需要一个战略上的靶子，以此来动员和凝聚其自身的力量，甚至还会制造其所需要的反抗，这是其生存的迫切性所带来的后果。这就导致了统治的悖论，即以消除反抗为目标的征服的战略不能彻底消除反抗，它不仅内在地而且外在地需要反抗的存在，并且始终需要这样的存在。

## 2. 权力的关系性：非二元论

既然权力不可能独立存在，它是具体的文化所发挥的作用，是文化得以具有意义的方式，那么权力技术也就不可能具有一种二元论的存在，它是共在的关系。因此，像那些结构主义者那样将权力想象成一种制度性的约束力量，或广义政治上的客观的支配力量，只会造成一种实在论的错觉。即便像福柯这样的后结构主义者宣称权力不是实体（Foucault，1980：198），也无法逃脱一种实在论的隐喻。毕竟作为强加于人类实践者的客观存在的权力关系，其外在于实践者的客观的存在状态无论如何都在模仿着它所试图排除的实体性。与此同时，那些个体主义者对权力的理解只不过是延续了主体主义对绝对自发性的想象，这可能更符合"权力"概念最初的含义（Habermas，1987：274）。

但最初的并不意味着最真实的，它完全可以是最初的错觉，所以如果把那种追根溯源的工作与追求真相联系在一起，并以此来批评对所谓的"本来意义"的偏离，就失之偏颇了。事实上，作为强弱不平衡的关系状态，权力技术不可能以个体化的形态而实际存在，这是强弱的相对性所决定的。个体化的权力只能是一种主观能力的虚构，完全没有意识到权力只能作为反事实意义上的遭遇，反抗的辩证法只能在此种遭遇的意义上才是可理解的，但主观性的假设却完全无视了这一点。说个体具有将意志强加于他人的能力，无论采用合法的还是暴力的手段，都完全忽视了"承认"在权力技术中的本体论地位,我们在任何权力关系中都不可能发现一个具体的实施权力的主体,强与弱的划分不过是对相对性的抽象命名。这当然不是说弱者取得了与强者一样的统治地位,而是表明无论强者还是弱者都不可避免地以反事实的方式依赖于对方的存在。事实是,他们不过是对关系状态的分析建构,在分析上占据更加有利的资源和利益位置的个体被称为"强者",他们很容易在常识上被视为拥有权力的人。但这在理论上却并不能够给予我们怎样的启发,反而会引发将权力主观化的错觉,并将权力视为一种内生的或可转让的实在,仿佛权力是个体所固有的某种东西或可以获得与失去的某种东西。①

　　但这并不意味着将权力技术关系本身视为一种强加于个体的客观事实,因为将关系客观化也同样是对共在的否定。这并不是宣称关系不是实体就可以搪塞过去的,因为共在不仅仅意味着非实体性,更意味着一切关系都不能够先于关系各方而存在。即便强者和弱者是一种反事实的分析建构,是从关系状态中抽象出来的实体假设,也不意味着关系本身可以先于这些建构而存在,因为分析性的建构本身就意味着关系不可能独立于这些建构,毕竟分析是对关系的分析,是关系所具有的某种理论的可能性,因此它在实质上并不是在关系之外或之后制造出某种非关系的存在,而是关系从来就在分析中在场。如果假定先有权力技术的关系,然后才有外在于关系的强者和弱者的分析建构,就完全忽略了分析是一种逻辑上的抽象,是对关系的一种逻辑演绎,就如同你完全可以说关系正是这些分析性要素的反事实的综合产物,但这丝毫

---

① 福柯出于对权力的关系性的理解,在对其所谓"统治权"的批评中明确反对将权力视为一种可转让和可占有的实在(郑震,2009:135—136)。

不意味着关系是在这些要素之后所产生的现象，这就是综合与分析一样都是反事实的原因。所以，共在的思想不仅试图打破那种原子论的封闭状态，同样也反对将一种客观性视为一切建构的前提，共在并不比个人先在，它就是个人的共在。我们之所以将个人之间的遭遇视为反事实的，并非要否定每一个体所具有的感受和判断，并非主张个体没有体验到快乐和痛苦，也不是说这样的体验是毫无意义的主观幻觉，而是指出与常识判断不同的是，这一切都只有在关系的状态中才可以获得存在的意义，才可能获得合理的解释。在此意义上，每一个体都仅仅是一束变化着的关系，它们并不是从外部进入个体的身体和灵魂，也不是将自己强加给个体并使之具有灵魂，而是它们就是个体存在本身。

所以，权力的关系性就是要将权力研究的重心放在具体的实践上，主张社会现实除了活生生的实践之外就再也没有什么具体的东西，这个实践就是人人关系和人物关系。无论是个体先于关系还是关系先于个体，都只能是对实践的具体性的破坏，是错误理解了分析或综合的意义，将反事实的抽象性强加给了现实本身。换句话说，无论是分析还是综合都只能在关系的具体性中才具有存在的合理性，关系既不先于分析也不后于综合，而是分析和综合是对关系的两种理论操作，是对关系的反事实诠释，我们不可能针对理论的建构而一本正经地谈论什么实际的先后或内外。

破除二元论的幻觉并不是出于什么理论上的癖好，而是理解人之存在的一种更具现实意义的努力。其实主客体二元论本来就是此种努力的一种方式，但当我们意识到这样的努力已经耗尽了它的积极的潜能，转而成为一种桎梏思想的枷锁的时候，就是范式转换的时刻了，非二元论的关系主义正是这样的转换。它要求摆脱主客体二元论有害的虚构，转向一种更为真实也更具建设性的理论建构，这样的理论图景所传达的当然不是绝对的现实本身,后者意味着对任何理论实践的取消。前理论的生活当然不需要与它自身拉开距离,理论作为生活的一种特殊方式并不意味着它所传达的生活图像就是生活本身的反映,相反这样的对象化使得理论不可避免地与其对象拉开距离①,这是理论所无法克服的悖论,因为理论不可能自相矛盾地否定它自身的存在,这恰恰也是试图认知现实的理论的悖论。以非二元论的方式来理解权力或权力技术,使得我们不必再陷入那种非此即彼的矛盾之中,从而将关注的焦点放在现实本身的差异和不平等的问题之上,既不用想象一种抽象的制度或结构的迫害,也不用拘泥于个别人的意志或决断,而是在反事实的遭遇中寻找理解现实的切入口,这里才是不同的资源和利益碰撞的地点,才是强与弱开始分化的舞台,至于那些主观的和客观的权力假设,不过是为了理解这一舞台所制造出来的分析工具。如果不是过于迷恋这些工具所营造的氛围和效用,我们将会发现研究各种关系的变换和碰撞、思考社会关系网络的流动和编织机制也许才是更具建设性的理论路径。毕竟拘泥于个别个体的能动作用或某种非人制度的强制性,只会使我们将目光从具体的实践上转移开去,从而纠结于某一种人生的特殊性或某一种抽象而空洞的普遍命令,它们其实不过是关系在我们的记忆中所留下的局限性。

因此,重要的是去寻找权力技术的关系机制,即在从一种关系向另一种关系转变时究竟发生了怎样的利益与资源的交换或碰撞,或者当一种关系生成或消失时究竟是怎样的利益机制和斗争策略在发挥作

---

① 一种生活方式与整个生活拉开距离,这听起来简直就是一个悖论,对生活做总体性思考所无法避免的悖论。它表明这种总体性思考不可避免地有其独特的局限性,即对象化的不彻底性。人们只是在假定正在进行的理论反思与其他生活具有某种形式上的相似性的前提下才可能进行这样的思考,但这也只是一个假设,并且它只是当思考仅仅涉及这样的形式的意义上才可能具有意义。

用，以至于当各种关系汇聚或分裂为关系的集合时，又可以冠以怎样的战略名称。而这一切追根究底只能是价值的问题，是各种价值生成、汇聚、排斥、斗争、消亡的过程，我们所生活的世界就是一个价值融合与斗争的世界，这当然是在将价值视为实践本身的意义上而言的。只有当我们从关系或实践集合的宏大意义角度出发，建构一种制度或结构的话语才是具有意义的，但这丝毫也不意味着肯定某种自在存在的发号施令的客观主体（客体主义的主体隐喻），也不意味着赋予那些在这种制度或结构框架中占据重要位置的个体以发号施令的主观主体的重要性，仿佛这样的制度正是因为有这样的主体存在才获得了自身的存在意义。总之，传统意义上的分析范畴只有在非二元论的关系框架中才是建设性的，它们必须被重新理解。这就是关系主义立场所主张的回到具体、回到活生生的实践本身，在这里也就是回到具体的权力技术。它首先不是去关心某一个体在其实践中采取了怎样的意志或信仰，也不关心是否存在着某种潜在的系统性，这些抽象视角往往使我们远离了具体现实，忽视了只有实践才是唯一的经验对象，也只有实践才能够用来解释实践。但这丝毫也不是沉迷于所谓的"微观权力现象"，因为微观与宏观的划分也还是一种二元论的主张，它想象在具体的实践之外还有一个宏观的事实在左右或承接着微观的命运，然后赋予这样的宏观以各种制度或结构的名称，殊不知这样的宏观不过是对无数的力量关系或权力技术基于某种相似性或契合性所形成的汇聚的称呼①，它并不外在于实践而具有自在的存在，也不可能像一个主体一样把自己的意志强加给个人。所以，权力技术既是微观的也是宏观的，因此它

---

① 这种契合既可以是合作意义上的，也可以是竞争乃至敌对意义上的，这就是共在的层次性。

既不是微观的也不是宏观的。它并不将自身的存在寄托在一些个体之间的倚重于他们的特殊意愿或倾向的投入，也不是某个宏大战略在具体情境中的代理，它就是我们所能够面对的现实本身，主观与客观只是我们对之所采取的抽象。

## 第二节　统治权、纪律权力和日常权力

### 1. 话语：知识的权力技术

　　福柯在提出"纪律权力"的概念时①，将传统的"权力"概念统称为"统治权"②。在他看来，纪律权力和统治权的区别主要在于它们的运作方式是截然相反的，前者是自下而上发挥作用的生产性的权力，后者则是自上而下发挥作用的压制性的权力，尽管纪律权力也同样会导致压制性的后果，而统治权也会援引纪律权力乃至生命权力作为其效用的前提，但它们的确构成了一种二元化的权力视角，以此来表明两种截然相反的逻辑。这种思路完全契合了近现代西方思想的主导逻辑，即以二元对立的方式来思考问题，其中最为核心的就是主客体二元论。然而，福柯似乎忽视了在其所谓"统治权"和"纪律权力"的差异中包含着一种重要的相似性，即对于高度对象化和反思性的理论知识的依赖。用我们的话来说，它们至少就其最初的形态来说是知识层面的权力技术而非信仰层面的权力技术，尽管它们并不排斥向信仰层面的转化。

---

① 对福柯而言，纪律权力仅仅是生命权力的一种形式，然而鉴于这是福柯阐发得最为详细也最能代表福柯权力思想的权力形式，本节讨论将围绕纪律权力展开。

② 我们使用"统治权"这一概念，并不代表我们完全赞同福柯对它的界定，也不意味着这种笼统的概括是包揽无遗的。我们只是借此种划分作为一个切入口来反思西方"权力"概念的理论逻辑，并以此来提出我们有关"日常权力"的概念。

在福柯看来，纪律权力所依托的是人文科学的知识，所以权力的运作不可避免地表现为话语的实践，而权力与知识的此种联结只能是实践性的，也就是说话语不是被记录在书本中的陈述，而是具体发挥作用的实践本身。然而有趣的是，福柯并没有将关注的焦点放在知识权力的对象化和反思性运作之上，而是着重强调人文科学的话语是如何产生一种存在论的效果的。这就以我们所说的"知识的常识化运作"揭示了生存论权力向存在论权力的转化，但这显然并不是福柯的理论意图所在，他甚至并没有明确划分生存论与存在论这两个分析层次，而是仅限于其所关注的历史问题，在一种未分化的意义上研究了纪律权力这一权力类型的实践意义。但这一方面忽略了知识权力运作的特殊方式，另一方面也只是给出了信仰权力的一种特殊类型，毕竟并不是所有的信仰都来自知识的常识化。我们当然不能以此来苛求福柯的权力分析，毕竟福柯从特定历史现象入手的研究路径使之不可能从类型学上进行充分的考虑，他所关心的只是给出某些特殊的历史权力形态，并以此来解释特定的历史问题。

但有关历史特殊性的讨论将引出没完没了的具体类型的划分，更何况当福柯将纪律权力乃至生命权力视为现代权力的代表形式时，就有可能在更加一般的意义上打乱类型学研究的清晰性，毕竟福柯笔下的纪律权力仅仅是一种过渡类型，它并不具有韦伯意义上的理念类型的典型特征。这样的类型学研究无疑将更加有助于将权力或权力技术建构成更为有效的概念工具，它也是理解那些过渡形态的理论前提，尽管纯粹的类型很少在现实中独自到场。所以，对我们来说福柯所建构的"纪律权力"概念并不是描述知识权力或信仰权力的现成范本，反倒是这两种权力类型的某种混合形态，即在特定历史语境中从知识权力向信仰权力转型的一种形态。但也正是因为它具有明确的历史解释意图,所以这一转型本身的理论意义反倒被福柯忽视了。

　　所以说,我们不能因为福柯主张纪律权力与人文科学之间的关系,就判定纪律权力的特征是对知识权力的描述,因为它强调的是理论性的知识对于前理论的信仰的生产和建构,而后者被福柯错误地赋予了一种无意识的特征①,尽管它的确不是有意识的。与此同时,我们也不能因为福柯笔下的纪律权力所制造的是驯服的身体,就断定纪律权力是一种典型的信仰力量,毕竟这个身体也还是一种知识的建构,只不过这个建构最终表明知识退化成了常识。所以说,严格意义上的知识权力只能是一种对象化、反思性和话语性的权力,它的存在具有高度命题化的特征,并且向反思性的质疑敞开,这本身就意味着它拒绝将自己转化为常识的力量,后者只能是以一种无所置疑的教条主义方式对知识的生存论意义的取消。但生存论对怀疑的敞开不可避免地降低了其日常生活实践的效能,并且其复杂的专门化倾向也难以在日常生活中有效地发挥广泛的作用,这就导致向常识的转变成为突破生存论逻辑的一种极具诱惑性的努力。这也许就是为什么在与我们的问题语境有所不同的意义上涂尔干(1999:575)会主张:"事实上,在所有社会生活中,

――――――――――

①　福柯的"无意识"概念无疑主要来自尼采和弗洛伊德的启发,这使之既构成了对意识的生产和奠基(尼采的影响),又导致了对人的压抑(弗洛伊德的影响)。然而将信仰和常识的实践视为压抑性的假设,则完全忽视了不言而喻性所具有的尽管是错觉意义上的自然状态的直接性特征。这种特征不可能假定压抑所带来的扭曲和伪装,不可能假定某种压迫性监控机制以及对此种机制的逃离,因为这样的假定无法在将无意识视为日常生活主导形态的同时,而不肯定人类实践者在其日常生活中广泛地陷入某种困境之中,但这样的肯定显然与日常生活经验是相矛盾的。这也许就是为什么弗洛伊德的无意识研究主要是通过诸如精神病、梦境、失语等现象而展开的,它们不可能构成日常生活的主导形态。这也就是我们要以非精神分析的"前意识"概念来取代"无意识"概念的主要原因所在,我们并不否认无意识的存在,但它并不能构成日常生活的主导形态,它只是表明那些与主导性信仰和知识强烈对立的实践往往被压抑成一种无意识记忆的分析状态,以此来最大限度地避免人类实践者陷入自我冲突的困境之中。

科学都是以舆论为基础的……但就是在科学似乎正欲确立自己法则的时候，科学还得继续依赖舆论。正像我们已经指出的那样，科学作用于舆论的必备力量恰恰是在舆论中获得的。"与我们这里的讨论不同的是，涂尔干无疑是就科学作为一个整体来谈论科学的权威性问题。但这并不妨碍我们从中引申出一个关键问题，因为这个舆论的实质就是存在的信仰，对涂尔干而言就是以教条主义的方式来对待科学的客观性和真理性，也就是形成对科学整体的盲从。只有当科学在总体上获得了存在的信仰之后（就像宗教曾经获得的信仰那样），它自身的话语才能够成为一种在社会生活中充分有效的权威。这一点无疑也适用于个别科学知识的合法性问题，后者显然具有更加具体的意味，而不只是一种总体上看似空洞的盲从。（例如如下的表述所体现的："总之科学代表了真理，尽管我对之一无所知。"）"仅仅因为概念具有客观价值，就认为概念可以获得权威，也是不正确的，即使对那些根据科学法则而确立起来的概念而言，也是如此。只因为它们是真实的，就要让人们相信它，这是不够的。"（涂尔干，1999：574）换句话说，只是因为某些知识是虚假的，就要人们怀疑它，这也是不够的。重要的是，它的合法性是否具有一种常识基础，而知识本身的教条化或常识化无疑是更加具体和直接的保证。因为，如果特定的知识仅仅是披着科学的外衣而远离日常生活，那么又怎么可能在大众心目中真正成为一种发挥日常生活效用的魔力呢？人们又怎么可能对那些完全远离自己生活的知识产生舆论狂热呢？尽管并不是所有的知识都会获得某种常识的形态，但某些性质上相近的知识的常识化却是必不可少的，这甚至是科学作为一个总体的权威性所必不可少的条件。所以说，理论若要捍卫其逻辑就必须拒绝常识化，但始终存在着理论常识化的诱惑机制，并且为了实现一种日常生活效用的最大化，这种常识化已经成为广泛存在的社会历史事实,而那些尚未常识化的理论只能在远离日常生活实践的领域中运转,日常生活充其量只是保持着对它们某种盲目却空洞的信仰(这类似于涂尔干所谓的"科学的舆论")。

那么知识的权力技术究竟是生产性的还是压制性的? 这个问题本身就是一种二元论的错觉,它与主客体二元论有关能动和约束的提法如出一辙。我们曾经就能动与约束的问题进行过详细的讨论(郑震,2019c),并指出此种二元论的抽象性和虚构性,这一思路也同样适用于对权力技术的生产性和压制性的划分。换句话说,并不存在什么单纯的压制性的权力或生产性的权力,压制性和生产性仅仅是权力技术的两个分析特征,是人为建构的概念工具。话语既是生产性的也是压制性的,区别仅仅在于这两种特征在分析上的比重,即某些话语类型也许更具有生产性,而另一些则更具有压制性。所以,说统治权是一种消极和否定的力量,与说纪律权力是生产性的力量一样,都是福柯出于论战的需要而制造的幻象,这就是为什么福柯又不得不承认"压抑的观念仍然是一个司法-纪律的观念,无论人们将如何批判性地使用它"(Foucault,1980:108)。因此,询问知识的权力技术究竟是生产性的还是压制性的并没有意义,这两个分析性的概念只有在面对具体话语形态时才具有某种区分的价值,以至于我们可以说某一种知识较之于另一种知识更具生产性或压制性的价值。而这样的判断也并不能够等同于一种道德的评价,因为生产性和压制性并不是道德意义上的划分,就如同主体的能动性和结构的约束性也不是什么道德的划分,它们仅仅是适用于一切实践活动的道德上中立的分析判断,同时向不同的道德判断敞开。我们甚至可以将权力技术的生产和压制与主客体的能动与约束相互重合,这恰恰暗示了福柯在谈论纪律权力的生产性时所隐含的将权力结构主体化的隐喻。也就是说,福柯笔下的权力关系虽然被视为一种客体化的力量，但它并没有摆脱那种主体性的隐喻，即将客体视为一个能够像主体那样发挥能动作用的隐蔽主体（客体发挥其强制性的方式与那个同样是虚构的主体主张其主动性的方式何其相似）。所以，权力技术的生产性完全可以被视为对权力主体的能动性描述，而权力技术的压制性不过是对权力客体约束性的复述，这样就将权力二元论还原成了主客体二元论。之所以福柯完全可以毫无矛盾地谈论纪律权力的客观生产性和统治权的压制性（要知道统治权所主要指向的自由主义权利学说大多主张一种个人主义立场），正是因为所谓"生成"和"压制"不过是两个分析性的抽象概念，你完全可以在客体的身上看到那个主体的能动性，也可以在主体的身上看到那种约束性的影子，这并不是什么概念的混乱，它恰恰表明那种人为划分难以掩盖事实的共属一体性。

不过知识的权力技术的确应当发挥一种道德批判的作用，这是社会科学无法回避的责任，也是社会科学的一种研究方法。这是一种对现实加以反思性评价的力量，是社会科学以及哲学特有的话语方式。换句话说，自然科学并不能够对其研究对象加以道德评价，因为自然物理现象就其事实性的关系建构而言已经排除了伦理特征，即它在与文化区别开来的过程中被视为非道德性的存在（不是不道德的）。但社会科学的对象即文化无疑将这种道德性在最本己的意义上实践出来，以至于在社会生活中我们只能谈论两种实践，即道德的实践和不道德的实践。这当然是一种笼统宽泛的划分，因为它主张凡不是不道德的皆是道德的。我们如此理解的意图就在于强调社会科学话语的批判性力量是其研究对象的内在要求，社会科学话语不可能在无视其研究对象道德属性的前提下真正理解它的对象，也不可能在道德中立的意义上使其研究具有科学意义。这当然不是说社会科学要先入为主地以道德的名义来解释它的对象,在研究的某个阶段它恰恰应当尽可能地排除这样的道德预设,以避免有关善与恶的规范化要求将整个研究过程引向伦理学,从而遮蔽了对于文化现象的分析上尽可能客观的解释立场。但它有责任将其对对象的解释置于某个应然的评价等级中,最终为实践的可能性提供某种判断。这表明在一种理想化的意义上社会科学的研究具有双重规范性,即因果解释的规范性(它意味着不存在绝对客观的立场)和道德判断的规范性(它意味着人的实践不是物理学意义上的物的实践)。但实际过程往往并不存在这样的区别,因为因果解释的规范性总已经包含了好与坏的判断,在一种比较理想的意义上它仅仅涉及研究效能的技术上的判断(是否足够客观、是否更具洞察力等),但这与道德意义上的好坏最多也只是具有功能上的差别。而实际过程则完全有可能将一种道德判断裹挟其中,这就是道德信仰的强大力量。但我们的确可以在解释对象的过程中尽可能地排除那种狭义上的道德规范性,并尽可能地使后者在一种明确的批判意图中发挥作用(这同时也就意味着这些规范性并没有豁免于反思性的审查),而不是作为信仰意义上的先入之见理所当然地进入研究实践之中。

## 2. 日常生活的权力技术与神话学

与知识的话语有所不同的是,信仰的权力技术并不具有对象化和反思性特征,它也不可能以话语的方式来发挥作用,毕竟信仰本来就是一种非语言性的存在,尽管语言却需要信仰的奠基。那么,信仰的权力技术也就不可能采用统治权或纪律权力的实践方式,它不会像它们那样为自己设定明确的对象,并以话语的方式来形成明目张胆的战略,它是一种沉默的力量、一种隐蔽且含蓄的日常生活的力量。这也就是为什么纪律权力会在某些方面与之产生重合,因为与统治权相比,纪律权力专注于从生活的细节入手,并表现出极大的耐心,从而有可能最终隐蔽其自身的存在。按照福柯的理解，纪律权力热衷于在空间环境的安排中编制时间的表格，从而期待着生命在漫长的过程中被创建。（这就是为什么纪律权力的原型往往来自诸如修道院、学校、军队、监狱这样的机构，它们的目的从来就不是一蹴而就的。）

但以话语的方式出场的纪律权力技术毕竟不同于日常生活的信仰力量，后者就其典型的形态而言无须一种理论筹划作为中介，它弥漫在日常生活的细节中，尽可能地拒绝那种发号施令的姿态，后者正是统治权和纪律权力所惯常使用的手段。还有什么能够比统治者的号令和携带惩罚机制的纪律更能够引发一种对象化的思考和反思性的介入呢？由于其所采用的策略总是带有明显的强制性，因此无论是统治权还是纪律权力都难以掩盖其自身的在场，从而不可避免地成为人们计算的对象，也正是因此纪律权力并不像福柯所想象的那样有效："福柯的'考古学'（在其中人类并不创造他们的历史，而是在历史中随波逐流）并没有充分承认那些屈服于统治群体的权力的人们是有认知能力的能动者，他们反抗、钝化或积极地改变其他人试图强加于他们的生活环境。福柯所言的纪律所生产的'驯顺的身体'，结果证明毕竟常常并不如此驯顺。"(Giddens，1981：172)事实上，知识的常识化并不总是采取严格意义上的纪律权力的运作方式，后者过分依赖于某种组织机构的介入，过分依赖于强制性手段的支持，这些都难以有效地维持一种广泛和分散的日常化运转，它们只是在诸如监狱这样的总体性机构中才有可能被近乎彻底地贯彻，并逐步将各种话语的强制转化成日常生活的关系节奏。但即便是在总体性机构中，纪律的强制性也还是不可避免地会引发各种针对性的计算乃至有意识的抗拒（对此戈夫曼[Goffman，1961]有关精神病院的研究无疑提供了重要的佐证），从而使其效能大打折扣。事实上，纪律权力所面临的问题在很大程度上正是统治权问题,而它们往往在实际过程中结合在一起的事实只能强化这些问题的表现。当然,这也并不是说包含纪律机制的统治力量便因此而无所作为,只不过它们并不像福柯想象的那样有效(其效果往往因人而异,并且总是存在着失败的可能性)。与此同时,纪律-统治机制还拥有也许更加易于日常化的规训手段,如由官方话语所主导的大众媒介的宣传作用。后者至少看起来并没有那么具有强制性(你至少可以关掉电视),也无须将个体置于某个具体机构的监管之下(国家是一个更加隐蔽的机构),所以其运作方式并不是总体化的,这更加有助于形成一种自发实践和自主选择的表象,而后者显然更加具有潜在的说服力。更不要说那些充满娱乐色彩的影视作品在建构常识的过程中可能发挥的潜移默化的作用,消费者很少会像研究者那样对这些作品所蕴含的理论策略采取严格审查的姿态,及时的体验并不支持反思性的深度介入,更何况这样的反思对于娱乐消遣而言无疑是多余的,因此消费者更有可能忽视这里所存在着的规范化力量。但这些显然都没有得到热衷于以总体性机构为原型来理解现代社会的福柯的关注,其瓦解和否定现代主体的后结构主义意愿使之更青睐于总体性机构的想象空间。

当然,纪律-统治的权力技术所凭借的最强大武器还是其所表现出的巨大耐心,即将知识的运作基于某种战略而散布在漫长的过程之中,以此期待某种积累的效应,这也正是纪律能够真正向常识转化的关键所在。它包含了一种遗忘的法则,误以为一种高度对象化的实践是与生俱来的自然状态,误以为一种强加的秩序是自发的需求,从而遗忘了知识的时空性建构。但与信仰的权力技术相比,这实在是一种极大的奢侈,因为它必须依赖于某种强制乃至暴力手段的持续威胁,从而不可避免地形成了一种张力:常识的沉默与强制的无法沉默。但日常生活的信仰力量却有效地避免了对于强制性的持久诉求,它虽然也可能诉诸某些零散的强制手段（如父母对孩童的警告甚至体罚），但这并不是系统性的常规机制，并且总是被脉脉温情所覆盖，它的口号就是"为你好"，这使之更有可能营造一种安逸的氛围，在此种氛围中我们可以毫不费力地抽象出个体的本体安全感，以至于氛围并不表现为强加的秩序（这里所谓的"强加"即可以从关系中抽象出对主体意志的反对），而是主观上"本该如此"或"理当如此"的"自然状态"，是每一个人的"人性"所召唤的"无可置疑"的事实，而不是在持久的威胁中唤起紧张与焦虑。我们对信仰秩序的认同就如同我们习惯了居室中白色的墙面，习惯了由四堵墙所构成的房间，习惯了圆形或方形的餐桌等，这一切从来就没有作为某种会带来惩罚的力量而强加给我们，它们似乎从来就是如此，并且似乎今后始终将是如此，我们甚至不知道它们在什么时候成为我们所认同的世界本身，更重要的是我们从不认为有必要知道这个"什么时候"，因为它们仿佛就是我们与生俱来的本己的自然需求。这是存在的错觉，但也是一种存在论上共属一体性的产物，即在我的存在中它们已然在场，就如同在它们的存在中我也已然在场一样，这就是存在的关系性。从发展心理学的分析视角来说，这很大程度上源自那相对缺乏反思性和对象化能力的漫长的幼年时期的经验过程。对于新生的个体而言，在反事实的意义上，其所处的周遭一切都是无法选择也无须选择的"客观事实"，他成为这个世界的方式正是这个世界已经成为他的方式，他在遭遇这个世界的同时也就遭遇了他自身，这最大限度地构成了他最核心也最难以消除的前意识甚至无意识的记忆。母语方言正是在这一时期才形成了贯穿一生的强大力量，以至于我们终其一生都无法完全摆脱它所描绘的世界图景。也正是因此，当我们学习一种外语的时候，总免不了那种格格不入的陌生感，并且不由自主地将其翻译成母语方言。

　　我们可以说,日常生活的信仰权力存在的方式就是从意识的觉醒中消失,即以看似"不存在"的方式到场,从而最大限度地捍卫其存在的合法性。这种不成问题的状态直接导致了一种无时间的时间性,即所有的可能性都是过去了的可能性,将来不过是对过去的重复,日常生活仿佛是敉平了一切新颖与超越的循环往复,这就是为什么日常生活总是给人一种单调乏味的感觉,仿佛每一个人都试图逃离日常生活,但真正的逃离却只能带来不安与焦虑,甚至是深深的恐惧。① 这就是日常生活的悖论,是信仰的权力技术所建构的悖论。它在日常之人的直觉中表现为一种无时间的空间性,即时间不过是对过去的重复,就像时钟的分分秒秒,后一秒与前一秒除了在序列上的位置差异之外没有任何不同。这是时间的凝固和僵化,即时间的可能性凝固成空间的不变关系,仿佛空间获得了一种真正意义上的霸权,它将时间消解为自身存在的简单延续,以此来宣称再也没有什么真正的新颖和超越。这就是日常生活的神话学,在一种永恒秩序的神话中自我欺骗。

　　然而存在的时间并不会凝固在空间的表象中,更不可能蜕变为物理时间的分分秒秒,空间也不可能超越它自身的分析性而垄断对时间的霸权。日常生活的重复性的确是日常权力运作的基本形态,它以神话学的方式来捍卫自身存在的利益,以谋求此种利益的最大化。然而这样的利益最大化不可避免地意味着保守、惰性以及对稳定性的强制,它表现为对变革的厌恶和敌视,以至于使其自身的消极特征转化为消除一切对立面的恐怖力量,这就是信仰的专制主义。但这同时也就意味着一种自我否定的倾向,即以一种实体的表象来否定其关系的实质,

---

① 所谓"真正的逃离"意味着无法回到那种熟悉的日常状态之中。换句话说,惊险和刺激之所以吸引着现代个体,很大程度上反倒是因为有一个平凡无奇的生活在等待着个体的回归,而不是人们沉迷于那种无家可归的感觉。

以绝对的幻觉来否定相对的自身，从而暗示了无法自我消除的张力。然而关系的时空重复性并不能否定超越的可能性，任何利益的对立面都暗示了始终存在着不同战略的可能性，并且持续的恐怖和压制反倒是积聚张力的过程，最终孕育出一种无法遏制的变革力量。因为信仰的专制主义缺乏自我改变的机制，但其维护自身利益的方式则是以无视和压制对立面来换取一种稳定的表象，然而这也就注定了不稳定性和不确定性依然是其存在所无法排除或绕过的事实，一旦与其对立的存在方式获取了足够的资源或机遇（如某种外部的干预或自身发展的实质性变革），就完全可能形成一种颠覆性状态。因此，日常权力的稳定性也仅仅是一种神话，是信仰所制造的错觉，它唯一的依据就是它自身的存在，即围绕特定的利益所形成的貌似无可置疑的关系状态。但利益是时空性的建构，是对立面之间的斗争与博弈，不存在什么永恒或绝对的利益，利益本身也是一种关系现象，是一种相对的建构，你不可能赋予它一种绝对的排他性，后者等于对利益的取消（没有争夺的利益不是利益）。我们固然不应当否认共在关系所具有的强大力量和现实意义，但也不应当陷入对其支配性的盲目信仰之中。必须意识到权力的存在不是不可逆的绝对支配，任何权力技术都是建立在持久斗争基础之上的相对稳定的状态，始终存在着颠覆与转化的可能性。

## 第三节　生态：反对自下而上与自上而下

长期以来，西方权力理论始终困扰于权力的传导或生成机制究竟是自上而下还是自下而上的问题。究其根本，正是因为现代西方思想难以摆脱宏观与微观、国家与个人之类的二元论框架，而"权力"概念自然概莫能外。这就导致了对"权力究竟是一个由国家统治机构所发布并自上而下层层传导的统治力量,还是一种在微观处境中广泛汇聚以至于最终在宏观层面形成战略的支配力量"的分歧。当自由主义者宣称要通过对真理的获得而将个人从权力的束缚中解放出来的时候,他们已经假定权力是一种自上而下强加给个体的强制力量,这也就是为什么福柯宣称统治权理论假定了一种权力的压抑说,它体现的是最高统治者或统治者们的意志,被统治者只能在其发号施令中保持沉默。与这样一种理论相对立(我们姑且不谈福柯对法权思想的概括是否过于笼统和简单),福柯试图揭示现代权力机制的微观来源,从而将其所谓的"纪律权力"视为一种自下而上的生产性的力量网络,以至于"依据权力所进行的分析,不应当假设国家的统治权、法律的形式或统治的全面的统一是作为前提而给出的;毋宁说它们仅仅是权力所采取的最终的形式"(Foucault,1978:92),而真理也只不过就是这种微观权力结构所生产的一种支配手段罢了。这就彻底颠覆了其所谓的"统治权理论"的基本逻辑和合法性依据。但是主张纪律机制首先是一种微观权力结构,而国家统治力量仅仅是其最终的效果,这样的论断显然忽视了纪律的实施在多数情况下从一开始就不能摆脱国家所提供的合法性保障以及国家所主导的机构设置(军队、监狱、学校等),统治力量在社会组织机构的纪律运作中的直接在场是显而易见的事实,福柯所谓的"自下而上的逻辑"缺乏有效的经验支撑。与之对立的统治权理论也同样陷入了自身理论逻辑的困境之中,即无法解释为什么统治机构的意志可以获得向下传达的合法性,因为自上而下的实施绝不是最高统治者或统治者们的一厢情愿就可以简单解释的,而所谓的"对暴力手段的垄断"也不可能成为国家治理的直接工具(更不要说这种垄断何以可能本身就隐含着合法性问题),这种直接诉诸暴力的方式是无法持续且有效地维持国家内部的日常运转的。

究其根本，正是因为二元论的思维方式主导着现代西方思想的问题意识，所以要么是权力如何从宏观统治机制中产生并向微观的日常生活世界传导，要么是微观的日常生活世界如何孕育出宏观的统治战略，除此之外似乎就不再有什么问题是值得用来研究权力的发生学的了。然而这样两种二元论的提问方式，毫不意外地陷入一切二元论所无法绕开的困境之中，这就是它们总是无意之中预设了对方的存在作为隐蔽的前提，在极力否定对方的过程中暴露了自身逻辑的极端与悖谬。方法论上的二元论最致命的缺陷就在于它无法绕开它所反对的对立面，因为二元论的双方都只有在对方存在的前提下才能够获得其存在的意义，这是因为它们不过是对同一关系现实所进行的不同的抽象，是同时作为反事实的分析的对子而产生出来的人为建构。不过也正是因此，它们或者重新回到那个事实的关系性本身，以此来思考这种建构何以可能的前提，但这也就意味着承受一种世界观的颠覆，意味着与整个现实所营造的幻觉决裂；或者只能在人为设定的对立中无休止地相互反对，以此来寻求一种虚构逻辑上的自我安慰；而那种将它们并列的做法注定是难以自圆其说的少数另类，因为这种荒谬的并列是任何经验上的自我欺骗都难以无视的自我欺骗。这也就是为什么，难以从二元论的幻觉中走出的现代西方思想更多地选择了——或者更确切地说，不言而喻地——投入第二种选项之中。以还原论的方式来消除二元对立的困扰，不失为一种自我安慰的二元论。它既避免了信仰决裂的痛苦，又可以在经验上达成某种看似合理的妥协，即抛弃那种看似最不合乎经验的观念，仿佛剩下的就是经验事实。然而事实恰恰表明，还原论也只能在对立阵营之间的二元对立中徘徊不定，并且谁也无法以其手中的半拉子真理来说服对方。

这倒不是说回到那个二元分裂的前提本身就意味着绝对真理，它充其量只不过是避免了某种片面与极端，而这个原初的事实本身究竟如何也还是一个问题。但这至少为思考这个问题迈出了重要的一步，即不再停留在二元论的抽象之中。因此，对权力技术的思考不能再停留在自上而下或自下而上的二元对立中，回到那个关系的整体来重新思考权力技术的发生学机制，使我们看到一种生态的复杂性颠覆了任何简化的抽象。什么是生态？将权力技术的生成与运作比喻成一个生态恰当吗？众所周知，所谓的"生态"或"生态系统"是指由各种要素在特定时空中所共同组建的一个相互影响、相互依赖的整体。① 问题的关键在于这个整体（也就是我们所说的文化或权力技术的总体战略）是由不同要素之间的相互影响和相互依赖所构成的，也就是说并不存在某一个或某一些要素具有对其他要素的还原论优势（且不论要素本来就是分析的建构）。② 就此而言，权力技术既不是由上层的统治机构所制定和授予的权利，也不是来自下层的微观实践，必须打破此种宏观与微观的二元假设，将它们重新纳入整个社会生态之中，以此来明了权力的技术如何来自所有的方面，并最终在这样的复杂关系性中形成一种看似一致的战略。之所以是看似一致，就在于在一个战略的名称之下完全可能存在复杂多样的利益以及这些利益之间的合作、斗争与妥协，以至于所谓的"统一的战略"更多地只是一个理想化的名称而已。

　　以一种分析的方式我们不难指出，国家统治机构基于其自身的统

---

① 我们采用"生态"而非"生态系统"的说法，只是为了避免那种系统论的想象，毕竟人类社会生活并不是严格意义上的系统，它并不具有系统论所假定的那种均衡性、稳定性和封闭性。

② 这当然不是说这里所谓的"相互影响"和"相互依赖"是完全对等的，我们并不否认在不同要素之间可能存在着权重上的差异。例如在自然生态系统中，物质条件对于生命体的基础意义显然是不可否认的，这里并不存在近似程度上的反向的依赖性，尽管这并不意味着物质环境的构成没有受到生命活动影响（如空气中的氧含量以及土壤中的有机质和含水量等），而且生命活动也不能还原为物质环境本身。

治利益完全有可能制定某种战略方针，并试图以官僚统治机构的层级为依托向全社会加以推广，以期实现一种自上而下的权力传达与实施。这样的构想无疑是基于国家对各层级的社会机构及其成员的有效控制的假设，从而使得一种向下授权的过程畅通无阻。但姑且不论这种有效性的程度有多大，仅其所预设的合法性就已经不能仅仅通过最高统治机构自身来加以解释了。合法性的实质是合法化问题，也就是说统治机构存在的合法性是一个合法化过程的产物，更确切地说是在被统治者群体中的合法化过程的产物。这也正是统治意志得以向基层传播的重要保障，毕竟国家战略的运行是不可能由所谓的"高层"来直接实现的，它只能依赖于各层机构及其成员的共同实践。这已经直接暗示了自上而下的发号施令不可避免地面对着各种反抗的可能性，而后者正是前者得以可能的内在机制。也就是说，即便存在着合法化的认同，那种单向度的无条件服从也只是一种理想化假设，合法化不可避免地蕴含着复杂的利益博弈和张力，它是各种诉求相互碰撞的权宜之物，其中毫无疑问地包含着与官方意志不同程度的一致的可能性，否则也就没有合法化可言了。在此，我们已经将那些完全对立和反抗的可能性置入括弧，姑且讨论合法化认同意义上的反抗的可能性，即权力技术内部的辩证法。这里依然存在着不同利益的个体和群体的张力，存在着不同方向上的力量的散射和游离的可能性，而这些正是我们理解权力技术不可或缺的方面。我们不难想象各层级的机构成员在贯彻上级指示的过程中如何将自身的利益诉求掺杂其中，它们或者是向上晋升的欲望，或者是排除异己的企图，或者是自我实现的理想，或者是一心为公的投入与奉献，当然也不排除谋取私利的算计和明哲保身的随波逐流，等等。我们当然也可以从机构的角度来设想诸如此类不同的利益诉求，而机构的利益又与其成员的利益有着千丝万缕的联系。这一切不过是要表明,我们不能以一种单向度自上而下的简单方式来理解权力技术的总体战略的形成,它不是也不可能是上层统治者的一厢情愿,而是在合法化的框架中复杂的利益博弈和汇聚的产物,其中不可避免地蕴含着各种偏离与耗散的力量。只有当我们站在远处眺望的时候,一种宏大的趋势才可能较为清晰地展现出来。而这也还是在统治机构具有某种合法性的前提下,我们尚未讨论那种缺乏合法性的状况,也没有引入各种完全对立的力量的存在,后者从来就是不可忽视的重要问题(我们将在后文讨论这一点)。

　　然而这样的讨论同时也就引入了另一种分析的可能性,即尽管不同程度的认同与合法化意味着高层战略的实现依赖于来自不同层级和方面的力量支持,但它同时也暗示了在此种合法化中的确存在一种自上而下的影响,而不仅仅是一种自下而上的迎合与认同。我们在此所谈论的这种影响并不是指刚刚已经提及的那种自上而下的命令机制,而是涉及使得这种命令机制得以有效运转的影响力,它们来自由统治机器所影响和维持的各种教育与宣传的机制,并且不可避免地来自统治者利益与被统治者利益之间的一致性或契合性程度。因此,统治机器并非在那里消极地等待着被统治者的合作与服从,而是以各种方式干预着合法化的过程,其中既有知识和信仰层面抽象的认同建构,同时也必须一定程度地包含着对被统治者利益的关切,否则知识和信仰就只能在欺骗中维持一种空洞的实践,它们无法为被统治者带来许诺的利益,它们的利益诉求仅仅是一个虚构的错觉,或者说人们实践了与其自身利益无关甚至损害其自身利益的利益诉求,从而彻底沦为统治的工具。当然,这样的讨论完全是一种理论分析,实际过程往往是复杂的混合状态,我们只能谈论其中所包含的不同利益之间的比例关系。而马克思主义者对资产阶级意识形态的批判,以及当代西方社会理论家对无意识的批判，都指向了实践过程中的自我欺骗问题。

这样的分析已经使得那种自上而下与自下而上的简化模型彻底失去了理论的价值，无论是高层的统治者还是不同层级上的统治和被统治群体都无法单方面决定整个权力战略的实际形态，后者只是各种利益和力量在相互碰撞和汇聚中所形成的某个趋势。人们并不能够事先断定这个趋势的具体样貌，不能精确地预测它的运动轨迹，因为它如此复杂多变，任何一个环节的变化都可能使得整个战略发生一种难以预见的转变。所以，制定规划的上层并不能够决定事件的进程，而参与整个动员的方方面面也无法基于自身的利益和算计来主导事件的过程，每一个方面都在以各自的方式投入权力技术的生成之中，也都以各自的方式改变着技术生成的路径和依赖，而这一切很少是一种有意为之的结果，并且常常偏离那些精心计算的轨道。虽然投入的各方在我们此处假定的意义上都维持着某种程度的合法化信仰或知识，但这丝毫也不能够为我们提供一种确定性的视野，我们充其量只是在一种势的或然性中去理解权力战略的可能到来，或者在一种事后的反思中去领会这个生态所蕴含的复杂意义。而这也还是在我们没有引入完全对立和反抗的前提下所得到的结论，换句话说，实际过程更加复杂多变。

我们当然不能理想化地假定，权力技术的生成是完全基于认同与合作这样的主导线索的。虽然如果没有这样的主导性就很难想象一种权力战略的产生，但完全对立的力量的存在也同样是战略生成的实际要素。我们可以将其视为权力技术的外部的辩证法，即拒绝合作的力量成为权力技术生成的辩证要素。这样的敌对因素既可能来自统治机器的外部，也可能来自统治机器的内部。前者往往表现为明目张胆的不合作与对抗，即拒绝服从统治战略的游戏规则，这就意味着在利益上与整个战略进行切割（如辞职），其反抗既可以是消极的也可以是积极的。消极反抗的典型方式就是与相关机构的实践彻底划清界限,这意味着个体或群体既脱离了相关机构的影响和约束,也不能够改变相关机构的实践(因为脱离游戏的可能性既意味着任何权力技术都有其视野盲区,这就是利益的局限性,也意味着相关方面无法继续在游戏中发挥作用,这使得其反抗完全是消极的);而积极的反抗则表现为从示威抗议到战争的不同形态,这是不同游戏规则之间的直接对抗和冲突。那些来自统治机器内部的敌对因素则更具有一种日常生活的意义,不合作者往往采取阳奉阴违或消极怠工的姿态,当然也不排除蓄意破坏和干扰。与外部的敌对因素一样,此种内部的敌对因素对于权力战略的形成和运作构成了持久的威胁,但有所不同的是它们并不总是能够像前者那样发挥一种外部辩证法的作用(这与它们的隐蔽性直接相关),同时也不同于我们此前所讨论的严格意义上的内部的辩证法因素,它们更多地处于向两种辩证因素转化的过程中。阳奉阴违或勉强应对虽然缺乏一种认同的真诚性作为其分析上的重要特征,但其服从的表象依然参与到了对战略形成的建构之中,从而使之接近内部辩证法的运作机理;而一旦相关个体或群体采取拒绝合作的明确立场,其实践也就不可避免地倒向了外部辩证法的范畴。

权力技术在其形成过程中所涉及的两种辩证法及其中间地带的存在,充分地向我们展现了文化运作的复杂性。在文化或者说在文化生态中存在着不同利益与力量之间纷繁复杂的关系过程,这显然是一种自均衡的封闭系统模型所无法解释的。文化-权力的生态只能是一个复杂事件或无数复杂事件的集合体,甚至是各种集合的集合体。在这样的彼此碰撞和相互交织之中,一种战略的趋势才得以逐渐显露出来,它是斗争中无法抵消的余数,是包含巨大的张力与不确定性的确定性,这就是势的或然性。因此,所谓的"生态权力"并不是在各种权力的类型之外再增加一种权力类型，而是作为文化之生产力和阻滞力的权力技术本身的名称。它意在表明，无论是统治权还是纪律权力都并不像它们的命名者所理解的那样遵循某种二元论式的生成和运作方式，任何具体的权力战略都不可避免地是一种非二元论的关系性战略。因为文化就是这样的生态，从分析的角度来说，它来自所有方面，是不同的力量和利益彼此斗争与汇聚的效应。我们的确可以从中发现某种因素的主导性或更大的权重比例，但这并不意味着一种二元论乃至还原论的逻辑适用于文化的解释，因为因素从来就只能是一种分析的抽象，它们不可能颠覆它们得以从中生成的那个关系的逻辑，它们的重要性也仅仅是那个关系本身一种不平衡和不对等的体现而已。

# 第五章　文化与人

## 第一节　文化不是领域

以文化为视角来理解人的存在与生存,将不可避免地受到来自其他视角的挑战。这本身无可非议,毕竟我们不可能自相矛盾地宣称一种视角的绝对性,并且相信不同的视角的确可以为我们提供理解问题的不同方式和启发。然而,我们在这里所展现的文化视角并非将人们习惯上的"文化"概念拿来加以总体化,仿佛文化仅仅是与诸如政治、经济相并列的某个社会生活的领域。现在只是要从这样一个领域出发来思考它对于整个生活的意义,就像人们可以假定人是经济人或政治人一样,我们也勉为其难地将人界定为文化人。这样,从一个特殊领域出发所进行的总体性思考的确难免一种过度夸张和过分简化,就像经济人假设将人简单化成一种精于算计的功利主义者,而政治人又将统治关系视为人的本质所在,诸如此类总难免给人挂一漏万、失之偏颇的感觉。这样的以偏概全显然不是我们的意图所在,我们对于文化的理解也与习惯上的分类模式大相径庭。更为重要的是,在我们看来,那种将文化视为一种社会领域的做法本身就存在着无法自圆其说的矛盾性,这使得我们必须与之撇清干系。

就像人们习惯于将诸如文化社会学视为一门分支社会学一样,文化在社会研究的视野中往往只代表着一种特殊类型的社会实践,或者只作为某一类型的社会现象而存在,但与此同时它又好像无所不在,这就构成了"文化"概念的多样与混乱的事实。从作为一种社会领域的狭隘"文化"概念出发，无论其影响多么广泛，它都无法支撑起思考整个人类实践活动的理论视野。与之密切相关的是，文化在许多作者的眼中完全不具有什么基础性意义，它充其量不过是诸如政治和经济的派生之物，即一个派生的次要领域，这也就是为什么在社会研究中文化问题长期被视为次要问题，文化社会学作为一门学科只是在很晚近的时代才获得了足够重视，但这种重视却并没有改变"文化"概念在总体上的尴尬处境。但也正是这样一种长期以来边缘化和狭隘化的理解构成了文化研究的主流，导致"文化"概念的内涵极其混乱并充满张力（一切似乎都蕴含着文化，但究竟什么是文化却众说纷纭）。以至于有作者指出："围绕文化概念的普遍争论使得今天仍然无法得出一种'确切的'定义。"（霍尔、尼兹，2002：18）一方面，在一种观念与客观存在的二元论思路中，人们试图将文化局限在与经济、政治甚至社会不同的范围之内；另一方面，人们又不得不承认"文化"是一个内涵广泛的概念，以至于很难明确它的具体含义。由此我们看到，文化被人们视为诸如规范、道德、观念、符号、知识、仪式、风俗、习惯、生活方式乃至工具和产品等，以至于我们前引书的作者旋即似乎无奈地指出："像'文化'这样涵盖广泛的词，我们不能指望单单通过仔细的界定就可以把握其真谛。定义'文化'，并由此将其变为一种与世界上各种文化的精妙之物都不同的'东西'是错误的，我们应该摒弃将文化'具体化'的那种方法。"（霍尔、尼兹，2002：18）然而这样的做法无异于放任了"文化"概念中所存在的张力，它看似包容，却无意之中陷入某种分裂世界观的斗争之中，这就是流行于西方世界的主客体二元论。霍尔与尼兹（2002：20）清醒地意识到，西方社会研究中的"文化"概念深受唯心论和唯物论的争论之困扰，文化被狭隘地视为观念的或物质的，而究竟是怎样的观念形态或物质形态又众说纷纭。以至于霍尔与尼兹(2002:21)试图用一种包容的方式来消除此种困扰:"既然存在着物质文化与观念文化的相互依赖和相互渗透,那么强行将某些种类的文化逐出思维的疆域是过于武断的。相反,认真去探索文化客体中观念与物质因素的相互作用倒是更为重要的事。"正如我们曾经指出的,这种相互作用论只不过是更加隐蔽的二元论罢了,它不仅没有解决问题,反倒是将"文化"概念的内部张力维持在一种调和的表象之中,以至于究竟什么是文化也还是处于一种含混不清、模棱两可之中。我们并不打算在此就各种文化的定义展开一种概念史研究,我们只想指出,之所以存在这样矛盾和混乱的状况(调和的意图正是不堪此种状况所做出的一种失败的努力),究其根本还是因为在一种二元论的视野中理解文化的偏见与文化实际的非二元论的总体性意义存在着难以调和的矛盾,那种将文化视为某个社会领域的做法恰恰是此种偏见的牺牲品。

只有当我们在理论上彻底颠覆那种二元论视角,不再以二元论方式狭隘地理解文化的存在,或陷入二元对立的矛盾状态之中;只有当我们由此而意识到,那些看似与文化截然不同的领域同样是文化现象的时候;只有当我们不再戴着二元论的眼镜,在具体的现象中寻找文化的狭隘原型的时候(仿佛道德比习惯更适合于代表文化,诸如此类):我们才可能真正地走出那种混乱的状态。本书的研究正是这样一种努力,它试图在一种关系主义的非二元论框架中概括文化的基本类型和主要特征,从而为社会研究提供一种真正意义上的文化视角。它意识到文化不是一个特殊的领域,不是某种派生的次要现象,不是什么主观的观念形态或客观的实践产物,而是非二元论的实践本身,是无所不在的关系之网,是生成与变化的终极现实。由此就不难看出,所谓的"经济领域"不过就是基于某种经济文化所形成的领域,因为经济实践不可能不是知识和信仰的实践，区别仅仅在于它专注于商品的生产与交换、财富的积累和分配。让我们以更为狭隘的工业生产为例，这无疑是在常识上更加远离各种文化概念的领域。但我们在此所看到的支配性法则不过是生产活动中的技术知识和常识信仰，是管理活动中的规章制度和人情冷暖，更不要说那些机构设置的原则、产品营销的理念、市场运转的法律法规等，无一不能被理解为某种知识或信仰，抑或它们之间的过渡形态。如果我们将这些文化的因素从工业生产活动中抽离出来，那么所剩下的不过是一些单纯的物质构成，它们不再是原料、半成品或成品，不再是生产的车间或运转的机器，它们甚至从来就不可能存在，只能被分解或还原为最原始的自然状态，尽管这个自然状态也还是一个文化的相关项，是与文化同时生成的关系建构。

这样的讨论完全可以适用于对诸如政治领域的分析，正如我们对于权力技术的研究已经充分暗示的那样，政治活动除了作为一种文化活动之外，又能被如何理解呢？不同的政治文化及其包含的利益争夺不正是这个世界的国际关系中纷繁复杂的冲突与斗争的重要来源吗？就此而言，所谓的"经济全球化"不正是资本主义经济文化的全球化吗？不正是资本主义生产方式和消费方式的全球化扩张吗？而由此所导致的矛盾和冲突，也恰恰就是不同的生产和消费方式之间的矛盾和冲突，是不同政治经济文化之间的矛盾和冲突，以及进而所引发的更广泛意义上的文化矛盾和冲突。所以，一种超越了领域的"文化"概念，以其知识和信仰的类型为思考人类世界的复杂现象提供了一种建设性的视角。只有在这样一个文化的框架中，我们才可以谈论特定时空中政治经济的支配地位，也就是特定的政治经济文化-实践对于其他文化领域的主导地位。你当然也可以顺理成章地谈论其他文化领域相对于政治经济文化的影响与挑战，以及政治文化和经济文化之间的支配和生产的逻辑关系,等等。我们并不否认在不同的文化之间存在着时空性的力量差异,但这样的差异不过是对现实的关系状态所进行的一种反事实分析,只有从关系的现实出发才可能真正理解不同力量的生成与变换,而不是在二元论的虚构中寻找充满矛盾和张力的错觉。

　　所以,那种将文化视为一个领域的做法,既没有理解文化的意义,也无法自圆其说,从而只能在"文化"概念的含混不清中自我欺骗。因为无论你将哪些文化因素视为文化的原型或存在本身,都不可避免地面对其他文化因素的挑战。因为你总是能够在那些被你排除的因素中找到你所谓的"文化"定义的基本要素,从而表明你的定义更有可能是一种选择性的遗忘,是一种理论上的任性。更不要说许多看似不同的定义其实彼此重叠交错,从而无法在内涵与外延上建立起一种严格的逻辑自洽性。让我们以霍尔和尼兹所谈论的物质文化和观念文化为例来说明这一问题。霍尔和尼兹之所以大谈物质文化与观念文化的相互依赖和相互渗透,正是因为诸如物质和观念这样的二元论划分本来就是对同一关系事实的抽象分析的产物,只不过霍尔等人并没有能够从二元论的荒谬逻辑本身入手来解决问题,而是基于此种二元论的假设,试图在表层消除其所暴露出的矛盾和冲突的状态。但如果我们以一种非二元论的方式重新审视物质文化与观念文化的分析建构,我们就不难看出,物质文化之所以不同于那些单纯的物质实体假设的关键就在于它们体现了人与物的关系状态,即具有可以以知识或信仰的方式来加以理解的意义,而单纯的物质实体假设是不包含任何意义特征的。(我们的研究已经表明,这种不包含其实已经是一种意义的建构,即在与文化抽象对立的关系中被建构为是无意义的。但实际的物不过是一种实践,是具有意义的关系存在,只不过作为实践的物不具有人的权能性。)与此同时,所谓的"观念文化"则被用于更加直接地标记那种意义的存在，只不过它在一种二元论的误解中被视为主观现象，即将关系的建构彻底主观化，仿佛观念仅仅是一种精神的产物。但这样的误解完全没有能够看到，所谓"精神"也只不过是一种关系的抽象，没有作为其对立面的物质实在的假设，这一抽象就无从谈起。因此作为主观性的精神或观念其实并不存在，而意义也不是什么主观的观念现象，它只能是在主观与客观之间。由此可见，物质文化和观念文化不过是从二元论的两个方面出发指向同一个非二元论事实的结果，但二元论者却沉迷于这种人为的区分，以至于错误地以为存在两种截然不同的文化。这样人为武断的划分无法消除其自身存在的矛盾和张力，这就是霍尔等人要以相互依赖和渗透的提法来"解决"问题的原因所在。但这样的解决问题就相当于把人为割裂的事实以打结的方式重新连在一起，并宣称这样就还原了事实的本来面貌，殊不知原本并没有裂痕的事实本身反倒被增加了一个人为的扭结，以至于更加难以回到那个原初的事实本身。所以，霍尔等人的做法恰恰暗示了物质文化和观念文化的划分存在着根本上的重叠与交错，而后者才是文化本身的意义所在。与此同时，那种将实践的物质产品视为文化本身的提法，与将实践的意义视为主观性的做法，同样是无法接受的二元论错觉，它们以不同的方式扭曲了文化的存在论和生存论价值，把人们引向了虚构的事实。

因此，文化既不是主观的领域也不是客观的领域，文化就是关系性的现实本身，我们从中分析出了诸如政治、经济、教育、司法、科学、艺术、家庭、习俗、宗教、军事等不同的领域来做分析之用，每一个领域都有其自身的产物，但这样的产物并不能成为它们将文化排除于自身之外的理由，因为文化正是它们生成自身产物的实践本身。

## 第二节 从关系出发

在我们所讨论的意义上,人的问题归根究底是文化的问题,是以时空性的方式生成和变化的关系的问题。就此而言,从关系出发不是一个口号,而是一种实践,即把社会研究重新唤回那个具体的现实之中,放弃那种在二元论的荒谬逻辑中抽象的人与社会的假设。

直面非二元论的关系本身对于今天的社会研究而言无疑需要巨大的勇气,因为人们已经习惯于从二元论的抽象出发来思考问题,仿佛这是理所当然的途径,以至于当人们强调"关系"概念的重要性时往往难逃二元论的阴影。事实上,对关系性思维的诉诸已经成为当代西方社会理论的一种重要倾向,人们以关系来反对那种实体的假设,以此来颠覆实在论的客观主义和本质主义,这体现了对关系的相对性意义的肯定。但与此同时,无论是福柯、布西亚还是埃利亚斯、布迪厄,却都无一例外地主张一种关系的结构以及这种结构在逻辑上相对于个体的优先性。即便是宣称要克服主客体二元论的埃利亚斯等人也无法摆脱个体与关系结构之间逻辑关系之类的二元论思维,他们最多也只是在关系结构的逻辑优先性前提下谈论所谓的"相互作用论",这就使得西方社会理论的关系转向依然是在对二元论或明或暗的援引中展开的(像福柯和布西亚这样的后结构主义者无疑是更加明目张胆的二元论者,尽管他们自身也许并不这么认为,毕竟还原论终究只是打着克服二元论旗号的二元论)。一方面,这体现了二元论思维方式作为近现代西方文化的基因,其影响是如此根深蒂固;另一方面,表明二元论已经作为一种总体性的思维方式渗透进了西方思想的每一个角落,以至于当人们因为经验的矛盾而对之采取措施的时候,却又只能在二元论所提供的概念工具中闪转腾挪。当你以个体或行动者的能动性来反抗结构的约束性的时候，你忽视了无论是能动的行动者还是约束的结构都是二元论所提供的概念工具。当你宣称客体乃至物体也具有能动性的时候，你不过是将二元论的主体概念泛化成了无所不在的事实。甚至当你试图抹去传统意义上的主体和客体的差别的时候，你要么是将主体客体化，要么是将客体主体化。总之，主客体二元论已经成为西方近现代思想的"先验性"，它是经验得以可能的前提，而自身却仿佛丝毫也不具有经验性，以至于当你要反对它的时候却不得不求助于它所提供的概念工具，因为这个工具的概念性已经成为一种信仰。但问题就在于它只是一个虚构的先验性，一个伪装在先验幌子下的经验建构。

这使我们意识到一个严峻的现实，即现代社会理论之起源于西方的事实并不意味着它的"先验问题"只能以西方的方式来解决，你不可能仅仅凭借诸如自我、心灵、意识、无意识、行动、行动者、结构、客体等概念来解决它们自身所承载的二元论问题，而要必须跳出这个世界图景的诱惑，一种范式的转换势在必行。这倒不是要将这些概念统统废弃不用，作为分析的范畴它们自然有其存在的意义，但问题的关键是在怎样的世界观中使用这样的概念，才不至于落入它们所自带的陷阱。尤其是当这些概念已经或多或少成为常识——不只是学术的常识，甚至也是学术之外的常识——的时候，此种常识化助长了一种恶性的循环论证，即理论的话语似乎理所当然地被经验所证实（每一个人都对其自我和意识的真实性与独立性坚信不疑，并且相信有一个社会与之彼此对立，这一切似乎为理论提供了坚实的基础），而经验也能够在理论中找到理智的支持（理论的话语不断强化着常识的信仰，这使得常识仿佛获得了科学的客观性），这种相互论证的循环只会强化它们所共享的世界观，以至于任何实质性的批判都将面临冷嘲热讽和不屑一顾。范式的转换正是这样一种艰难的挑战,它坚信当一种思想已经成为常识的时候,它为我们提供思考现实的强大动力的可能性已经消耗殆尽,停留在这个共在的基础上固然可以像局内人一般分享认同的安逸,但也只能像局内人一般墨守成规。

事实上,在面对西方思想既定范式的时候,中国研究者无疑占据着一个特殊的地位,这不仅是因为今天的中西方之间依然存在着文化的差异,更重要的是在中国的思想文化传统中并没有现代西方意义上的二元论作为一种主导的理论视角或常识信仰。中国的思想者很早就已经采用一种关系主义的思维方式,这得益于定居下来的农耕民族注重家族的血缘和亲情并且努力与周遭环境和谐共存的生产生活方式。这也许就是为什么孔子从家庭关系而非个体出发来思考问题,以期通过重建家庭乃至家族的等级秩序来为整个社会秩序寻找立足点;这也是神权在西周晚期急剧失落之后,以世俗化的方式重整社会秩序的一种努力。这样的努力并没有像现代资产阶级那样将个体视为终极的原子并强调其自身的权利,而是将个体视为家庭关系中的一个内生节点,其存在的意义首先就在于承担着对家人的责任,这便是从关系出发来理解个人,而不是从个体出发来理解关系。这样的从关系出发并非一种客体主义式的还原,它只是将关系视为个体的存在所不应当独立于的事实,甚至是以一种先天禀赋的方式来主导个体的存在(人性论),而每一个人正是在这样的存在中获得了身份的认同。所以有子才会说:"其为人也孝弟,而好犯上者,鲜矣;不好犯上,而好作乱者,未之有也。君子务本,本立而道生。孝弟也者,其为仁之本与!"(《论语·学而》)这样来解释孔子的思想,便恰到好处地点出了孔子思想中具有核心意义的仁这个"真性情"(冯友兰,2000:58)其实是建立在孝悌这样的人性基础之上的,正是人性中自然的孝悌才成全了仁爱的真性情,这里是容不下一丝一毫虚情假意的，因为只有本真的人性才可能支撑起社会秩序的合理化，任何过犹不及的偏颇都会带来对人性的遮蔽，也就陷入自私之恶的陷阱之中。将孝悌这样的应然的家庭关系视为人性的构成，即将一种规范化的道德要求视为与生俱来的天性所在，既体现了儒家思想立足于人伦政治的主导倾向，又不可避免地暗示了儒家以关系来理解人之存在的方法论基础，我们可以称之为一种关系主义。也就是说，在我的存在中至少我的亲人以一种道德召唤的方式原初在场，此种在场揭示了我的存在从来就是一种为他的存在，即承担着为家人的责任，这已经足以颠覆那种原子论式的个体主义了。然而家人的在场不是一个结构，不是"小他者"，不是一种从外部强加的规训，它丝毫也不具有西方二元论意义上的压迫性。相反，它是一种自发的追求，是每一个人之间的互为责任（父慈子孝），是超越一切抽象与分化的原初的关系事实，是将个体消融在家庭关系之社会基础性中，从而表明只有关系才是最基础的事实。顺着这样的思路，你才能够真正地理解儒家思想所追求的推己及人和天人合一的本来意义，它要求在一种拓展了的家庭的隐喻中实现那种人性化的关系诉求，从而反对彼此割裂和敌对的原子主义，并且坚信这样的诉求是合乎天地之道的宇宙法则，也就是实现了那种由自然人性所规定的与万事万物通而为一的自然状态。

如果孔子的思想是从人性论入手来铺展其贯通天地人的关系主义思想，那么道家则直接以其宇宙论的广度来揭示一种关系主义的方法论。这便是庄子所说的：

> 且有真人而后有真知……古之真人，不知说生，不知恶死。其出不欣，其入不距。翛然而往，翛然而来而已矣。不忘其所始，不

求其所终。受而喜之,忘而复之。是之谓不以心捐道,不以人助天,是之谓真人……故其好之也一,其弗好之也一。其一也一,其不一也一。其一与天为徒,其不一与人为徒,天与人不相胜也,是之谓真人。(《庄子·大宗师》)

真人是领会了天人合一是永恒的大道、与大道融为一体的自然之人(言行举止自然而然的人),这样的天人合一是不以人的意志为转移的宇宙法则,只有误入歧途的人才会误以为人与天是彼此对立的,从而无法从关系的本体论入手来思考人在天地中的存在。道家的天人合一是将一切都放在关系之中来理解,因为永恒的大道就是万事万物彼此联系、相生相克的关系所在,是对立面之间相互转化的关系所在:

物无非彼,物无非是。自彼则不见,自知则知之。故曰:彼出于是,是亦因彼。彼是方生之说也。虽然,方生方死,方死方生;方可方不可,方不可方可;因是因非,因非因是。是以圣人不由而照之于天,亦因是也。是亦彼也,彼亦是也。彼亦一是非,此亦一是非,果且有彼是乎哉? 果且无彼是乎哉? 彼是莫得其偶,谓之道枢。枢始得其环中,以应无穷。是亦一无穷,非亦一无穷也。故曰:莫若以明。(《庄子·齐物论》)

事物彼此对立其实只是表象,是过程而非实质,是生成的瞬间而不是永恒的绝对,唯一不变的就是变化的关系本身,是永无止境的生成与变化在主导着宇宙万物的生死成毁,这就是关系主义的实质。庄子取消了对立面之间的实质性差异,也就否定了生成的事实具有实体之持存性的意义，从而在相互转化的关系中理解由道所生成的万事万物的存在本身。这固然有可能因为其近乎极端的立场而陷入一种相对主义的困境①，但却将一种关系本体论以最清晰乃至极端的方式向我们展现出来，从而将中国传统主流思想以变化和生成为核心的思路淋漓尽致地呈现在我们面前。对于人类而言，只有领悟了此种不可消除的本体论上的关系事实，领悟了自身的存在只有在与万物通而为一的意义上才可能回复其本然的天性，才能够超越自身那狭隘的算计和与事物之间的人为对立，从而达至一种理想主义化的自然主义生存（就"生存"一词的宽泛含义而言）。

不过，要讨论关系主义作为中国传统思想的主导实践，就不能不提及阴阳问题。《周易·系辞上》说："一阴一阳之谓道。继之者善也，成之者性也。仁者见之谓之仁，知者见之谓之知，百姓日用而不知，故君子之道鲜矣。"这段话充分揭示了阴阳在系辞的作者看来所具有的本体论意义，阴阳的转化与融合的道理就是道，或者说是道在主导着阴阳的变化。也正是因此才构成了万事万物存在之性，同时也成为善恶评价之所宗，它无所不在、广泛运转，以至于普通人每天都浸淫其中却无所察觉，大概只有体认大道的君子才能有所知晓。这里的阴阳并不是一种二元论假设，不是彼此对立和割裂的两个实体或属性，而是描绘大道运行变化过程中两种相对的状态。当人们将阴阳理解为气的时候，丝毫也不意味着事先存在着阴气和阳气这两种截然不同的物质，然后它们才彼此交汇、相互转化。正如周敦颐所言："太极动而生阳，动极而静，静而生阴，静极复动。一动一静，互为其根；分阴分阳，两仪立焉。"

---

① 但若是因此就将庄子的思想视为绝望的悲观主义或否定的虚无主义，恐怕也就错失了庄子思想的超越与肯定的精神。所以我们将庄子的思想称为"超越的悲观主义"和"肯定的虚无主义"（郑震，2022c）。

《太极图说》）对此朱熹解释道："盖太极者,本然之妙也;动静者,所乘之机也。太极,形而上之道也;阴阳,形而下之器也。是以自其著者而观之,则动静不同时,阴阳不同位,而太极无不在焉。自其微者而观之,则冲漠无朕,而动静阴阳之理,已悉具于其中矣。"这就清楚地指出了,阴阳之气不过是大道运行的不同状态,也就是所谓的"动静"。它们体现了道的不同时机,彼此相辅相成、相互转化,完全不是什么对立实体或二元本质,因为太极是一体的,在阴阳的变化中从来就只有一个太极贯穿始终,所不同的仅仅是在不同时机中所展现出来的状态而已。这正是中国思想中体用关系的体现,即太极为体而阴阳为用。一体两用是万物生成的权宜法则,因为若没有阴阳之分就无所谓动静的变化,也就不可能有生死存毁的造化可言。所以,"阴阳"完全是过程性的关系概念,阴阳二气的交感是对化生万物之过程中存在着的变化机制的描述,而不是将宇宙割裂为二元对立的状态。"无极之真,二五之精,妙合而凝。'乾道成男,坤道成女',二气交感,化生万物。万物生生,而变化无穷焉。"（《太极图说》）一切都在变化之中,又何谈二元对立呢?

　　这样的思想几乎杜绝了绝对主义和极端主义的一切可能性,以至于例如在庄子那里反倒显得有些极端。你若一定要在其中找到一个绝对的东西,那大概非道本身莫属了——可是这个道也不过就是无穷变化的名称罢了。换句话说,你在这个"绝对"中永远也找不到任何绝对的东西,而你若要说一切相对之物的总体就是绝对,那也并没有说出更多的东西,因为我们又怎么可能以一个有限的名称来命名无限呢?所以道家总觉得"道"这个名称是一种勉为其难或不得已而为之的产物,正是因为他们看到用道之名称所指向的那个宇宙本体和运行法则其实是无法被完全对象化的一切的前提,你又怎么可能一本正经地给它加以命名呢?我们并不打算在此展开一种哲学的思辨,而是意在指出中国思想在其源头就已经奠定了一种关系主义的视野，从而在生生不息的相对性中理解世间的万事万物，这给了我们与西方二元论思想拉开距离的某种另类视野，或者说它也可算作一种文化的自觉。

然而问题还不止于此，中国人的世界观不仅就其传统思想而言已经勾勒出一种关系主义的模样，而且在日常生活中也已经充斥着一种关系主义的常识要求，从而表明关系的视角绝不仅仅是一种理论实践的意图或倾向，它同时也是一种具有常识意味的实践要求，或至少是一种理论与信仰之间的过渡状态。正如我们所指出的，理论上的关系主义源自对农耕民族的生产生活方式的反思与呼应，是安土重迁的农耕民族对于维系其生产生活方式的家庭关系乃至更广泛意义上的自然-文化关系的深度关切之理论体现，因此它不可能仅仅是一个理论问题，一定程度上也是一个信仰问题，尽管理论的实践完全可能为信仰提供某种常识化的补充与助力。这就引出了我们所说的日常生活的关系主义文化实践，它主要不是一种理论的实践，更多地是以信仰为主导的常识的追求，是梁漱溟所说的关系本位或伦理本位。梁漱溟（1987：93）认为："中国之伦理只看见此一人与彼一人之相互关系，而忽视社会与个人相互间的关系。——这是由于他缺乏集团生活，势不可免之缺点。但他所发挥互以对方为重之理，却是一大贡献。这就是，不把重点固定放在任何一方，而从乎其关系，彼此相交换；其重点实在放在关系上了。伦理本位者，关系本位也。"这里的"不把重点固定放在任何一方"可谓切中了存在的关系性，虽然它在理论上也还暗示了先有所谓"各方"，但这样的表述已经将重点放在了关系而不是关系各方。因为在梁漱溟看来，中国人至少在通常情况下总是怀着一种互以对方为重的责任伦理观，这倒不是说中国人一定都会这样做，而是说这样的伦理在很大程度上成为一种约定俗成的常识信仰，从而发挥着某种存在的力量，以至于

"各人尽自己义务为先；权利则待对方赋予，莫自己主张。这是中国伦理社会所准据之理念。而就在彼此各尽其义务时，彼此权利自在其中；并没有漏掉，亦没有迟延"（梁漱溟，1987：92）。这与那种主张个人权利的现代西方伦理观可谓大异其趣，它反对那种在个人与社会的二元对立中寻求解答的徒劳努力："团体权力与个人自由，在西洋为自古迄今之一大问题，难以解决。平心而论，各有各理，固执一偏，皆有所失。最合理想的解决，是这样：一、平常时候，维持均衡，不落一偏；二、于必要时，随有轩轾，伸缩自如。"（梁漱溟，1987：93）可见梁漱溟清醒地意识到，中国人的关系本位与西方人的二元对立是截然不同的两种视角，关系本位反对那种执于一偏的极端主义，而是在均衡或权宜与变通中伸缩自如。这就是关系本位的相对论："标准是随人的，没有一个绝对标准，此即所谓相对论。相对论是真理，是天下最通达的道理。中国伦理思想，就是一个相对论。"（梁漱溟，1987：93）这已经不只是在谈论日常生活的伦理文化，而是已然上升到了某种理论的高度，打通了知识与信仰的分异，将整个中国文化的主导精神建立在关系主义的视野之上了。

无独有偶，当费孝通将其乡土社会中的人际关系理解为差序格局的时候，也同样是在一种关系主义的视角中铺展对中国传统社会生活的理解。只不过费孝通（2005：36）的自我主义假设还是难以摆脱一种个人主义的阴影（郑震，2018），这使其关系主义视角大打折扣。这倒不是说传统中国人完全没有这样的自我主义，而是说它不能构成一种理解中国伦理文化的主导倾向。与此同时，差序格局还不足以概括传统中国社会之社会关系形态的复杂性，它不能有效地解释中国人围绕垂直的社会地位等级所形成的关系模式，我们将后者称为地位格局（郑震，2021）。不过这并不是要否认差序格局对于理解中国乡土社会之关系主义的意义，它从一个侧面为我们揭示了从关系出发的中国文化的意义，即在中国文化中，不仅理论的思想而且日常生活的实践都在向我们传达着关系作为理解生活本身的重要视角，而重拾这一视角就不可避免地包含着一种文化的自觉。

# 结论　彻底的关系主义意味着什么
## ——回到方法论问题

在本书的开头我们从方法论的讨论入手触及了文化这个曾经被遗忘的角落，它之所以易于被遗忘或轻视，恰恰是因为它那无所不在的存在。在政治和经济的热络话题背后，文化总是显得默默无闻或无足轻重，但也正是因此它的政治、经济意义才更加肆无忌惮地统领着话题的进展。现在，我们已经将文化置于探照灯下，不再被其具有迷惑性的外表所迷惑，不再因其沉默而无动于衷。于是在方法论这个生存论的根本问题上，文化必须给出自己的答案，这就是从关系出发。

彻底的关系主义意味着将关系视为原初事实，从而放弃那种从个体、自我、意识或集体、他者、社会结构出发的传统路径，主张二元论的对立双方不过是对关系事实的抽象分析，是理论视角所建构出来的概念工具，但最终工具却被视为事实，概念取代了概念的对象，这就是所谓的"二元论"。然而，以关系为事实的研究视角并非仅仅出于对二元论的怀疑和反感而采用某种折中的策略，因为关系并不是在对立双方之间的折中，它并没有假定对立双方在事实上的存在，再试图在它们之间寻求第三条道路，后者依然是一种隐蔽的二元论，甚至是最糟糕的二元论，因为它在一种超越二元论的虚假胜利中几乎将走出二元论的道路彻底堵死了。彻底的关系主义要求将关系视为唯一的事实，从而彻底摆脱以实体为主导的常识世界的困扰。这倒不是说我们要彻底推翻这个常识世界在日常生活中的存在价值，而是意在指出，社会研究的理论视角必须将这个常识世界的实体性置入括弧，它不应当也不可能基于这样的实体性的常识判断来有效地开展其理论研究，二元论所引发的困扰就是一个清晰的例证。所以，在彻底的关系主义视野中，并没有一个真实的、实在的自我或心灵存在着，也没有一个实在的社会结构自在存在着，甚至那些被视为最无可置疑的自然物质实体也不能被视为一种绝对的实在，因为它们的存在都只能在关系性中获得意义，都只能被当作一种反事实的遭遇来加以理解。这并不是一种相对主义的病狂在试图否定一种客观世界的存在，而是以一种彻底的反思性来正视这样一个事实的假设，即没有什么是完全孤立的绝对的存在者，一切存在者都只能是关系性的存在者，都只是无数关系的汇聚和交叉，即使最无可置疑的物质也不能例外。这样的观点并不是什么形而上学玄想，而是基于我们对现实各种经验的考证，这就是为什么彻底的关系主义同时也是一种彻底的经验主义，它拒绝任何超验的或先验的实体预设，主张从经验中发现事实。也正是因此，它才有理由认为一切实体都仅仅是一种独断的假设，因为我们无法在经验上发现这样的绝对实在。

我们所观察到的一切都只能是关系性的，这并不是用一种认识论上的关系来取代本体论上的判断，因为一切认识论都有其本体论基础，或者说都只能是本体论在认识上的表现。那种主张认识到绝对客观事实的立场，仅仅是一种关系性错觉，就如同那种自以为是先在的认识者的立场一样，都仅仅是基于关系的表象所做出的虚假判断。因此，如果认识只能是一种关系，那么这绝不只是因为在认识者和认识对象之间只能是一种关系状态（所谓"认识论上的局限性"），而恰恰是因为一切认识都只能是对关系的认识，认识作为实践也只能是一种关系状态。而所谓"认识者"和"认识对象"也只是基于具体的认识所完成的某种概念的建构或抽象，因为并不存在什么绝对孤立的认识者，也不存在先于认识实践的认识对象，认识者和认识对象都只能是在同一个认识过程中被建构出来的虚构事实,任何一方都不可或缺地预设了另一方的存在,取消其中一方的存在同时也就取消了另一方的存在,这就是实践的关系性。而所认识到的现实也只能是一种关系建构,对象并不是在孤立的单子状态中呈现给我们,这样的单子状态只能是一种形而上学的想象。对象的存在从来就是关系性的存在,即在一种反事实的意义上,与周遭世界各种事物之间所存在的复杂联系成就了我们所谓的"对象"。也就是说,在事实上它只能是一束关系的建构,是关系成就了包括该对象在内的周遭世界。所以,认识实践既是对关系的认识也是关系本身,即双重关系的建构,而其实质则是本体论上的关系性的体现。

因此,尽管从关系出发让熟悉了从实体出发的人们有一种蹈空之感,但这正是因为我们意识到了有一种相对性是存在所无法绕开的经验事实。这不是转向虚无或怀疑的借口,相反,它拒绝那种虚无主义和怀疑主义的绝对主义立场,后者正是这种反对极端主义的相对性所试图超越的。这不是什么认识论上的相对主义,而是一种合乎经验的本体相对性,即没有什么绝对的存在,执于一偏的极端主义只能是绝对主义的死路。这便看出经验主义对于社会研究的重要意义所在,它不是像人们有意或无意地习惯去做的那样,在一种先验的绝对假设中获取所谓的"坚实的基础"(诸如现象学的纯粹自我或实证主义的客观世界),而是抛开这些无法证明也无须证明的独断,转而以经验这个看似并不那么可靠的东西作为理论基础,从而向纷繁复杂的变化与不确定性敞开,并试图在这样的视野中寻找相对的确定性———一种彻底关系主义的确定性,即确定的不确定性或不确定的确定性。因此,彻底的关系主义不是倒向极端相对主义的虚无主义立场,不是以相对性为借口来彻底否定认识的可能性或客观性价值;相反,它要求放弃那种客观主义和绝对主义的幻觉,同时也拒绝任何主观主义的绝对想象,在关系的事实中寻找合理的现实性。以一种反事实的方式来说就是在主观与客观之间，并且尽可能地减少那不可能彻底消除的主观性中的消极因素（错觉的因素），并保留那种积极因素的作用，后者就是将分析的客观性带入认识之中的分析的主观性因素。当然，这样的消极和积极的划分本身也是一种相对性，因为没有什么关系性的积极因素会自相矛盾地支持一种永恒绝对的积极性，所有的积极性都可能成为消极性，就如同消极性也可能是曾经的积极性。

因此，我们要用关系的分析来取代或扬弃主客体的分析。之所以是关系的分析就在于，任何具体的关系都不可能是孤立的关系，不存在绝对单一的关系或关系的单子论，任何关系都是关系体之中的关系，也只有这样关系才可能存在，这就是彻底关系主义的立场。但实际的关系研究不可避免地要使用一种关系的分析方式，即用关系来解释关系，在不同的关系之间寻找理解现实本身的线索，这就使得假定基本的关系单位成为一种理论的必要，仿佛在现实之中存在着无数相对独立的关系事件，我们可以在它们之间展开相关和因果的研究。但这样的研究不可避免地具有一种反事实的特征，即从更加广泛的关系体中抽象出一系列基本的关系单位，假定它们可以独立地发挥作用，如作为原因来影响其他关系的产生，或与其他关系联系在一起，乃至彼此产生冲突和对立，等等。这样的关系分析使得我们不再停留在传统意义上的主客体分析，后者无疑是针对具体关系所展开的抽象，是比关系分析更加抽象的分析。社会研究不可能不进行理论抽象，理论本身就是一种抽象，就此而言彻底的关系主义同样是一种视角而不是绝对的事实本身，我们所谓的"事实"都无一例外地是一种理论的假设，而不是自相矛盾地主张一种对绝对事实的把握。但理论的抽象也依然有其过度与不及，过度的抽象将可能使研究陷入概念游戏所建构的幻觉之中，如主客体二元论所制造的抽象的内在性与外在性往往成为通向事实解释的障碍,使得研究停留在远离事实的逻辑幻象中,从而极大地损害了理论的解释力和现实意义。反之,抽象性的不及也同样使得社会研究陷入窘境,它虽然避免了过度抽象所制造的脱离实际的困境,但却因为抽象不足而陷入现实的琐碎和纷扰之中,以至于同样无法提供对现实具有解释力的理论工具,往往只是一些缺乏概括性的精致的描述,甚至只是在生活的表象中重复着常识的套话。就此而言,彻底关系主义的抽象试图在一种恰当性中超越那种过犹不及的状态,它并不否认理论的抽象性(这既是理论的局限性所在,也是理论的意义所在,更是理论的悖论所在),却试图以一种更具解释力和有效性的抽象性来为研究提供概念工具和分析思路,从而以一种更加理智的方式来面对这种悖论性。至此我们也就无须在方法论上纠结于是主体还是客体、是主观还是客观之类的问题,因为只有从关系出发,这些抽象的概念才具有积极意义,我们也才不会让社会研究沉溺于常识的自我崇拜或集体崇拜之中,远离常识才是社会研究或者说社会科学研究的价值所在,证明常识的社会科学无异于一种废话。

当我们以一种关系分析的方式来搭建宇宙的大厦时,我们也就不会再纠结于事实与价值的二元划分。因为事实从来就是一种关系性的建构,即便是物理学所研究的物也同样不能摆脱关系的意义,只要它是在反事实的意义上从来就与他物关联着并且不可避免地关联着的物。彻底关系主义的主要任务就在于刺破由主客体二元论所建构起的庞大话语体系的神话泡沫,这个体系的神话常常并不直接援引诸如"主体"和"客体"这样易于识别的概念,而是隐蔽在诸如(传统意义上)"事实"与"价值"之类更加含蓄也更具欺骗性的概念之中。但只要我们清楚地认识到这些看似并不相关的概念其实都是主客体二元论所衍生出的话语建构，那么继续在它们之间进行非此即彼的选择就只能是一种徒劳的错觉。因为事实与价值的二元论所谈论的是绝对客观的事实与绝对主观的价值之间的对立，这种虚构的对立使得一本正经地讨论这两个选项以及它们之间的关系变得毫无意义，因为关系主义视野中的事实本身不可避免地就是一种价值建构，关系就是价值，遭遇就是意义。你不可能把价值从事实中抽离出来却同时保留了事实，你也不可能通过否定价值的事实性来维持价值的存在。相反，如果你一定要以分析的方式把事实（作为客观性）与价值（作为主观性）区别开来，你只能发现如果没有那个主观性，任何客观性也就无从谈起；反之亦然。

当我们面对理解与规律的区分时，不也是遭遇了同样的问题吗？将理解视为一种主观性的游戏，而将规律纳入客观性的范畴之中，不正是传统的二元论思维所操弄的把戏吗？彻底的关系主义意味着主观的理解和客观的规律不过是对关系事实的两种抽象，这就是为什么我们要主张一种势的或然性，它要求在认真对待意义问题的同时寻找尽可能具有推论价值的解释，但这也就意味着既不可能陷入所谓"历史个体"完全的特殊性中，也不可能在一种虚构的普遍性中消解意义的价值。势的或然性不是在一种技术理性的指导下最大限度地实现一种确定性要求的主张（就像实证主义对或然性所寄予的期望那样），而是在充满不确定性的现实中寻找变化的质性趋势，以此来表明所谓的"不确定性"并不是一片混沌和无序的状态，不是无法被因果解释触及的理性盲区。我们总是有可能通过对理解的努力和概括的把握在现实中找到某种趋势所在，但这并不意味着我们可以进行精确的预言，因为这个趋势的复杂性并不支持任何简单化的模型，不支持通过有限的变量来生成一个或然性因果解释的量化公式。它是向复杂性开放的权宜的建构，即某些事情是更有可能的或更为合理的，或者说具有较大或较小的可能性的,甚至在特定的情境中几乎是不可避免地将要发生的。但这丝毫也不意味着对社会现实一劳永逸的模拟,不意味着在一种线性思维中做出判断的绝对有效性,这就是彻底的关系主义所应当具有的审慎。它以一种权变的理性来正视无穷变换的现实,不再试图一劳永逸地将现实塞进确定性的模板,而是以理解的姿态来涵泳于无穷的变化之中,在趋势的微妙变化间把握那瞬间的机遇。它的或然性不是冰冷的数据或貌似确定的表象(尽管它并不拒绝援引数据作为厘清性质的一种辅助方式),也不是就事论事的琐碎与对细节的沉迷和拘泥(尽管它并不反对以深入的理解作为寻找因果机制的钥匙),而是顺势而为的权宜与变通,是在历史个体与普遍规律之间寻找安顿思想的寓所,并承认不确定性是我们这个时代所无法逾越的基本问题。

　　所以,彻底的关系主义不会在定量和定性之间进行痛苦的取舍,它从不站在某一个极端去反对另一个极端。如果我们只是想寻求生活的势的或然性,只是试图对这个关系的世界做一种开放性的思考,那么定量和定性也只不过是两种研究手段,区别仅仅在于它们各自如何找到合适的定位,进而发挥一种协同作用。因为彻底的关系主义并没有预设定量或定性的前提,权宜与变通的理性也不会先入为主地排斥某一种研究的手段,尽管它承认社会科学的量化无法达到自然科学的有效性,世界也不是按照数学的逻辑来安顿它自身;更重要的是,尽管定性的判断也不可避免地具有人为简化的特征(我们不可能将所有可能的因素考虑在内),但是量化的高度简化性使之比任何质性的判断都要更加抽象。但这些都不是完全摒弃量化方法的理由所在,重要的是我们如何对社会科学量化的理论意义进行一种不同于自然科学的评估,而不是错误地把自然科学作为唯一的标准,从而陷入一种自我异化的错觉中。事实上,盲目地模仿自然科学不仅是没有必要的,甚至是有害的。它极大地限制了社会研究的想象力，同时也忽视了社会研究对象与自然科学研究对象在分析上的本体论差异。这也向我们揭示了不同关系之间的差异性，自然物理关系与人文社会关系的根本区别就在于，前者并不具有后者所具有的那种文化意义，也就不具有后者所蕴含的那种由生命和智识所带来的意义的复杂性与不确定性。这是社会科学研究所无法回避的现实，也是自然科学研究所无须顾忌的现实。自然之物的作用力和人类实践者的能动性的分析性区分，同时也就暗示了自然科学和社会科学的理论性区分，你不可能在将这两种分析性建构相互还原的同时还理所当然地维持着它们各自存在的合法性，因为这样不同的关系建构恰恰是两种科学研究得以生成的理论基础，而这样的建构也恰恰表明这样的区分具有某种反事实的合理性。因此，抹杀社会科学和自然科学的差异性只能是一种基于反事实的操作所进行的还原论错觉，即将从关系中抽象出来的某种特性视为关系本身，反倒完全扭曲了关系整体的现实性。因此，彻底的关系主义并不要求通过取消社会科学和自然科学的差异来实现一种所谓的"综合"，因为它们各自的存在所对应的正是从同一个关系整体中抽象出来的不同问题，这些问题的共属一体性不是通过否定它们的差异或以一方来取代另一方而实现的，相反它只能是通过对抽象问题的扬弃来加以实现的。所以，彻底的关系主义反对以自然主义的方式来思考社会研究的问题，后者就如同将人文主义强加给自然物理科学一样荒谬。①

---

① 为了行文的简洁，我们有意回避了生物科学的生命问题，回避了诸如动物的情感和社会性等棘手的问题。生命科学无疑处于我们所谈论的自然物理科学和社会科学之间，因为你不能将生命现象还原成物理现象，也不能将人类的文化实践还原成生命现象。但诸如究竟如何划分人类情感和动物情感这样的问题显然不是一个简单的问题（动物甚至植物的世界是否仅仅是一个生命的世界？），考虑到这类问题与本书的主题没有直接关系，而且我们也不具有相关的专业知识，因此我们选择将其搁置。

　　至于社会科学与自然科学的区别中最为显著的一点,莫过于前者所具有的批判性和超越性。彻底的关系主义否定了那种将文化现象视为客观给定的事实的自然主义立场,实践的差异性和多样性为反思和批判提供了充分的依据,即没有什么实践是绝对必然的或绝对客观的,任何实践都具有不可消除的相对性,处于无法精确预知的过程之中。当我们在自然与文化的关系建构中赋予人类实践者以能动性的分析特征的时候,就已经暗示了改变现状的可能性是人类实践活动的内在特征。与物的作用力相比,这种能动性无法以一种机械的方式加以近似地模拟,它是向多样的可能性敞开的生命与智识的现象,这就为不同的选择提供了可能性。它并不遵循机械的法则,它的或然性也不是一种统计的规律性,尽管它同样也不是主观意志的任性。因为做出选择的能动性也还是一种分析的抽象,选择同时也不能摆脱关系的约束。我们之所以将人类实践者称为能动性的,只是相对于不具有心智特征的自然物质存在而言的,这丝毫也不意味着这种分析的能动性就是关系的事实本身,它只能是事实的某一个面相,因为人不可避免地也是物。当然,这样的能动性不仅是针对物质之物而言的分析特征,它同样也是针对社会客体而言的分析特征,只不过在谈论人与物的区别时,我们刻意强调了能动性的区分价值。要知道,抽象的社会客体也曾经被像涂尔干这样的作者当作一种类似于物的东西来加以思考,尽管这当然不是物理学意义上的物。所以,即便人类实践者的实践活动不是什么自由意志的自主决断,但也同样不是一种遵循客观规律的给定事实。我们有必要反思我们自身并非客观给定的存在和生存(不仅是此时此地的,也是曾经的),也有必要去反思那些与我们不一样的他者的存在与生存,进而在这样的反思和比较中寻找势的或然性中所包含的更为合理的可能性。因此,选择与超越成为理智在面对人的存在与生存时所不可推卸的责任,正是这样的责任鼓舞着我们写下这里的文字。

# 参考文献

阿多尔诺，西奥多，2019，《否定辩证法》，王凤才译，北京：商务印书馆。

阿尔都塞，路易斯，2003，《在哲学中成为马克思主义者容易吗?》，载陈越编，《哲学与政治：阿尔都塞读本》，长春：吉林人民出版社。

奥古斯丁，1963，《忏悔录》，周士良译，北京：商务印书馆。

巴(尔)特，罗兰，1999，《符号学原理》，王东亮等译，北京：生活·读书·新知三联书店。

巴特，罗兰，2000，《流行体系：符号学与服饰符码》，敖军译，上海：上海人民出版社。

柏拉图，2002，《美诺篇》，载《柏拉图全集》第1卷，王晓朝译，北京：人民出版社。

陈嘉映，1995，《海德格尔哲学概论》，北京：生活·读书·新知三联书店。

陈来，2017，《古代宗教与伦理：儒家思想的根源》，北京：北京大学出版社。

丹皮尔，W.，1975，《科学史：及其与宗教和哲学的关系》，李珩译，北京：商务印书馆。

笛卡尔，2000，《谈谈方法》，王太庆译，北京：商务印书馆。

多纳蒂，尼皮耶尔保罗，2018，《关系社会学：社会科学研究的新范式》，刘军、朱晓文译，上海：格致出版社。

费孝通，2005，《乡土中国》，北京：北京出版社。

冯友兰，2000，《中国哲学史》上册，上海：华东师范大学出版社。

格根，肯尼斯，2017，《关系性存在：超越自我与共同体》，杨莉萍译，上海：上海教育出版社。

葛兆光，2001，《中国思想史》第1卷，上海：复旦大学出版社。

郭彧，2006，《周易》，北京：中华书局。

海德格尔,马丁,2006,《存在与时间》,陈嘉映、王庆节译,北京:生活·读书·新知三联书店。

海德格尔,马丁,2016,《哲学论稿:从本有而来》,孙周兴译,北京:商务印书馆。

亨普尔,卡尔,2006,《自然科学的哲学》,张华夏译,北京:中国人民大学出版社。

胡塞尔,埃德家德,2001,《欧洲科学的危机与超越论的现象学》,王炳文译,北京:商务印书馆。

胡塞尔,埃德家德,2002,《笛卡尔式的沉思》,张廷国译,北京:中国城市出版社。

霍尔,约翰、玛丽·尼兹,2002,《文化:社会学的视野》,周晓虹、徐彬译,北京:商务印书馆。

霍克海默,马克斯、西奥多·阿多尔诺,2003,《启蒙辩证法:哲学断片》,渠敬东、曹卫东译,上海:上海人民出版社。

吉登斯,安东尼,1998a,《社会的构成》,李康、李猛译,北京:生活·读书·新知三联书店。

吉登斯,安东尼,1998b,《民族-国家与暴力》,胡宗泽、赵力涛译,北京:生活·读书·新知三联书店。

康德,2004,《纯粹理性批判》,邓晓芒译,北京:人民出版社。

克罗斯利,尼克,2018,《走向关系社会学》,刘军、孙晓娥译,上海:格致出版社。

梁漱溟,1987,《中国文化要义》,上海:学林出版社。

梁漱溟,2010,《东西文化及其哲学》,北京:商务印书馆。

林乐昌,2012,《正蒙合校集释》,北京:中华书局。

罗素,1963,《西方哲学史》上卷,何兆武、李约瑟译,北京:商务印书馆。

马克思,2004,《资本论》第 1 卷,北京:人民出版社。

马克思、恩格斯,1995,《共产党宣言》,载《马克思恩格斯选集》第 1 卷,北京:人民出版社。

麦金泰尔,阿拉斯代尔,1995,《德性之后》,龚群、戴扬毅等译,北京:中国社会科学出版社。

米德，乔治，2003，《十九世纪的思想运动》，陈虎平、刘芳念译，北京：中国城市出版社。

米尔斯，C. 赖特，2001，《社会学的想像力》，陈强、张永强译，北京：生活·读书·新知三联书店。

尼采，2007，《权力意志：1885—1889 年遗稿》，孙周兴译，北京：商务印书馆。

齐美尔，格奥尔格，2006，《历史哲学问题：认识论随笔》，陈志夏译，上海：上海译文出版社。

钱穆，2011，《中国文化史导论》，北京：九州出版社。

索绪尔，费尔迪南，1980，《普通语言学教程》，高名凯译，北京：商务印书馆。

涂尔干（迪尔凯姆），埃米尔，1995，《社会学方法的准则》，狄玉明译，北京：商务印书馆。

涂尔干，埃米尔，1999，《宗教生活的基本形式》，渠东、汲喆译，上海：上海人民出版社。

涂尔干，埃米尔，2000，《社会分工论》，渠东译，北京：生活·读书·新知三联书店。

徐利治、郑毓信，1993，《数学模式论》，南宁：广西教育出版社。

杨宽，2016，《战国史》，上海：上海人民出版社。

余莲，弗朗索瓦，2009，《势：中国的效力观》，卓立译，北京：北京大学出版社。

郑震，2009，《身体图景》，北京：中国大百科全书出版社。

郑震，2010，《空间：一个社会学的概念》，《社会学研究》第 5 期。

郑震，2014，《另类视野：论西方建构主义社会学》，北京：中国社会科学出版社。

郑震，2015，《时空社会学的基本问题——迈向当代中国社会的研究路径》，《人文杂志》第 7 期。

郑震，2016，《社会学方法的综合——以问卷法和访谈法为例》，《社会科学》第 11 期。

郑震，2018，《差序格局——自我主义抑或关系人》，《人文杂志》第 7 期。

郑震,2019a,《社会学方法论的基本问题——关系主义的视角》,《天津社会科学》第 4 期。

郑震,2019b,《现代性的批判与继承——社会史视野中的西方社会理论的当代转向》,《社会科学》第 9 期。

郑震,2019c,《共在的文化解释——一种关系主义的视角》,《人文杂志》第 10 期。

郑震,2020,《现代性:空间激增与时间荒——概念重建与时空的具体性》,《广东社会科学》第 6 期。

郑震,2021,《差序格局与地位格局——以亲亲与尊尊为线索》,《社会科学》第 1 期。

郑震,2022a,《论想象:一种社会学的概念化》,《广东社会科学》第 3 期。

郑震,2022b,《儒道视阈中的权宜与变通——对不确定性问题的思考》,《社会科学》第 10 期。

郑震,2022c,《不确定性视阈中的庄子思想》,《天津社会科学》第 4 期。

郑震,2022d,《现代社会的不确定性、理性与儒家思想》,《江苏行政学院学报》第 3 期。

Adorno, T. 1973, *Negative Dialectics*, E. Ashton trans., New York: Continuum.

Bachelard, G. 1984, *The New Scientific Spirit*, A. Goldhammer trans., Boston: Beacon Press.

Baudrillard, J. 1981, *For A Critique of the Political Economy of the Sign*, C. Levin trans., [S. l.]: Telos Press.

Baudrillard, J. 1988, *Jean Baudrillard: Selected Writings*, M. Poster ed., Stanford: Stanford University Press.

Baudrillard, J. 1993, *Symbolic Exchange And Death*, L. Grant trans., London: Sage.

Baudrillard, J. 1998, *The Consumer Society: Myths and Structures*, London: Sage.

Bourdieu, P. 1977, *Outline of A Theory of Practice*, R. Nice trans., Cambridge: Cambridge University Press.

Bourdieu, P. 1990, *In Other Words: Essays Towards A Reflexive Sociology*, M. Adamson trans., Stanford: Stanford University Press.

Bourdieu, P. 2000, *Pascalian Meditations*, R. Nice trans., Cambridge: Polity.

Descartes, R. 1986, *Meditations on First Philosophy*, J. Cottingham trans., Cambridge: Cambridge University Press.

Elias, N. 1992, *Time: An Essay*, E. Jephcott trans., Oxford: Blackwell Publishers.

Elias, N. 1998, "Involvement and Detachment." in S. Mennell & J. Goudsblom eds., *Norbert Elias: On Civilization, Power, and Konwledge*, Chicago: The University of Chicago Press.

Foucault, M. 1970, *The Order of Things: An Archaeology of the Human Sciences*, New York: Vintage Books.

Foucault, M. 1977, *Discipline and Publish: The Birth of the Prison*, A. Sheridan trans., New York: Vintage Books.

Foucault, M. 1978, *The History of Sexuality*, Vol. 1: An Introduction, R. Hurley trans., New York: Vintage Books.

Foucault, M. 1980, *Power / Knowledge*, C. Gordon ed., New York: Patheon Books.

Foucault, M. 1997, "Penal Theories and Institutions." in P. Rabinowed., *Michel Foucault*, Vol. 1: *Ethics*, New York: The New Press.

Gadamer, H. 1975, *Truth and Method*, G. Barden & J. Cumming trans.,

［S. l. ］: Sheed and Ward Ltd.

Garfinkel, H. 2002, *Ethnomethodology's Program*: *Working out Durkheim's Aphorism*, Lanham: Rowman & Littlefield Publishers, Inc.

Giddens, A. 1981, *A Contemporary Critique of Historical Materialism Vol. I*: *Power, Property and the State*, Londen: The Macmillan Press Ltd.

Goffman, E. 1959, *The Presentation of Self in Everyday Life*, New York: Doubleday.

Goffman, E. 1961, *Asylums*: *Essays on the Social Situation of Mental Patients and Other Inmates*, New York: Anchor Books.

Habermas, J. 1987, *The Philosophical Discourse of Modernity*: *Twelve Lectures*, F. Lawrence trans. , Cambridge: Polity Press.

Heidegger, M. 1999, *Being and Time*, J. Macquarrie & E. Robinson trans. , ［S. l. ］: SCM Press Ltd.

Hume, D. 1999, *A Treatise of Human Nature*, Oxford: The Clarendon Press.

Lash, S. & J. Urry 1994, *Economies of Signs and Space*, London: Sage.

Lefebvre, H. 1984, *Everyday Life in the Modern World*, Sacha Rabinovitch trans. , New Brunswick: Transaction Publishers.

Lefebvre, H. 2002, *Critique of Everyday Life (Vol. 2)*: *Foundations for A Sociology of the Everyday*, John Moore trans. , London: Verso.

Mannheim, K. 1979, *Ideology and Utopia*, L. Wirth & E. Shils trans. , London: Routledge & Kegan Paul.

Mead, G. 1934, *Mind, Self, and Society*: *From the Standpoint of A Social Behaviorist*, C. Morris ed. , Chicago: The University of Chicago Press.

Schutz, A. 1967, *The Phenomenology of the Social World*, G. Walsh & F. Lehnert trans. , ［S. l. ］: Northwestern University Press.

Simmel, G. 1990, *The Philosophy of Money*, D. Frisby trans. , London:

Routledge & Kegan Paul.

Weber, M. 1978, *Economy and Society: An Outline of Interpretive Sociology*, G. Roth & C. Wittch eds. , Berkeley: University of California Press.

Wittgenstein, L. 1980, *Remarks on the Philosophy of Psychology*, Vol. 1, G. Anscombe & G. Von Wright eds. , Chicago: The University of Chicago Press.

**图书在版编目 (CIP) 数据**

文化的意义 : 彻底关系主义的纲要 / 郑震著 . —北京 : 商务印书馆 , 2024
（社会学理论与中国研究·理论阐释书系）
ISBN 978-7-100-23299-9

Ⅰ . ①文… Ⅱ . ①郑… Ⅲ . ①社会学 Ⅳ . ① C91

中国国家版本馆 CIP 数据核字（2024）第 006213 号

社会学理论与中国研究·理论阐释书系
**文化的意义**
彻底关系主义的纲要
郑震 著

商 务 印 书 馆 出 版
（北京王府井大街 36 号 邮政编码 100710）
商 务 印 书 馆 发 行
江苏凤凰数码印务有限公司印刷
ISBN 978-7-100-23299-9

2024 年 1 月第 1 版 开本 890×1240 1/32
2024 年 1 月第 1 次印刷 印张 8⅞

定价：58.00 元